Hans Hübner

Nietzsche und das Neue Testament

Mohr Siebeck

Die Deutsche Bibliothek – *CIP-Einheitsaufnahme*

Hübner, Hans:
Nietzsche und das Neue Testament / Hans Hübner. –
Tübingen : Mohr Siebeck, 2000
　ISBN 3-16-147489-9

© J.C.B. Mohr (Paul Siebeck) Tübingen 2000.

Das Werk einschließlich aller seiner Teile ist urheberrechtlich geschützt. Jede Verwertung außerhalb der engen Grenzen des Urheberrechtsgesetzes ist ohne Zustimmung des Verlags unzulässig und strafbar. Das gilt insbesondere für Vervielfältigungen, Übersetzungen, Mikroverfilmungen und die Einspeicherung und Verarbeitung in elektronischen Systemen.

Das Buch wurde aus der Bembo von niemeyers satz in Tübingen gesetzt und von Müller+Bass in Tübingen auf alterungsbeständiges Werkdruckpapier gedruckt. Den Einband besorgte die Großbuchbinderei Heinr. Koch in Tübingen nach einem Entwurf von Uli Gleis in Tübingen.

*Herrn Prof. Dr. Friedrich-Wilhelm von Herrmann
mit Dank für den philosophisch-theologischen Dialog!*

Inhaltsverzeichnis

Vorwort VII

1. Hinführung zu Friedrich Nietzsche 1
2. Zur Biographie Friedrich Nietzsches 24
3. Die Geburt der Tragödie aus dem
   Geiste der Musik 45
   3.1 Zum Inhalt der Schrift 45
   3.2 Die Geburt der Tragödie aus der Sicht des
       Neuen Testaments 64
4. Zweite Unzeitgemäße Betrachtung:
   Vom Nutzen und Nachtheil der Historie für
   das Leben 84
   4.1 Zum Inhalt der Schrift 84
   4.2 Die Historienschrift und das
       Neue Testament 105
5. Menschliches, Allzumenschliches 114
   5.1 Zum Inhalt der Schrift 114
   5.2 Menschliches, Allzumenschliches
       und Gottes und des Menschen Ich
       im Neuen Testament 144

6. Morgenröthe. Gedanken über die moralischen
   Vorurtheile 159

7. Die fröhliche Wissenschaft („la gaya scienza") 179

8. Also sprach Zarathustra 189

9. Der Nihilismus 229

   Anmerkungen 275
   Literaturverzeichnis 282
   Sachregister 285

Vorwort

Der religiöse Grundzug unserer Natur ist unsere Gemeinsamkeit, und vielleicht gerade darum so stark in uns hervorgebrochen, weil wir Freigeister im extremsten Sinne sind.

Lou von Salomé
über ein Gespräch mit Friedrich Nietzsche
bei einem Spaziergang in Tautenberg

Der Gedanke, zum Nietzsche-Jahr 2000 eine theologische Vorlesung an der Georg-August-Universität Göttingen über den Philosophen Friedrich Nietzsche zu halten, wurde 1999 bei einem Besuch im Nietzsche-Archiv in Weimar geboren. Bei diesem Besuch wurde ich daran erinnert, daß Nietzsche am 25. August 1900 gestorben ist und wir folglich im nächsten Jahr zum hundersten Male des Todestages dieses Philosophen gedenken. Und da mich schon seit meiner Schulzeit vor über fünfzig Jahren die Gestalt Friedrich Nietzsches beschäftigte, mehr noch, mich immer wieder bestimmte Züge seines Denkens faszinierten, sah ich es nicht nur als sinnvoll, sondern geradezu als geboten an, im Nietzsche-Jahr an einer *theologischen* Fakultät eine Vorlesung über ihn zu halten, und zwar als „Öffentliche Vorlesung für Hörer aller Fakultäten", zugleich auch für die Universität des dritten Lebensalters.

Das bei dieser Vorlesung deutlich gewordene Interesse an Nietzsche hat mich dann veranlaßt, diese Vorlesung zu publizieren. Ich bin dem Verleger des Verlags Mohr Siebeck, Herrn Georg Siebeck, sehr dankbar für seine spontan ausgesprochene Bereitschaft, sie noch im Nietzsche-Jahr herauszubringen. Die Form der Vorlesung wurde beibehalten, ihr Text aber gründlich überarbeitet.

Meine Überzeugung, daß gerade der Theologe an diesem Philosophen nicht achtlos vorbeigehen darf, gründet sich vor allem auf den eigentümlichen Tatbestand, daß Nietzsche einerseits euphorisch und triumphierend seine Gottlosigkeit verkündet, andererseite aber unter den Gottesleugnern derjenige ist, der im Gegensatz zu anderen Atheisten den Verlust seines Gottesglauben und die damit gegebene Horizontlosigkeit in tiefster Existenz erleidet. Sein Atheismus ist eben kein bloß intellektuelles Problem. Nietzsches Atheismus ist zwar im Denken geboren, als *erlittenem Atheismus* kommen ihm aber mit seinem Doppelcharakter des Denkerischen und zugleich Existentiellen Format und Niveau zu. Wer als Theologe, wer überhaupt als denkender Christ vor sich selbst Rechenschaft über seinen Glauben ablegen will, muß sich in einer Zeit, in der ebendieser christliche Glaube erheblich an Plausibilität verloren hat, mit demjenigen Atheismus auseinandersetzen, dem Gewicht und Würde eignen. Dann aber ist es Nietzsches Atheismus, der hier an erster Stelle zu nennen ist. Zu fragen ist, ob nicht gerade deshalb, weil Nietzsche nie wirklich von der Gottesfrage loskam, sein intellektuelles und existentielles Bemühen um seine so vehement verfochtene Gottlosigkeit ein so fruchtbares Thema ist. Sind in seinem Atheismus Motive, Denkstrukturen und ein fundamentales Selbstverständnis verborgen, die es uns sogar ermöglichen, den eigenen christlichen Glauben besser zu verstehen und ihn glaubwürdiger in glaubensarmer Zeit zu vertreten? So sollten wir uns auf das *einlassen*, was Nietzsche sagt und zu sagen hat. Wir sollten versuchen, Nietzsches Gedanken mit ihm *mit*-zudenken, sie dabei aber nicht einfach als Begrifflichkeit des Atheismus zur Kenntnis zu nehmen, sondern diese existentiell gedachten Gedanken auch existentiell in unser Denken hineinzunehmen.

Zum methodischen Vorgehen: Nietzsche hat zunächst zusammenhängende Werke geschrieben. So empfahl es sich, deren Gedanken unter dem Gesichtspunkt unserer Fragestellung zu referieren und sie dann von der Theologie und vom Glauben her kritisch zu bedenken. Doch Ende der siebziger Jahre erfolgt bei ihm ein formaler Umbruch. Nietzsche bedient sich von nun an der Form des Aphorismus. Damit ist aber die strenge gedankliche Einheit aufgegeben. Deshalb legte es sich für diese Schriften nahe, anstelle von globalen Gesamtüberblicken wichtige Aphorismen unter dem Gesichtspunkt der Semesterthematik *auszuwählen* und diese möglichst gründlich zu interpretieren. Die Auswahl solcher Aphorismen, so sehr ein solches Verfahren nicht ganz ohne eine gewisse Willkürlichkeit vor sich geht, macht es nämlich leichter, uns in Nietzsches Denken einzulesen, es denkend mit- und nachzuvollziehen und in diesem Vollzug unser eigenes kritisches Denken einzubringen. So findet also eine „Exegese", eine Auslegung, ein hermeneutisches Gespräch mit dem Philosophen Friedrich Nietzsche statt. Der Preis für dieses Vorgehen ist freilich, daß wir auf eine systematische Antwort des Theologen verzichten müssen. Diesen Preis kann man aber gerne zahlen, denn auf eine bei Nietzsche nicht existierende Systematik sollte man auch keine systematische Antwort geben! Unsere Antwortfragmente sind immerhin in sich kohärent. Sie sind der Versuch, das Gespräch mit einem zwar verstorbenen, aber in seiner geistigen Leistung noch höchst lebendigen Mann zu führen.

Die Vorlesung hatte die Aufgabe, an Nietzsches Philosophie und Religionskritik Interessierte mit dieser Thematik vertraut zu machen, und zwar aus der Sicht des Theologen. Mit der Publikation dieser Vorlesung möchte ich aber auch diejenigen Gedanken, mit denen ich vielleicht an einigen Stellen Neuland in der Nietzsche-Deutung betreten habe, Fachkollegen der Philosophie und der Theologie für den kritischen Dialog anbieten.

Auch diesmal habe ich zu danken. Zunächst nenne ich Herrn Prof. Dr. Friedrich-Wilhelm von Herrmann, Freiburg, der sich schon so oft der Mühe unterzogen hat, meine Manuskripte vor ihrer Veröffentlichung zu lesen und der auch diesmal als Philosoph die philosophischen Darlegungen kritisch unter die Lupe genommen und dann sein philosophisches *nihil obstat* ausgesprochen hat. Ihm, dem ehemaligen Assistenten von Martin Heidegger, bin ich für den langjährigen Austausch in philosophischen Fragen verbunden. Es war vor allem der philosophisch-theologische Dialog mit ihm, auch innerhalb der Martin-Heidegger-Gesellschaft, der mir für meine Bemühungen um die Begegnung von Philosophie und Theologie sehr viel gegeben hat. Ich erlaube mir daher, ihm mit herzlichem Dank für diesen mich bereichernden Dialog dieses Buch zu widmen. Auch Herr Pfarrer Klaus Wöhrmann, Recklinghausen, hat wieder mit großer Bereitschaft und mit hilfreichen Anregungen Korrekturen gelesen, ebenso mein Mitarbeiter in meinem Forschungsprojekt „Vetus

Testamentum in Novo" an der Universität Göttingen, Herr stud. theol. Christian Rose, Lübeck. Den Mitarbeitern des Verlags Mohr Siebeck danke ich herzlich für gute Zusammenarbeit und für die Herstellung des Buches. Einen besonderen Dank sage ich schließlich meiner Frau für ihre so kritische Durchsicht des Manuskripts! Sie hat dafür gesorgt, daß an manchen Stellen die wissenschaftliche Fachsprache in leserliches Deutsch übersetzt wurde. So hat sie sich im besten Sinne des Wortes um die Hermeneutik eines hermeneutisch konzipierten Buches verdient gemacht.

Göttingen und Bad Sooden-Allendorf,
im August 2000 Hans Hübner

1. Hinführung zu Friedrich Nietzsche

Am 25. August 1900 ist Friedrich Nietzsche in Weimar nach mehr als zehnjährigem Wahnsinn gestorben. Sein Tod jährt sich also in wenigen Monaten zum hundertsten Male. Daher habe ich mich entschlossen, als Theologe in einer Vorlesung für Hörer aller Fakultäten und für die Universität des dritten Lebensalters seiner zu gedenken. Vielleicht haben Sie sich nun die Frage gestellt, was ausgerechnet einen *Neutestamentler*, einen Bibelwissenschaftler also, bewogen hat, eine Vorlesung über einen Philosophen zu halten. Noch grundsätzlicher gefragt: Was hat der *Theologe* mit einem Philosophen des 19. Jahrhunderts zu tun? Doch die Antwort liegt eigentlich auf der Hand. Bekanntlich ist Nietzsches Philosophie im weiten Umfang eine bissige, eine überaus scharfe Polemik gegen alles, was Christentum heißt. Dabei geht es jedoch keinesfalls um eine rein theoretische Auseinandersetzung. So argumentativ auch seine Darlegungen zum großen Teil sind, so ist es doch im tiefsten ein aus seiner grundsätzlichen Einstellung, aus seiner Grundhaltung geborener Kampf gegen alles, was christlich ist; es ist ein geradezu missionarischer Zwang, der über diesem Menschen lag und ihn zu solch emotionaler Aggression gegen das Christentum trieb, gegen den christlichen Glauben, gegen die christliche Moral, gegen den christlichen Gott. Er wußte sich zu seinem Kampf gegen dieses in seinen Augen dekadente und somit gefährliche Christentum berufen. Und wie der Apostel Paulus einst ausrief: „Ein Zwang liegt auf mir! Wehe mir, wenn ich das Evangelium nicht verkündigte!" (1 Kor 9,16), so hätte Friedrich Nietzsche ausrufen können: „Ein Zwang liegt auf mir! Wehe mir, wenn ich nicht gegen das Christentum schriebe!"

Nun gibt es ja viele, die auf die Kirchen und den christlichen Glauben heftigst einschlagen, die mit Polemik über das Christentum herfallen, die sich sogar in solchen Attacken gefallen und dabei genüßlich und süffisant ihre Haßtiraden vernehmen lassen. Wir erleben es in unserer Gegenwart zur Genüge. Einige Fernsehsender stellen gerade diesen Leuten mit besonderer Bereitwilligkeit Sendezeiten zur Verfügung. Derartige Kirchengegner mögen sicherlich auch diesen oder jenen publizistischen Erfolg haben, sie mögen den einen oder die andere sogar zum Kirchenaustritt provozieren. Aber bei den meisten, zuweilen recht fanatischen Feinden des Christentums – ich verzichte einmal darauf, Namen zu nennen – lohnt sich unsere Aufmerksamkeit nicht. Es lohnt sich noch nicht einmal die Verteidigung gegen ihre Polemik. Denn für das meiste, was sie sagen, gilt: Gewogen und zu leicht befunden. Bei Friedrich Nietzsche hingegen steht es anders. *Sein* Atheismus ist kein eitles und leichtgewichtiges Gehabe. *Sein Atheismus ist erlitten.* Nietzsche weiß, was er sagt, wenn er davon redet, daß Gott tot ist, daß „wir" Gott getötet haben. Vielleicht kann man – ich überspitze ein wenig – sagen, er sei der einzige ernstzunehmende Atheist. Denn sein Atheismus hat nichts mit Primitivität zu tun wie etwa der der Professoren für Wissenschaftlichen Marxismus-

1. Hinführung zu Friedrich Nietzsche

Leninismus an den ehemaligen DDR-Universitäten. Ich habe mir beim Zusammenbruch der DDR das diesbezügliche Lehrbuch gekauft. Die Lektüre war deprimierend. Ich hatte nicht mit einer derartigen – offen gesagt – Primitivität gerechnet, mit der dort Philosophiegeschichte gelehrt wurde, auch und gerade unter dem Gesichtspunkt des Atheismus. Nietzsche aber kam in der religionsfeindlichen Lehre der DDR-Ideologie auffälligerweise nicht vor. Warum? Weil gerade er als Wegbereiter des Faschismus galt und deshalb selbst als Atheist totgeschwiegen wurde. Die über dem Portal des Nietzsche-Archivs in Weimar eingemeißelten Worte „Nietzsche-Archiv" wurden beseitigt, das Archiv selbst möglichst klein und unbedeutend gehalten. Wegen der aus nationalistischer Gesinnung und daraus resultierender Hitler-Verehrung der Schwester Nietzsches, Elisabeth Förster-Nietzsche, waren die DDR-Größen – aber nicht nur sie! – überzeugt, auch ihr Bruder habe faschistisch gedacht. Diese unsinnige Annahme konnte aber nur entstehen, weil Elisabeth nach Friedrichs Tod wichtige seiner Briefe in ihrer Ideologie gefälscht hatte, teilweise auch seinen Nachlaß. Diesen hat sie dann in systematischer Weise neu geordnet – in ideologischer Entstellung!

*

Friedrich Nietzsche kam aus einem christlichen, einem kirchlichen Milieu. Sein Vater war Pfarrer, er starb aber sehr früh – der kleine Friedrich war noch keine fünf Jahre –, wahrscheinlich an einer Krankheit, die für ihn auch eine beginnende geistige Demenz bedeutete und derentwegen sich seine kirchliche Oberbehörde vor der Notwendigkeit sah, ihn des Amtes zu entheben. Und so wurde das Kind nach des Vaters Tod von der Mutter und drei weiteren Frauen, der Großmutter und zwei Tanten, alle aus Pfarrhäusern stammend, in einem Geiste erzogen, der das Christentum in einem recht eigenartigen, verzerrenden Lichte sehen ließ, jedenfalls nicht als Religion des befreienden Evangeliums. Nietzsches Atheismus ist also in gewisser Hinsicht ein Produkt seiner christlichen Erziehung – oder sollte ich zutreffender sagen: pseudochristlichen Erziehung? –, er ist auch die Konsequenz dieser Erziehung. Und da er ein äußerst begabter Mensch war und Existenzfragen für ihn keine abstrakten Theorien waren, sondern Fragen, die ihn in der Tiefe seiner eigenen Existenz aufwühlten, *erlitt* er sie bis ins Extrem. Wenn er also die christliche Moral als eine Sache erfuhr, die den Menschen herabwürdigt, weil sie ihn als leibliches Wesen diffamiert, wenn er sie als das Mittel einer kirchenamtlichen Kaste empfand, die den so gedemütigten Menschen zu ihrem Spielball macht, wenn der junge Nietzsche dann dadurch den metaphysischen Halt verlor, an dem er sich zuvor festgemacht hatte, wenn ihm so Gott als der eigentliche Halt seiner Existenz und als Garant eines möglichen Lebenssinnes verlorenging, dann widerfuhr paradoxerweise dem nun zum Atheisten gewordenen Friedrich Nietzsche sein Atheismus gerade nicht als Befreiung – trotz seines emphatischen Freiheitspathos! –, sondern als Haltlosigkeit, als ein Stürzen in die Sinnlosigkeit, als Verlorenheit. Mehr und mehr wurde ihm bewußt, daß sein ihm nun gebotenes Verbleiben im Atheismus das heroische Aushalten einer zermürbenden Sinnleere bedeutete. Genau das ist seine Qual. Und genau das ist für ihn auch

1. Hinführung zu Friedrich Nietzsche

der Anlaß, sich in seinen Schriften in immer härterer, unerträglicherer und verletzenderer Polemik mit den Grundlagen des christlichen Glaubens und der christlichen Moral auseinanderzusetzen. Dabei sind seine Ausführungen voll von Anspielungen auf die Bibel, vor allem auf das Neue Testament, zumeist in parodistischer Verfremdung. Geschieht nun seine Auseinandersetzung mit dem Christentum auch unter laufendem Rückgriff auf das Neue Testament, dann sollte sich in einem Nietzsche-Jahr gerade der Neutestamentler dieser Thematik annehmen. Vergegenwärtigen wir uns: Wenn einer ehrlichen Herzens, mit hoher Intelligenz begabt, mit ganzer, und zwar zutiefst verletzter Seele und in ungeheuchelter Ehrlichkeit zum erbosten Feind des Christentums wird, wenn ein solcher aber zugleich um die Ungeheuerlichkeit und die schreckliche Zumutung des Atheismus weiß, dann ist es dem Theologen geboten, die ausgerechnet vom Atheisten im Atheismus empfundene Grausamkeit der Gottverlorenheit und Gottlosigkeit zu verstehen und anderen verstehbar zu machen, auch um mit solcher Kompetenz der zumeist leichtfertig praktizierten Gottesferne der Gegenwart begegnen, ihr argumentativ entgegentreten zu können. Es waren diese Überlegungen, die mich veranlaßt hatten, ein Nietzschekolleg anzukündigen.

Doch werden wir an dieser Stelle *konkret!* Um das soeben charakterisierte Empfinden des Gottesverlustes und der dadurch hervorgerufenen metaphysischen Haltlosigkeit ein wenig nachzufühlen zu können, lese ich Ihnen einen der beeindrucksten und für Nietzsche charakteristischsten Texte vor, die er in seiner 1882 herausgekommenen Schrift *Die fröhliche Wissenschaft* verfaßt hat. Es ist eine Stelle, deren autobiographischen Hintergrund wir leicht erkennen. Es ist der Ihnen vielleicht bekannte Aphorismus Nr. 125 *Der tolle Mensch*. Ich kürze den Text geringfügig (3,480–482).

Habt ihr nicht von jenem tollen Menschen gehört, der am hellen Vormittage eine Laterne anzündete, auf den Markt lief und unaufhörlich schrie: „Ich suche Gott! Ich suche Gott!" – Da dort gerade Viele von Denen zusammen standen, welche nicht an Gott glaubten, so erregte er ein grosses Gelächter. Ist er denn verloren gegangen? sagte der Eine. Hat er sich verlaufen wie ein Kind? sagte der Andere. Oder hält er sich versteckt? Fürchtet er sich vor uns? Ist er zu Schiff gegangen? ausgewandert? – so schrieen und lachten sie durcheinander. Der tolle Mensch sprang mitten unter sie und durchbohrte sie mit seinen Blicken. „Wohin ist Gott; rief er, ich will es euch sagen! *Wir haben ihn getödtet,* – ihr und ich! Wir alle sind seine Mörder!"

Halten wir kurz in der Lektüre dieses Nietzsche-Textes inne! Achten wir auf einige Kleinigkeiten! Da stoßen wir auf lauter Atheisten. Der eine, nämlich der tolle Mensch, nimmt seine Gottlosigkeit ungeheuer ernst, er läßt es sogar deshalb zu einem Eklat kommen, er macht sich, was er sicherlich vorausgesehen hat, lächerlich. Und die anderen Atheisten, die vielen, sie lachen über den, der sich vor ihnen lächerlich macht. Für sie ist der Atheismus nichts Aufregendes, nichts Erregendes, nichts sie in der Tiefe ihrer Existenz Anrührendes. Es kümmert sie einfach nicht. Der aber von seinem Atheismus zutiefst Beunruhigte, er will die nicht Beunruhigten zum Nachdenken bringen. Er will ihnen klarmachen, daß ihre Gottlosigkeit ihr Schicksal ist, an dem sie eigentlich leiden müßten.

Und ein zweites ist es, das wir aufmerksam zur Kenntnis nehmen sollten. Es heißt nicht einfach, es gäbe keinen Gott. Der tolle Mensch sagt, daß er und zugleich auch die oberflächlichen Atheisten, die ihn gerade verlachen, Gott getötet hätten. Aber: Existierte denn dieser Gott zuvor?

1. Hinführung zu Friedrich Nietzsche

Kann man überhaupt Gott ermorden? Was ist das für eine eigenartige Selbstbeschuldigung? Hätte es keine Menschen gegeben, die Gott getötet haben, dann müßte er ja jetzt noch leben! Was ist das für ein komischer Atheismus, der anscheinend Gott in der Vergangenheit als existent dachte? Ich gebe aber an dieser Stelle der Vorlesung noch keine Antwort auf diese sich mit Notwendigkeit aus dem Aphorismus 125 ergebenden Fragen. Ich bitte Sie nur, sie in der Erinnerung zu halten, bis wir in unserer Vorlesung so weit sind, daß wir die Kompetenz zur Antwort erlangt haben. Hören wir die Fortsetzung des Aphorismus (3,48):

„Wir Alle sind seine Mörder!" [so lautete eben der letzte Satz] „Aber wie haben wir diess gemacht? Wie vermochten wir das Meer auszutrinken? Wer gab uns den Schwamm, um den ganzen Horizont wegzuwischen? Was thaten wir, als wir diese Erde von ihrer Sonne losketteten? Wohin bewegt sie sich nun? Wohin bewegen *wir*[1] uns? Fort von allen Sonnen? Stürzen wir nicht fortwährend? Und rückwärts, seitwärts, vorwärts, nach allen Seiten? Giebt es noch ein Oben und ein Unten? *Irren wir nicht wie durch ein unendliches Nichts?*[2] Haucht uns nicht der leere Raum an? Ist es nicht kälter geworden? Kommt nicht immerfort die Nacht und mehr Nacht? Müssen nicht Laternen am Vormittag angezündet werden? Hören wir noch Nichts von dem Lärm der Todtengräber, welche Gott begraben? Riechen wir noch Nichts von der göttlichen Verwesung? – auch Götter verwesen!"

Und dann kommt der so viel zitierte Satz „*Gott ist todt*", ein Satz, der so oft in verflachender Art in die Diskussionen gebracht wird, der so leicht und leichtfertig, ja unüberlegt ausgesprochen wird, als wollte man sagen, die Katze habe die Maus gefressen, also: Die Maus ist tot. Nein, es ist ein äußerst schwerwiegendes Tun derjenigen Menschen gewesen, die dafür verantwortlich sind, daß der tolle Mensch sagen muß: „Gott ist todt!" Also hören wir weiter (3,481):

„Gott ist todt! Gott bleibt todt! Und wir haben ihn getödtet! Wie trösten wir uns, die Mörder aller Mörder? Das Heiligste und Mächtigste, was die Welt bisher besass, es ist unter unseren Messern verblutet, – wer wischt diess Blut von uns ab? Mit welchem Wasser können wir uns reinigen? Welche Sühnefeiern, welche heiligen Spiele werden wir erfinden müssen? Ist nicht die Größe dieser That zu gross für uns? Müssen wir nicht selber zu Göttern werden, um nur ihrer würdig zu erscheinen? Es gab nie eine grössere That, – und wer nur immer nach uns geboren wird, gehört um dieser That willen in eine höhere Geschichte, als alle Geschichte bisher war!"

Daß Gott tot ist, bedeutet also für seine Mörder die Katastrophe. Wir haben ja bereits zur Kenntnis genommen, daß Nietzsche durch seinen Atheismus existentielle Haltlosigkeit erfahren hat. Daß er also darum weiß, wie furchtbar der Atheismus den Atheisten im tiefsten trifft, wie er ihn regelrecht aus der Bahn wirft. Und das sagt der tolle Mensch – sprich: Nietzsche[3] – auch in aller Brutalität der Diktion. Vielleicht ist Ihnen aufgefallen, daß dieser tolle Mensch fast nur in Fragen spricht – Fragen, in denen sich die absolute Ratlosigkeit angesichts des erfahrenen Atheismus ausspricht. Die von Nietzsche erfahrene und erlebte Haltlosigkeit bringt er unter dem Bild der kosmischen Katastrophe. Zunächst bleibt es zwar noch bei einer irdisch vorstellbaren Szene: Gottesmord bedeutet, das ganze Meer auszutrinken. Hat Augustinus Nietzsche zu diesem Bild inspiriert, der ja von der Unmöglichkeit sprach, das Meer auszulöffeln, um die Unmöglichkeit, Gott zu verstehen, zu veranschaulichen? Aber dann wird in einer überaus eindrücklichen Weise die *Horizontlosigkeit des Atheisten* veranschaulicht: Der Gottesmörder hat mit einem Schwamm den ganzen Horizont weggewischt. Er hat sich selbst um den Horizont des eigenen Lebens gebracht! Er weiß jetzt nicht mehr, wo alles seinen Ort hat, wo er selbst seinen Ort hat; er weiß also auch nicht mehr, wo er hinge-

1. Hinführung zu Friedrich Nietzsche

hört, wo er seine Heimat hat, wo er sich heimisch fühlt. Der Kosmonaut weiß heute, wenn er sich in der Schwerelosigkeit des Alls aufhält, was es mit der fehlenden Gravitation auf sich hat. Aber der Gottesmörder des Aphorismus 125 weiß nicht, wo er ist, wenn es kein Oben und auch kein Unten mehr gibt. Vom *Irren wie durch ein unendliches Nichts* spricht der tolle Mensch. Das Stichwort „*Nichts*" ist gefallen; der Philosoph des *Nihilismus* hat sich zu Wort gemeldet! Er wird den nächsten Philosophen des Nichts inspirieren, Martin Heidegger: „Da-sein heißt: Hineingehaltenheit in das Nichts."[4] „Das Nichts nichtet unausgesetzt."[5] Ein vernichtendes und nichtendes Wort also, dieses „Nichts"! Der so Irrende hat sich da verirrt, wo er keinen Weg mehr weiß. Was aber ist nun die Reaktion derjenigen Nihilisten, die nicht wissen, daß sie Nihilisten sind? Was ist die Reaktion der Oberflächlichen, die nicht die ungeheure Wucht des nichtenden Nichts erfahren haben? Zumindest lachen sie nicht mehr. Irgendwie hat der tolle Mensch sie wohl doch ein klein wenig in ihrer Tiefe erwischt, ein klein wenig ihre Oberflächlichkeit angeritzt. Hören wir also weiter (3, 481 f.):

> Hier schwieg der tolle Mensch und sah wieder seine Zuhörer an: auch sie schwiegen und blickten befremdend auf ihn. Endlich warf er seine Laterne auf den Boden, dass sie in Stücke sprang und erlosch. „Ich komme zu früh, sagte er dann, ich bin noch nicht an der Zeit. Diess ungeheure Ereigniss ist noch unterwegs und wandert, – es ist noch nicht bis zu den Ohren der Menschen gedrungen ... Diese That ist ihnen immer noch ferner, als die fernsten Gestirne, – *und doch haben sie dieselbe gethan!*"

Dann heißt es vom tollen Menschen, daß er des selbigen Tages in verschiedene Kirchen eingedrungen sei und in ihnen das *Requiem aeternam deo* angestimmt habe. Zur Rede gestellt habe er nur noch gesagt (3, 482):

„Was sind denn diese Kirchen noch, wenn sie nicht die Grüfte und Grabmäler Gottes sind?"

Am Ende also Resignation! Nietzsche zeigt die Horizontlosigkeit und in einem damit die Aussichtslosigkeit des Atheismus auf, wenn nicht sogar die durch ihn hervorgerufene Verzweiflung des Atheisten. Doch zugleich muß noch folgendes gesagt werden: Wir haben *auch* Aussagen Nietzsches, in denen er geradezu beglückend, fast rauschhaft über seine Freiheit vom christlichen Gottesglauben spricht, geradezu in einer Hochstimmung, einer Euphorie, die eine völlig andere Stimmung zum Ausdruck bringt, als wir sie im Aphorismus vom tollen Menschen vorfinden. Und Stimmungen sind für Nietzsches Denken konstitutiv. Ist das ein Widerspruch bei ihm? Oder gehört beides in die Einheit einer höheren Dimension? Auch auf diese Frage gebe ich heute noch keine Antwort. Was ich mit dem Vorlesen des Aphorismus vom tollen Menschen beabsichtigt habe, war, Ihnen einen Vorgeschmack von dem zu geben, was es heißt, Nietzsche zu lesen. Mit diesem Aphorismus dürften Sie sicherlich einen guten ersten Eindruck von dem gewonnen haben, wie Nietzsche spricht, was er sagt, was er vermitteln will.

*

Eine Absicht dieser Vorlesung habe ich Ihnen also genannt: Ihnen den an seinem Atheismus leidenden Friedrich Nietzsche vor Augen zu stellen, ihn, dessen Atheismus aus seinem Kinder- und Jugendglauben recht früh erwachsen ist. Die noch in seiner Schulzeit verfaßten Gedichte verraten einiges an innerer Zerrissenheit in der religiösen Frage.

1. Hinführung zu Friedrich Nietzsche

Die Tatsache, daß Nietzsche bis zum Ausbruch seiner Geisteskrankheit Ende Dezember 1888 unablässig seinen vitalen und emotionalen, zugleich aber auch argumentativen Kampf gegen das Christentum führte, zeigt, wie sehr ihn ständig das Thema „Gott" bewegte, wie es ihn nicht mehr losließ, wie es ihn immer wieder von neuem in seiner Seele aufrührte, ihn zu heftigster Auseinandersetzung nötigte. Er konnte nicht anders, er mußte den Kampf gegen Gott – den toten Gott! – führen, den doch auch er schon getötet hatte. Aber warum der Kampf gegen einen Toten? Die Antwort ist ganz einfach: Der Mörder Gottes kam von dem durch ihn ermordeten Gott nicht mehr los. Der ermordete Gott lebt!

Noch eine wichtige Information, um zu verstehen, wie Nietzsche am Ende seines Lebens den Gekreuzigten immer noch vor Augen hatte! Dafür sollten wir auf jene Schrift schauen, mit der er seinen Gang durch seine Philosophie initiierte, nämlich seine 1871 in erster Auflage erschienene Streitschrift *Die Geburt der Tragödie aus dem Geiste der Musik*. Mit ihr müssen wir uns noch ausführlich beschäftigen. Denn sie enthält bereits ein sich durchhaltendes Motiv nicht nur seines Denkens, sondern auch seines tiefsten existentiellen Verhaltens einschließlich aller emotionalen Komponenten. Sie ist das Zeugnis dafür, daß der damalige Basler Professor für Klassische Philologie mit der philologischen Zunft bricht. Im Augenblick ist für uns nur das Faktum wichtig, daß er zwischen den griechischen Göttern Apollo und Dionysos einen Gegensatz herausstellt, der für ihn den Gegensatz zwischen zwei völlig unterschiedenen Lebensweisen ausmacht. Das Apollinische, das ist der schöne Schein der Traumwelten; *Apollo*, das ist der Gott aller bildnerischen Kräfte, der wahrsagende

Gott. Es ist der Gott, in dessen Bild wir „jene maassvolle Begrenzung" finden, „jene Freiheit von den wilderen Regungen, jene weisheitsvolle Ruhe des Bildnergottes", dessen Auge „sonnenhaft" ist. Von diesem Apollo ist zu sagen, „dass in ihm das unerschütterte Vertrauen auf jenes principium [sc. individuationis, H.H.] und das ruhige Dasitzen des in ihm Befangenen seinen erhabensten Ausdruck bekommen habe" (1,28). Dem aber steht der Weingott *Dionysos* entgegen, der Gott des Rausches. Und so lesen wir bei Nietzsche (1,28f.):

Entweder durch den Einfluss des narkotischen Getränkes, von dem alle ursprünglichen Menschen und Völker in Hymnen sprechen, oder bei dem gewaltigen, die ganze Natur lustvoll durchdringenden Nahen des Frühlings erwachen jene dionysischen Regungen, in deren Steigerung das Subjective zu völliger Selbstvergessenheit hinschwindet. Auch im deutschen Mittelalter wälzten sich unter der gleichen dionysischen Gewalt immer wachsende Schaaren, singend und tanzend, von Ort zu Ort: in diesen Sanct-Johann- und Sanct-Veittänzern erkennen wir die bacchischen Chöre der Griechen wieder, mit ihrer Vorgeschichte in Kleinasien, bis hin zu Babylon und den orgiastischen Sakäen.

Und dann der Hieb auf die Dionysos-Gegner und Dionysos-Verächter seiner Gegenwart. Hohntriefend schreibt Nietzsche (1,29):

Es giebt Menschen, die, aus Mangel an Erfahrung oder aus Stumpfsinn, sich von solchen Erscheinungen wie von „Volkskrankheiten", spöttisch oder bedauernd im Gefühl der eigenen Gesundheit abwenden: die Armen ahnen freilich nicht, wie leichenfarbig und gespenstisch eben diese ihre „Gesundheit" sich ausnimmt, wenn an ihnen das glühende Leben dionysischer Schwärmer vorüberbraust.

Für diese Anhänger des Dionysos hat das *principium individuationis* keinerlei Bedeutung mehr. Im Gegenteil! Sie gehen in der Menge, in der Masse auf. Jetzt, beim „Evangelium der Weltenharmonie" fühlt sich jeder mit jedem vereinigt, versöhnt, ja verschmolzen. Es ist der Geist von Schillers Ode an die Freude, von Beethoven vertont: Millionen sinken schauervoll in den Staub. Und noch einmal wörtlich aus der *Geburt der Tragödie* (1,30):

Singend und tanzend äussert sich der Mensch als Mitglied einer höheren Gemeinsamkeit: er hat das Gehen und das Sprechen verlernt und ist auf dem Wege, tanzend in die Lüfte emporzufliegen. Aus seinen Gebärden spricht die Verzauberung. Wie jetzt die Thiere reden, und die Erde Milch und Honig giebt, so tönt aus ihm etwas Uebernatürliches: *als Gott fühlt er sich*[6], er selbst wandelt jetzt so verzückt und erhoben, wie er die Götter im Traume wandeln sah.

Der Abschnitt schließt mit dem eleusinischen (!) Mysterienruf: „Ihr stürzt nieder, Millionen? Ahnest du den Schöpfer, Welt?" Also noch einmal Schiller, noch einmal Beethoven! Nietzsche war sehr musikalisch. Als er diese Worte schrieb, hatte er sicherlich Beethovens Neunte im Ohr. Und er hörte sie mit orgiastischen Gefühlen. Er, Friedrich Nietzsche, er ist nicht mehr das lebensabgeschnittene, weil vereinzelte Individuum, er ist nicht mehr der verknöcherte Gelehrte! Er, der Professor der Klassischen Philologie, steht jenseits von allem Klassischen. Er geht ganz auf in den Scharen der Dionysos-Jünger! Und die Antwort des Klassischen Philologen, des späteren Göttinger Professors Ulrich von Wilamowitz-Moellendorf – Photographien zeigen sein strenges und gestrenges Antlitz –, sie kommt prompt, kommt in seiner vernichtenden Rezension. Der vier Jahre jüngere Wilamowitz-Moellendorf, wie Nietzsche einst Schüler der Königlichen Landesschule Pforta, läßt kein gutes Haar an dem Basler Professor: Er solle vom Katheder herabsteigen, und zwar wegen erwiesener Unfähigkeit! So urteilt also ein erklärter Verächter des Dionysos! Ein Verächter der prallen Lebens! Ein leichenfarbiges Individuum! Würde Nietzsche heute noch leben, er hätte wohl mit Genugtuung die Love-Parade in Berlin als Beispiel dionysischer Lebensfülle und Lebensfreude genossen!

von Wilamowitz-Moellendorfs Rezension zerstört die wissenschaftliche Zukunft Nietzsches als Klassischer Philologe. Und so wird der Philologe immer mehr zum Philosophen. Haben wir jedoch präsent, was Nietzsche begeistert über das Dionysische sagt, also das Leben im Gefolge des Gottes des Rausches, so wird schon in etwa deutlich, daß *Dionysos gegen Christus* steht. Zugespitzt: Der *griechische Lebensbejaher* gegen den *jüdischen Lebensverneiner*! Und es ist dann genau dieser Gegensatz „Dionysos gegen Christus", der Nietzsche bis über die Grenzen seines Wahnsinns hinaus umtreibt. Noch aus dem Jahre 1888, kurz vor dem Ausbruch der Krankheit, stammt folgende Stelle aus den *Nachgelassenen Fragmenten*, wo es um die unterschiedliche Haltung des griechischen Menschen und des christlichen Menschen zum Leid geht (13,266f.):

Dionysos gegen den „Gekreuzigten": da habt ihr den Gegensatz. Es ist *nicht* eine Differenz hinsichtlich des Martyriums, – nur hat dasselbe einen anderen Sinn. Das Leben selbst, seine ewige Fruchtbarkeit und Wiederkehr bedingt die Qual, die Zerstörung, den Willen zur Vernichtung ...
im anderen Fall gilt das Leiden, „der Gekreuzigte als der Unschuldige", als Einwand gegen dieses Leben, als Formel seiner Verurtheilung.
...
Der tragische Mensch [Nietzsche meint den im Leid befindlichen griechischen Menschen] bejaht noch das herbste Leiden: er ist stark, voll, vergöttlichend genug dazu
Der christliche verneint noch das glücklichste Los auf Erden: er ist schwach, arm, enterbt genug, um in jeder Form noch am Leben zu leiden
...
„der Gott am Kreuz" ist ein Fluch auf Leben, ein Fingerzeig, sich von ihm zu erlösen
der in Stücke geschnittene Dionysos ist eine *Verheißung* ins Leben: es wird ewig wieder geboren und aus der Zerstörung heimkommen

Am 4. Januar 1889, wenige Tage nach Ausbruch seiner Geisteskrankheit, schreibt Nietzsche an seinen Freund Peter Gast, der voller Begeisterung noch seine *Dionysos-Dithyramben* herausgeben wird, folgenden kurzen Brief:

Meinem maestro[7] Pietro.
Singe mir ein neues Lied: die Welt ist verklärt und alle Himmel freuen sich.
Der Gekreuzigte.

Ein Faksimile dieses Briefes finden Sie in der rororo-Bildmonographie über Nietzsche von Ivo Frenzel, S. 131. Die Sprache ist verräterisch. Der schon im Wahnsinn Lebende zitiert das bekannte Psalmwort: „Singet dem Herrn ein neues Lied." Aber er variiert es in höchst bezeichnender Weise: „Singe *mir* ein neues Lied." Denn er, Friedrich Nietzsche, ist nun der Herr, der gekreuzigte Herr! Er, Friedrich Nietzsche, setzt sich an die Stelle des Gekreuzigten, identifiziert sich mit ihm. Im Wahn sieht er sich selbst als diesen Gekreuzigten, dem er doch ein Leben lang den erbitterten Kampf der Verachtung angesagt hatte. Er kommt nicht von ihm los; so wenig kommt er von ihm los, daß er sogar mit ihm identisch wird.

*

Bekannt ist der Spruch „Herr, schütze mich vor meinen Freunden!" Man kann aber zuweilen auch in entgegengesetzter Weise sagen: „Herr, laß mich meinen Feinden nahekommen!" Denn manchmal stehen einem seine Feinde erheblich näher als seine Freunde. Das muß nicht immer ein subjektiv bewußtes Verhalten sein; es genügt, wenn der objektive Sachverhalt vorliegt. Bei Nietzsche und dem Christentum dürfte es, so paradox es anmutet, der Fall sein. Beide Seiten standen sich oft genug in erbitterter Ablehnung gegenüber. Die eine verteufelte die andere. Die eine Seite sagte, hier sei der Satan am Werk; die andere erklärte, der Mensch werde entwürdigt und die Erde verachtet. Daß ein *absoluter* Gegensatz vorliegt, nämlich im Blick auf die Existenz Gottes, scheint offenkundig – es sei denn, Nietzsche hätte unter Gott etwas anderes verstanden als der Christ. Doch diese Frage lassen wir zunächst auf sich beruhen. Eine vermutete Affinität zwischen Christentum und Friedrich Nietzsche können wir also nicht dadurch aufweisen, daß wir an dieser Stelle ansetzen. Suchen wir daher nach einem anderen Punkt, an dem der Philosoph von der *Grundstruktur christlichen Denkens* mehr mitbekommen hat, als ihm selbst klar war und klar wurde und die christliche Seite ihrerseits erkannt hatte. Ich bringe die jetzt gemeinte Affinität zwischen Christentum und Nietzsche auf einen Begriff: *Hermeneutik*. Hermeneutik ist bekanntlich die Lehre vom Verstehen. So gebührt die Charakteristik „hermeneutisch" in besonderer Weise einem Menschen, dem es darum geht, seine eigene existentielle Grundüberzeugung anderen nahezubringen. Ein solcher Mensch will ja nicht über objektiv erklärbare, einsehbare und erkennbare Tatbestände informieren. Um einem Schüler die Quadratwurzel aus neunundvierzig beizubringen, benötigt dieser „*nur*" eine hinreichende mathematische Begabung. Wer sie nicht hat, dem fehlt in dieser Hinsicht die intellektuelle Voraussetzung, obwohl ihm vielleicht eine hervorragende sprachliche Begabung eignet. Will man aber Wichtiges in Hinsicht auf *Existenzfragen* vermitteln, so muß man ein die eigene Existenz angehendes Verstehen vermitteln. Wer z. B. erfassen will, was Wahrheit ist und welch tiefen Wert sie hat, der muß selber in seiner Existenz für Wahrhaftigkeit resonanzfähig sein. So gehört zum Verstehen von theologischen, philosophischen oder ethischen Fragen notwendig das Verstehen im Tiefsten der eigenen Existenz, soll es nicht ein bloß angelerntes Wissen sein, das den Menschen naturgemäß in seinem Innersten nicht berührt. Der hermeneutisch denkende Mensch *will* also das vermitteln, was ihn selbst in seinem Inneren bewegt und bestimmt; er will es zum Verstehen weitergeben, er will den anderen ein wenig oder ein wenig mehr verändern.

Friedrich Nietzsche war ein entschieden hermeneutisch engagierter Mensch. Das ist die erste fundamentale These, die ich hier vertreten möchte. Und ich werde auch gleich versuchen, sie einsichtig zu machen. Daß auch das ganze Neue Testament vom Geist des Hermeneutischen durchdrungen ist, braucht in einem theologischen Kolleg nicht eigens bewiesen zu werden. Ich weiß freilich, daß es leider selbst im Bereich der neutestamentlichen Wissenschaft zuweilen den Trend zum Positivismus gibt, daß der bekannte Reklame-Slogan „Fakten! Fakten! Fakten!" zuweilen in der Exegese Gehör findet. Aber von einer positivistischen Exegese sollten wir nichts wissen wollen! Also stelle ich der ersten These die zweite fundamentale These zur Seite: *Das Neue Testament ist durch und durch hermeneutisch geprägt.* Wenn beide Thesen zu Recht bestehen, dann gibt es, sei es bewußt oder sei es unbewußt, eine geistige Nähe zwischen Nietzsche und dem Neuen Testament – trotz aller Gegensätze! *Denn beide treffen sich in ihrer hermeneutischen Intention.* Beide wollen überzeugen, beide wollen missionieren. Das Neue Testament will die Mission des Evangeliums Gottes, Nietzsche will die Mission der Botschaft vom Tode Gottes. Die Autoren des Neuen Testaments verstanden sich als hermeneutische Menschen, Nietzsche verstand sich als hermeneutischer Mensch.

Unserem Verständnis von Nietzsche als Hermeneutiker kommt die Intention des an der Universität Turin lehrenden Philosophen *Gianni Vattimo* nahe. Seine in der Sammlung Metzler erschienene Publikation „Friedrich Nietzsche" wurde schon im Vorwort erwähnt.[8] Seine Lektüre Nietzsches ist Teil einer „hermeneutischen Ontologie". Er erkennt ihm eine bedeutende Rolle in jener Richtung des Denkens zu, die, von Schleiermacher ausgehend, sich über Dilthey und den deutschen Historismus bis hin zu Heidegger und der nachheideggerschen Hermeneutik (Gadamer, Ricoeur) entwickelt. Vattimo versteht im Blick auf Nietzsche unter den Begriffen „Hermeneutik" und „hermeneutische Ontologie" jene eigenartige Verbindung, die sich in seinem Denken zwischen einer „Kulturkritik", einer Philosophie des Lebens oder dem Nachdenken über die Dekadenz einerseits und einer Wiederaufnahme des Problems der Wahrheit und des Seins andererseits herstellt.[9] Das folgende Zitat intendiert schon mehr die Wirkungsgeschichte Nietzsches, man könnte fast sagen, die Hermeneutik der Hermeneutik Nietzsches: „Zumindest unter dem Aspekt jenes hermeneutischen Denkens, das die Werke Nietzsches ausdrücklich aufgreift und erörtert, steht die hier einstweilen nur als hypothetisch angedeutete Erkenntnis dieser Verbindung (also die hermeneutische Ontologie) im Zentrum der aktuellen Probleme der Philosophie und begründet die besondere theoretische Aktualität von Nietzsches Denken."[10]

Um das Hermeneutische an Nietzsche zu dokumentieren, wähle ich die 1886 geschriebene Vorrede zur Neuauflage seiner Schrift *Menschliches, Allzumenschliches. Ein Buch für freie Geister* (Erstauflage 1878). Diese Vorrede ist geradezu ein hermeneutisches Manifest. Mit großem Selbstbewußtsein – ein gewisses Maß an Selbstbewußtsein muß freilich jeder Hermeneut haben, einerlei welcher couleur! – erklärt der Autor, er habe sich die *„freien Geister"* erfunden. Sie gebe es nicht, und es habe sie auch nicht gegeben. Aber er zweifelt nicht an der Existenz künftiger freier Geister. *Europa* hat Nietzsche immer interessiert. Und so sagt er (2,15):

1. Hinführung zu Friedrich Nietzsche 19

Dass es dergleichen freie Geister einmal geben *könnte*, dass unser Europa unter seinen Söhnen von Morgen und Uebermorgen solche muntere und verwegene Gesellen haben wird, leibhaft und handgreiflich und nicht nur, wie in meinem Falle, als Schemen und Einsiedler-Schattenspiel: daran möchte *ich* am wenigsten zweifeln. Ich sehe sie bereits *kommen*, langsam, langsam; und vielleicht thue ich etwas, um ihr Kommen zu beschleunigen, wenn ich im Voraus beschreibe, unter welchen Schicksalen ich sie entstehn, auf welchen Wegen ich sie kommen *sehe*?

Ein äußerst wichtiger und aufschlußreicher Text! Es ist Nietzsche, der die freien Geister verheißt. Seine prophetisch angesagten Gesellen sind es, die das neue Europa schaffen. Er, der *Visionär* – das Wort „sehe" am Ende des Zitats ist von Nietzsche im Druck hervorgehoben! –, sieht die Zukunftsgesellen kommen. Und vor allem, *er*, der visionäre Ankündiger tut durch sein Ankündigen etwas, um deren Kommen zu beschleunigen. Er kündigt also nicht nur an, was er sieht, sondern er sieht, was er ankündigen will und verändert so durch sein Ankündigen, setzt so eine neue, eine bessere Zukunft. Der *Heilsprophet* also als der *Heilsbringer*! In theologischer Sprache: Nietzsche versteht sich als *eschatologische Gestalt*. Das Selbstbewußtsein des Ankündigers künftigen Heils ist das Selbstbewußtsein des Atheisten in fast göttlichen Zügen. Man hört den jubelnden eschatologischen Ton, wenn der Visionär Friedrich Nietzsche fast pathetisch ausruft (2,20):

Um jene Zeit mag es endlich geschehen [Nietzsches biblischer Ton ist unüberhörbar!] ..., dass dem freien, immer freieren Geiste sich das Räthsel jener großen Loslösung zu entschleiern beginnt, welches bis dahin dunkel, fragwürdig, fast unberührbar in seinem Gedächtnis gewartet hatte.

Vom *Entschleiern* des Rätsels, also des verborgenen Geheimnisses, ist hier die Rede. Der atheistische Prophet will seine Jünger das Verborgene sehen lassen, das er selber sieht. Die Prophetie bekommt apokalyptische Züge. Nietzsches Jünger sollen an seiner Heilserkenntnis partizipieren. Dem freien Geist, dem verkündet wird, wird – wiederum in Anspielung auf biblische Sprache – die Antwort auf seine Frage zuteil (2,20):

> „Du sollst Herr über dich werden, Herr auch über die eigenen Tugenden. Früher waren sie deine Herren; aber sie dürfen nur deine Werkzeuge neben anderen Werkzeugen sein. Du solltest Gewalt über dein Für und Wider bekommen und es verstehn lernen, sie aus- und wieder einzuhängen, je nach deinem höheren Zwecke.

Verstehen lernen – eine hermeneutische Aufforderung! Indem der Jünger auf seine eigentliche Aufgabe, seine Existenzaufgabe nämlich angesprochen wird, soll er zum Verstehen gelangen. Die biblische Entsprechung ist unverkennbar. Denn biblisch, vor allem neutestamtentlich, kommt es nur dadurch zum wirklichen und eigentlichen Verstehen, daß der die Verkündigung Erfassende diese als sich selbst betreffend versteht. Biblisches Verstehen impliziert Selbstverstehen. Nicht umsonst hat *Rudolf Bultmann* immer wieder darauf gedrungen, daß *Gottesverständnis* und *Selbstverständnis* koinzidieren. Und ebenso impliziert Nietzsches Reden vom Verstehen das Selbstverstehen seiner Jünger. Die Parallelen sind frappierend! Der atheistische Prophet fährt in seinen Aufforderungen fort (2,20):

> Du solltest das Perspektivische in jeder Werthschätzung begreifen lernen – die Verschiebung, Verzerrung und scheinbare Teleologie der Horizonte und was Alles zum Perspektivischen gehört; auch das Stück Dummheit in Bezug auf entgegengesetzte Werthe und die ganze intellektuelle Einbusse, mit der sich jedes Für, jedes Wider bezahlt macht.

Wir werden später noch sehen, wie Nietzsches Wahrheitskonzeption dieses Perspektivische mit Nachdruck hervorhebt. Ihn interessiert keine objektive Erkenntnis! Mehr

1. Hinführung zu Friedrich Nietzsche

noch: Es gibt für ihn überhaupt keine objektive Erkenntnis! Sie ist eine Wahnvorstellung der Menschen. Und so blasphemisch es vielleicht im ersten Augenblick klingen mag – das Perspektivische gehört *wesenhaft* auch zur neutestamentlichen Glaubenserkenntnis. Die Bibel Alten und Neuen Testaments spricht von der Erkenntnis der Gerechtigkeit, die der Glaubende zu üben habe. Nietzsche dreht den Gedanken um und bleibt doch in der Struktur des biblischen Denkens (2,20):

„Du solltest die *nothwendige* Ungerechtigkeit in jedem Für und Wider begreifen lernen, die Ungerechtigkeit als unablösbar vom Leben, das Leben selbst als *bedingt* durch das Perspektivische und seine Ungerechtigkeit.

Eine Kommentierung dieses Satzes ist nach dem bisher Gesagten schon nicht mehr nötig. Und sofort im Anschluß heißt es dann (2,20 f.):

Du solltest vor Allem mit Augen sehn, wo die Ungerechtigkeit immer am grössten ist: dort nämlich, wo das Leben am kleinsten, engsten, dürftigsten, anfänglichsten entwickelt ist und dennoch nicht umhin kann, *sich als Zweck und Maass der Dinge zu nehmen* [Nietzsche dürfte hier auf Protagoras anspielen: Der Mensch ist das Maß aller Dinge.] und seiner Erhaltung zu Liebe das Höhere, Grössere, Reichere heimlich und kleinlich und unablässig anzubröckeln und in Frage zu stellen – du solltest das Problem der *Rangordnung* mit Augen sehn [schon wieder bei Nietzsche die Redewendung „mit Augen sehn"!] und wie Macht und Recht und Umfänglichkeit der Perspektive mit einander in die Höhe wachsen. Du solltest" – genug, der freie Geist *weiss* nunmehr, welchem „du sollst" er gehorcht hat, und auch, was er jetzt *kann*, was er jetzt erst – *darf* ...

Diese letzte Aufforderung an die Jüngergemeinde Nietzsches erinnert sehr an Augustins Worte: *„Ama et fac quod vis."* „Liebe, und tue dann, was du willst!" Der wahre Christ weiß, was er zu tun hat. Er braucht kein Gesetz. Gottes Gesetz ist in seinem Inneren. Die Nähe der paulinischen Freiheitstheologie ist zu spüren.

Der Predigtton ist also in dieser Vorrede zu *Menschliches. Allzumenschliches* unverkennbar. Der Inhalt geht zwar in entscheidenden Momenten gegen biblische Gehalte. Aber offenkundig ist die Hermeneutik Nietzsches eng mit der biblischen Hermeneutik verwandt. Vor allem ist es die Überzeugung, daß *der Angesprochene versteht, wenn er auf seine Existenz angesprochen wird.* In dieser hermeneutischen Grundeinstellung sind sich Vertreter und Gegner des Christentums einig. Daß die jeweiligen Jünger auf ihre Freiheit angesprochen werden – auch das ist ein gemeinsamer Zug der Autoren des Neuen Testaments und des Feindes des Neuen Testaments. Daß zum Verstehen der eigenen Existenz das Verstehen der Zukunft als der Heilsepoche gehört – auch das ist gemeinsame Überzeugung beider Seiten.

Ein wenig zugespitzt, vielleicht sogar ein wenig überspitzt gesagt: Friedrich Nietzsche, der Pfarrerssohn, ist Theologe geblieben – freilich ein Theologe *sui generis*, ein *atheistischer Theologe*; er ist Theologe geblieben, weil ihm das theologische Koordinatensystem geblieben ist. Zwar ist seine *Theologie als Antitheologie* ein Widerspruch in sich selbst; aber auch eine Antitheologie wird durch ihr „anti" konstituiert. Um nicht mißverstanden zu werden: Keinesfalls möchte ich als Theologe Nietzsche, indem ich seine Denkstrukturen zu erhellen versuche, für die christliche Theologie vereinnahmen. Es geht nicht um billige Apologetik. Es geht nicht um die Verharmlosung der ungeheuren antichristlichen Dynamik seiner Philosophie. „Ich bin kein Mensch, ich bin Dynamit", sagt er einmal (6,365). Aber wohl geht es darum, ihn von seinen Wurzeln her – also *radikal!* – zu verstehen. Denn unsere Aufgabe ist in diesem Semester eine hermeneutische. Und vielleicht zeigt es sich, daß auch sein Widerspruch gegen das Christentum ein Wahrheitselement des Christlichen enthält, das dem Theologen zu denken geben sollte.

*

Wir haben also einiges über Nietzsches Denkweise, einiges über seine zumindest partielle Verwurzelung im christlichen Denken zur Kenntnis genommen. Einige Schlaglichter sollten uns zum Thema hinführen. Und besser konnte das ja niemand tun als Nietzsche selbst, von dem wir deshalb einige Texte *nach*-zudenken versucht haben. Wir haben ihren Gehalt nicht ausloten können. Wir haben sie nur *an*-gedacht, nur *an*-visiert. Mehr noch nicht. Aber einiges von dem, was diese Texte sagen wollen, dürfte uns, wie ich hoffe, doch schon deutlich geworden sein. Es zeigte sich aber auch bei den bisherigen Überlegungen, daß wir uns angesichts der bisher bedachten Fragmente aus seinem Leben, seinem Denken, seinem Wollen, seinem Hoffen seinen Lebenslauf etwas genauer vergegenwärtigen sollten. Vor allem müssen wir uns grundlegend mit den Grundgedanken seiner Philosophie beschäftigen. Denn seine Biographie, sein missionarisches Wollen und sein philosophisches Denken konstituieren eine geistig-personale Einheit. Seine *Reflexion* ist eine *Einheit von Wollen und Denken*, sein *tiefstes Wesen* eine *Einheit von Emotion und Reflexion*, eine *Einheit von Theorie und Praxis*. Also beginnen wir mit Friedrich Nietzsches Biographie!

2. Zur Biographie Friedrich Nietzsches

Mit Absicht heißt die Überschrift „Zur Biographie Friedrich Nietzsches" und nicht „Biographie Friedrich Nietzsches". Denn eine Gesamtwürdigung des Phänomens Friedrich Nietzsches geht weit über das Ziel unseres Kollegs hinaus. Wir wollen ja in diesem Semester nicht den Menschen und Philosophen Friedrich Nietzsche als solchen thematisieren, sondern seinem Wirken unter einem begrenzten Gesichtspunkt nachgehen, nämlich dem des Verhältnisses seines philosophischen und existentiellen Denkens zum theologischen Denken. Dazu müssen wir allerdings die Grundlagen und Grundgedanken seiner Philosophie ausführlich erörtern, und zwar nicht als rein theoretisches, abstraktes System – so etwas gibt es bei Nietzsche nicht! Wir müssen vielmehr versuchen, sein philosophisches Denken *als* existentielles Denken zu verstehen und bei eben diesem Verstehensversuch das Ineinander von seiner Philosophie und seiner Auseinandersetzung mit dem Christentum zu erfassen. Das *Wesentliche* des Lebens dieses Mannes wird sich uns auf diesem Wege in deutlichen Konturen erschließen, auch wenn wir es „nur" *perspektivisch* unter dem genannten Gesichtspunkt erörtern. Übrigens würde Nietzsche einer solchen perspektivischen Intention mit Genugtuung, wenn nicht sogar mit ästhetischem Genuß folgen, denn aus philosophischer Überzeugung ist für ihn, wie wir später noch genauer bedenken werden, jegliche Wahrheit perspektivisch. Eine „objektive Wahrheit" gibt es für ihn nicht.

Für diejenigen, die sich über das in diesem Kapitel Gesagte hinaus informieren wollen, einige Anmerkungen zur *Literatur*: In ihrer Art unübertroffen ist die rororo-Bildmonographie *Friedrich Nietzsche* von *Ivo Frenzel* (Band 115); das Ineinander von informierendem Text und gekonnt ausgewählten Zitaten – das gilt übrigens für die meisten Bände dieser Reihe – vermittelt einen guten Eindruck von Nietzsches Leben, Denken und Wirken. Dieses kleine Büchlein sollte für unsere Vorlesung in Ihrer aller Hand sein. Wem es mehr um die Philosophie Nietzsches geht, dem sei – wiederum eine in ihrer Art ausgezeichnete Publikation – das in der „Sammlung Metzler" erschienene Bändchen *Friedrich Nietzsche* (Band 268) von *Gianni Vattimo*, Professor für theoretische Philosophie an der Universität Turin, empfohlen. Es ist zur Einführung in das philosophische Denken Nietzsches wohl das beste, was wir in dieser Art zur Zeit auf dem Büchermarkt haben. Zu ausführlich dürfte wohl für die meisten das dreibändige Werk *Friedrich Nietzsche. Biographie* von *Curt Paul Janz* sein (Erstauflage München/Wien 1978), doch ist sie für die wissenschaftliche Arbeit an Nietzsche unentbehrlich. Des weiteren sei auf die glänzend geschriebene und gut lesbare, aber zuweilen durch einige tiefenpsychologische Hypothesen nicht ganz unproblematische Biographie *Der ängstliche Adler. Friedrich Nietzsches Leben* von *Werner Ross* aufmerksam gemacht (dtv 2990). Der durch den Historikerstreit bekannt gewordene *Ernst Nolte* hat in diesem Jahr seine Monographie *Nietzsche und der Nietzscheanismus*

(Erstauflage Frankfurt a. M.–Berlin 1990) in Zweitauflage (München 2000) mit einem Nachwort *Nietzsche in der deutschen Gegenwart* herausgebracht. Empfehlend hingewiesen werden muß auf jeden Fall auch auf die in der Reihe *Philosophie jetzt!* von *Rüdiger Safranski* herausgegebene und mit einer längeren, gut informierenden Einleitung versehene Anthologie von Auszügen aus Nietzsches Werken (München 1997). Sein Werk *Nietzsche. Biographie seines Denkens* (München 2000) erschien erst nach Abschluß meines Manuskriptes, so daß ich es nicht mehr berücksichtigen konnte.

Genannt werden muß natürlich die zweibändige Biographie „Das Leben Friedrich Nietzsche's" aus der Feder seiner Schwester *Elisabeth Förster-Nietzsche* (Leipzig, 1895–1904) – für die Nietzsche-Forschung unverzichtbar, aber ein, milde gesagt, äußerst tendenziöses Machwerk. Die Autorin schreckte selbst vor gravierenden Fälschungen nicht zurück. Nur ein Beispiel (Band 1, S. 19; s. dazu Janz, Band 1; S. 46): Friedrich Nietzsche schrieb in seinen autobiographischen Aufzeichnungen: „Im September 1848 wurde plötzlich mein geliebter Vater gemütskrank." Die Schwester zitiert diese autobiographischen Aufzeichnungen, diesen Satz allerdings mit den Worten „Im September 1848 wurde plötzlich mein geliebter Vater in Folge eines Sturzes bedeutend krank." Janz spricht zutreffend von „einer so bedenkenlosen Quellenfälschung". Weithin ist Elisabeths Werk übrigens recht rührselig geschrieben. Wer es kritisch zu lesen versteht, wird es mit Gewinn tun.

Ehe ich Ihnen nun wichtige, für unsere Fragestellung entscheidende Abschnitte der Vita Nietzsches vor Augen stelle, einige Aspekte seiner Lebensführung, seines Lebensverständnisses, seines Selbstverständnisses, seines

2. Zur Biographie Friedrich Nietzsches

Charakters. Denn ein solcher Lebenshorizont erleichtert das Verständnis und Einordnen einzelner biographischer Details, einzelner Schlüsselerlebnisse, einzelner Ereignisse. Was war das für ein Mann, dem wir in diesem Semester unsere Aufmerksamkeit schenken wollen?

Erstens: Es war ein *kranker* Mann! Seine Krankheit war möglicherweise das Erbe des von ihm nur kurz gekannten, aber zeit seines Lebens hochgeschätzten Vaters. Sehr oft litt er unter Kopfschmerzen, laufend focht er einen Kampf mit seinen zum Sehen unwilligen Augen aus, dabei die Angst vor völliger Erblindung. Laufend wechselten die Stimmungen, mal Verzweiflung, mal das übersteigerte Bewußtsein unverwüstbarer Gesundheit. Am Ende dann der Wahnsinn, über zehn Jahre!

Zweitens: Es war ein *schwieriger* Mann! Nur wenige Menschen waren seine Freunde, diese aber zumeist hochkarätig. Nennen wir einige! Da ist *Erwin Rohde*, Altphilologe wie Nietzsche selbst; eines seiner Standardwerke, „Die Seele"[11], ist bis heute lesenswert und bereichernd zugleich. Da ist *Jacob Burckhardt*, dessen „Weltgeschichtliche Betrachtungen"[12] Ihnen zumindest dem Titel nach bekannt sein werden. Zu nennen ist auf jeden Fall der exzentrische Theologe *Franz Overbeck*.[13] Dieser war es auch, der Nietzsche nach Ausbruch seiner Krankheit von Turin aus in die Basler Nervenklinik brachte. Väterlicher Freund, wenn auch mehr Vaterfigur als Freund, war *Richard Wagner*; auch Wagners Frau *Cosima*, Tochter von Franz Liszt, war er freundschaftlich verbunden. Doch der Bruch mit dem nur sich selbst gelten lassenden Wagner war auf die Dauer wohl unvermeidlich, schmerzhaft für beide Seiten. Eine besonders intensive Freundschaft zeichnete das Verhältnis zwischen Nietzsche und *Heinrich Köselitz*

– Künstlername *Peter Gast* – aus: höchste Verehrung und Ergebenheit auf seiten Peter Gasts, dessen fast servile Treue sich in allen möglichen Arbeiten für den Freund dokumentierte, er war so eine Art Sekretär für den von ihm so hochgeschätzten Philosophen; dieser jedoch überschätzte maßlos die musikalische Begabung des Freundes. Nietzsches Verhältnis zu Frauen war eigentümlich gebrochen, vielleicht sogar ein wenig verkrampft. Ich nenne hier nur *Malwida von Meysenbug* und *Lou von Salomé*.

Drittens: Nietzsche war ein *unsteter* Mensch! Nachdem er 1869 mit 24 Jahren als Professor für Klassische Philologie an die Universität Basel berufen war, reiste er zunächst noch nicht so viel. Immerhin besuchte er aber, wie er am 1. Mai 1872 an Carl von Gersdorff schrieb, das Ehepaar Richard und Cosima Wagner in Tribschen (bei Luzern) in drei Jahren 23 mal. Er ist 1872 bei der Grundsteinlegung des Wagnerschen Bayreuther Festspielhauses anwesend. Einige Jahre später verschlimmerte sich der Gesundheitszustand Nietzsches. Er nimmt 1876 Genesungsurlaub bei der Universität und verbringt den Winter mit seinem Freund Paul Rée und Malwida von Meysenbug in Sorrent. Seine Krankheit wird inzwischen immer unerträglicher, heftige Kopf- und Augenschmerzen, ständiges Erbrechen. So läßt er sich 1879 von seinen Aufgaben an der Universität entpflichten. Seine Pension: 3000 Franken im Jahr. Und nun geht das unstete Leben erst richtig los. Der Patient sucht sich die Aufenthaltsorte danach aus, wie sie ihm wegen ihrer klimatischen Bedingungen Genesung verschaffen könnten: Venedig, Genua, Nizza, Turin, zwischendurch auch mal auf sizilianischer Reise. Im Oberengadin hat es ihm der kleine Ort Sils-Maria in der Nähe von St. Moritz angetan. Auch in Lenzerheide und Chur hält er sich auf. Wir werden bei der Lektüre von Nietzsches Schriften von *Menschliches, Allzumenschliches* an jeweils zu bedenken haben, was es heißt, daß er sie unterwegs geschrieben hat – nicht wie ein Wissenschaftler, der seine Vorarbeiten im Schreibtisch liegen hat und dem seine Privatbibliothek zur Verfügung steht. Kein Wunder, daß für Nietzsche die Form des Aphorismus angesichts seiner sich in kurzen Abständen ändernden Adressen optimal ist! Die ständige Anschrift ist eben: Friedrich Nietzsche, Europa. Es ist also ein ruheloses Leben, ein hektisches Leben, ein beschwerliches Leben, zudem ein Leben schwankender Stimmungen. Und wir haben ja bereits registriert, wie sehr Nietzsches Schaffen ein intellektuelles Tun ist, das von Stimmungen beherrscht ist. Es ist die Genialität in der Abhängigkeit von leiblichen Bedingungen. Zum Aphorismenstil ist aber auch folgendes zu bedenken: Manches, was Nietzsche am Herzen lag, seinen Mitmenschen auf den Weg mitzugeben, konnte er wesentlich besser als Aphorismus sagen als in einem nach üblichen Maßstäben verfaßten wissenschaftlichen Buch. Wo hätte er z. B. in seinen *Unzeitgemäßen Betrachtungen* das Auftreten des tollen Menschen schildern können?

Viertens: Nietzsche war der Mann des *falschen Berufs*! Seiner ganzen Veranlagung und Begabung nach war er zum Philosophen geboren, nicht aber zum Philologen. Er konnte also als Professor der Klassischen Philologie nicht das sein, was er sein wollte und sein konnte. Erst nach seiner Frühpensionierung war Nietzsche – Nietzsche!

Fünftens: Nietzsche war ein *genialer* Mensch! Dazu aber brauche ich Ihnen wohl nach allem, was Sie bereits wissen, nichts mehr zu sagen.

Ein wenig steht nun dieser Mann in seiner konkreten

Gestalt, in seiner konkreten Lebensweise vor unserem geistigen Auge. Schauen wir unter der bereits gewonnenen Perspektive genauer auf einige seiner Lebensabschnitte! Da wird der kleine Friedrich Wilhelm – so sein vollständiger Vorname – am 15. Oktober 1844 in dem Dorf Röcken bei Lützen geboren. Der Name Friedrich Wilhelm ist bezeichnend. Denn der 15. Oktober ist nicht nur der Geburtstag dieses Kindes, sondern auch der Geburtstag des preußischen Königs Friedrich Wilhelm IV. Und so liegt es nahe, daß der sich mit der hohenzollernschen Dynastie in Berlin verbunden wissende Vater, der Pfarrer Carl Ludwig Nietzsche, zuvor immerhin Erzieher der Töchter des Herzogs zu Altenburg, seinen Sohn Friedrich Wilhelm nennt. Ivo Frenzel schreibt über die Familie des Neugeborenen[14]:

> Nietzsches Elternhaus war ein Hort protestantischer Frömmigkeit, durch Generationen war die Familie dem lutherischen Glauben verbunden: geachtet, gottesfürchtig, rechtschaffen und provinziell, verkörperte sie alle Tugenden und Überzeugungen des deutschen Pfarrhauses, von denen ihr begabtester Sproß sich im Laufe seines Lebens so weit und nachdrücklich entfernen sollte.[15]

In der Predigt bei der Taufe seines Sohnes sagt Pfarrer Nietzsche: „Mein Sohn, Friedrich Wilhelm, so sollst Du genennet werden auf Erden, zur Erinnerung an meinen (!) königlichen Wohltäter, an dessen Geburtstag Du geboren wurdest."[16] Dieses Kind mit dem Königsnamen, es wollte später selbst König sein! *Nomen est omen!* Zunächst aber erlebt der Vater, wie sein König Friedrich Wilhelm IV. vor den von preußischem Militär erschossenen Opfern der Märzrevolution 1848 schweigend sein Haupt entblößte. Er empfindet es als dessen Schmach – so und nicht anders vermag er es zu sehen! – und bricht in Tränen aus. Bei Werner Ross lesen wir:

2. Zur Biographie Friedrich Nietzsches

Als der Pfarrer Karl Ludwig Nietzsche von der Selbstdemütigung des Königs las, der in stummer Schmach durch die Stadt geritten war, brach er in Tränen aus, stürzte aus dem Haus und kam erst nach Stunden wieder. Ihm fielen nicht die Toten – es waren mehrere Hunderte! –, die Verletzten, die Hinterbliebenen ein, sondern nur der Wohltäter als Märtyrer. Eine Welt brach im ihm zusammen.[17]

Bereits ein Jahr danach erkrankte er an „Gehirnerweichung", wie man es damals nannte. Zurück zum *Königskind*! Nur einige Schlaglichter, die sich stark vermehren ließen! Dieses Königskind verfaßt bereits im Kindesalter ein kleines Drama mit dem bezeichnenden Titel *Das Königsamt*. Und Werner Ross zitiert, um seinen Lesern Friedrich Nietzsche als Königskind vor Augen zu stellen, das Gedicht, das er mit vierzehn Jahren während eines Schulausflugs zur Schönburg auf dem Turm gedichtet hat[18]:

> Und was am schönsten von allen
> mir ganz allein überlassen.
> Sie mögen dort in den Hallen
> zechen bis sie umfallen.
> Ich übe mein Herrscheramt.

Sehr viel später, nämlich 1886, plant er einen Ausflug nach Corte auf Korsika, weil diese Stadt der Ort der Empfängnis Napoleons sei, wie er, Friedrich Nietzsche, ausgerechnet habe. Es heißt dann wörtlich in einem Brief an Peter Gast: „Scheint es nicht, daß eine Wallfahrt dorthin eine geziemende Vorbereitung für den ‚Willen zur Macht – Versuch einer Umwertung aller Werte' ist?" Werner Ross kommentiert[19]: „So sieht er sich als Nachfolger und Fortsetzer Napoleons."

Als schließlich seine Geisteskrankheit Ende 1888 ausbricht, da schreibt er, der das Kaiserreich Bismarcks vehement ablehnt, am 28. Dezember an Franz Overbeck:

Ich selber arbeite eben an einem Promemoria für die europäischen Höfe zum Zwecke einer antideutschen Liga. Ich will das „Reich" in ein eisernes Hemd einschnüren und zu einem Verzweiflungskrieg provozieren. Ich habe nicht eher die Hände frei, bevor ich nicht den jungen Kaiser, samt Zubehör in den Händen habe.

Auf Silvester 1888 läßt er Peter Gast postalisch wissen, daß er, wie weiland Gaius Iulius Caesar im Jahre 49 v. Chr. im Bürgerkrieg gegen Pompejus, den Rubikon überschritten habe[20]:

Ah, Freund! welcher Augenblick! – Als Ihre Karte kam, was tat ich da ... Es war der berühmte Rubicon ... – Meine Adresse weiß ich nicht mehr: nehmen wir an, daß sie zunächst der Palazzo del Quirinale sein dürfte.

Und am 4. Januar 1889 schickt er dieser Nachricht diejenige Postkarte nach, die wir bereits kennen:

Singe mir ein neues Lied: die Welt ist verklärt und alle Himmel freuen sich.
Der Gekreuzigte.

Nun ist Friedrich Nietzsche nicht mehr ein irdischer König oder der römische Imperator, er ist jetzt der himmlische Herr! Für Ivo Frenzel ist damit das letzte Stadium seines Größenwahns erreicht. Freilich, über diesen Größenwahn haben wir noch ausführlich zu sprechen. Ihn nur als Ausgeburt eines kranken Gehirns oder als charakterschwache Geltungssucht zu sehen ist zu einfach. Bekundet sich nicht in ihm, so seltsam es vielleicht klingen mag, ein wichtiges positives Moment? Wer etwas Gewichtiges, etwas Bedeutsames zu sagen hat, bedarf schon um der Sache willen eines gewissen Maßes an Selbstvertrauen!

Doch kehren wir noch einmal zu Friedrichs *Vater* zurück! Ihn hat der kleine Sohn nur in seinen jüngsten Jahren erlebt; er war ja, wie schon gesagt, noch keine fünf Jahre, als der Vater starb. Dieser Vater war im Übermaße königstreu, dieser Vater war ein recht frommer Mann, er war geradezu die Verkörperung desjenigen Christentums, das sein Sohn Friedrich Nietzsche jahrzehntelang in missionarischem Fanatismus bekämpfte. Und dennoch – ein eigentümliches *dennoch*! – bleibt dieser staatstreue und glaubensfeste Mann ein Ideal in den Augen des Sohnes, der doch das Christentum und das 1871 gegründete Deutsche Reich mit ganzer Seele so leidenschaftlich ablehnte!

Und in noch einem anderen Punkte sollte für Friedrich Nietzsche der so früh verstorbene Vater existenzbestimmend sein. Denn dieser ist mit fast sechsunddreißig Jahren an einem Gehirnleiden, der sogenannten Gehirnerweicheng, gestorben (30. Juli 1849; geb. 10. Okt. 1813). Und der immer wieder kränkelnde und oft sogar schwer kranke Friedrich rechnet fest damit, daß ihm gleiches im gleichen Alter widerfahre. Rechnet man aus der Perspektive eines Menschen des 19. Jahrhunderts damit, daß ein Leben etwa siebzig Jahre währt, so hat, wer das Alter von fünfunddreißig Jahren erreicht hat, die Mitte seines Lebens erreicht. Mitte des Lebens, das heißt auf lateinisch *media in vita*. Es ist der Anfang jenes mittelalterliches Liedes *Media in vita in morte sumus*. Luther hat es übersetzt: „Mitten wir im Leben sind mit dem Tod umfangen." Für Nietzsche sind die Worte *media in vita* das bedrohliche Menetekel für den eigenen Tod in diesem Alter. Er, Friedrich Nietzsche, wird am 15. Oktober 1879 fünfunddreißig Jahre! Also rechnet er, seiner eigenen oft unerträglichen Kopfschmerzen eingedenk, mit dem gleichen Tod, wie ihn der Vater in diesem Alter erleiden mußte. Und er war es ja nicht alleine, dem solches Unheil in diesem Alter drohte! Mit sechsunddreißig war *Lord Byron*, der berühmte englische Dichter, gestorben. Auf Byron hatte ihn in Schulpforta sein

Englischlehrer aufmerksam gemacht; Byrons Werke standen danach in deutscher Übersetzung und ab Weihnachten 1862 auch im englischen Original auf seinem Bücherregal. Byron, das war, wie Werner Ross es so schön formulierte, „für die aufrührerischen jungen Leute von 1830 bis 1860 der Inbegriff sündigen Aristokratentums, zynischer Dandyhaftigkeit und blendenden Poetentums".[21] Dieser Poet wurde in Schulpforta der Lieblingsdichter des Sekundaners Nietzsche, und ausgerechnet er starb in besagtem Alter! Ein weiterer Lieblingsdichter Friedrich Nietzsches konnte mit dem Alter des *media in morte* in Verbindung gebracht werden, *Friedrich Hölderlin*. Auch für ihn wurde das Alter *media in vita* zur Katastrophe; denn es war in diesem Alter, daß er wegen seiner Geistesverwirrung in das Autenriethsche Klinikum in Tübingen gebracht wurde. Zwar starb Hölderlin noch nicht in diesen jungen Jahren. Aber die Parallele von Hölderlin und Nietzsche war insofern grauenvoll, als sie beide im Wahnsinn endeten – Hölderlin in Tübingen, Nietzsche in Weimar. Wie bedeutsam Hölderlin für Nietzsche war, läßt sich aus Cosima Wagners Tagebuch entnehmen. Sechs Jahre vor seinem *media in vita* hat sie Heilig Abend 1873 geschrieben: „Richard und ich erkennen mit einiger Besorgnis den großen Einfluß, den dieser Schriftsteller auf Prof. Nietzsche ausgeübt; rhetorischer Schwulst, unrichtig angehäufte Bilder ..., dabei ein schöner edler Sinn; nur, sagte Richard, er könnte nicht gut an solche Neugriechen glauben."

Friedrich Nietzsche lebte also im Alter von sechsunddreißig Jahren in der Furcht vor dem unmittelbar bevorstehenden Tod. Im Jahre 1880, also nur kurze Zeit nach dem 15. Oktober 1879, schreibt er z. B. einen Abschiedsbrief an Malwida von Meysenbug; er müsse nach einigen Anzeichen mit einem erlösenden Hirnschlag rechnen. Der Hirnschlag kam damals nicht. Aber ein gehöriges Stück Wahrheit steckte doch in seiner Angst. Denn wenn auch nicht das magische Alter von fünfunddreißig bzw. sechsunddreißig Jahren das gefürchtete Ende des Lebens bringen sollte – insofern war die Parallele mit dem Vater vielleicht zutreffend, als Friedrich Nietzsches kontinuierliches Kranksein der Vorbote für seine akute Erkrankung des Wahnsinns um Weihnachten 1888 gewesen sein könnte. War dieser Wahnsinn in den letzten Jahren seines Lebens die unselige Mitgift des Vaters? Wenn er immer wieder sein Schicksal als Folge des Schicksals seines Vaters sah, hat er da womöglich klarblickend die traurige Realität erkannt? Über Nietzsches Wahnsinn am Ende seines Lebens gehen die medizinischen Urteile auseinander. Wir müssen die Frage hier offenlassen.

Wir waren auf den Vater zu sprechen gekommen, weil wir ihn im Zusammenhang der Geschichte seiner Kindheit erwähnen mußten. Und so blickten wir von der Kindheit einige Jahrzehnte bereits voraus. Kehren wir aber jetzt wieder in seine Kinder- und Jugendjahre zurück! Nach dem Tode des Pfarrers mußte die Familie Nietzsche das Pfarrhaus in Röcken verlassen. Sie zog nach Naumburg an der Saale. Rückblickend schreibt Nietzsche 1864, also mit zwanzig Jahren, in „Mein Leben" von seiner Kinder- und Jugendzeit mit erstaunlicher Klarsicht[22]:

Vielleicht war es nun ein Uebelstand, daß meine ganze Entwicklung von da an [Nietzsche meint den Tod des Vaters] von keinem männlichen Auge beaufsichtigt wurde, sondern daß Neubegier, vielleicht auch Wissensdrang mir die mannigfachsten Bildungsstoffe in größter Unordnung zuführte, wie sie wohl geeignet waren, einem jungen, kaum dem heimatlichen Nest entschloffenen Geist zu verwirren und vor allem die Grundlagen für ein gründliches Wissen zu gefährden.

Von besonderer Wichtigkeit war für den jugendlichen Geist der Aufenthalt in *Schulpforta*. Hier wurde er durch die humanistische Bildung in besonderer Weise geistig geprägt. Hier wurde ihm die klassische Bildung, vor allem die lateinische und griechische Sprache, vermittelt. Beide Sprachen beherrschte er bestens, er konnte sich in diesen Sprachen wie in der deutschen bewegen. Diskussionen in lateinischer Sprache waren für ihn ein leichtes. Als er an der Universität Bonn sein Studium begann, da war er in der klassischen Bildung im Grunde so weit wie ein Doktorand! Später aber wird er eben diese klassische Bildung aufs schärfste kritisieren; sie wird ihm lebensfeindlich erscheinen. Doch darüber später mehr. Zunächst ist ein Sachverhalt während seiner Schulzeit in Pforta zu berichten, der in entscheidender Weise die Weichen seiner geistigen Entwicklung stellen sollte. Es war im Jahre 1861 – Nietzsche war siebzehn Jahre alt –, da kam ein junger Griechischlehrer nach Pforta, sein Alter nur dreiundzwanzig Jahre, also lediglich sechs Jahre älter als unser Friedrich. Mit diesem jungen Pädagogen, *Dietrich Volkmann* mit Namen, wußte sich der junge Nietzsche im Denken und der geistigen Einstellung engstens verbunden. Dieser Lehrer unterrichtete im offiziellen Unterricht die griechische Sprache, er gab aber auch privatim Unterricht im Englischen. Nietzsche interessierte er für Shakespeare, des weiteren für den englischen Philosophen Shelley und den bereits genannten Lord Byron, etwas später auch für den freigesinnten amerikanischen Pfarrerssohn Emerson. Nach und nach gewinnt auf diese Weise ein kritischer Geist über den zunächst so frommen Sohn des Pfarrers Carl Ludwig Nietzsche den entscheidenden Einfluß. Er wird selbständig im Denken, wird freisinnig im Denken. Nicht von heute auf morgen. Aber wie ein ständiger leichter Regen die Erde besser durchtränkt als ein plötzlicher, aber kurzer Regenguß, so formt sich auch Friedrich Nietzsches Geist nach und nach, recht kontinuierlich, zu einem befreit und daher selbständig und selbstbewußt denkenden Menschen. Durch Dietrich Volkmann gewinnt der junge Mann die geistige Substanz, die ihn zum späteren philosophischen Denken befähigt. Friedrich Nietzsche wird gerade durch diesen Lehrer zu *dem* Friedrich Nietzsche, den wir heute kennen. Und noch eins kommt hinzu. Sicherlich war Schulpforta in seiner äußeren Erscheinung eine evangelisch geprägte Schulinstitution. Aber die Lehrer dieser so berühmten Schule waren doch alles andere als Vertreter einer kirchlichen Orthodoxie. Nietzsches Freund Paul Deussen äußerte sich einmal über die Rechtgläubigkeit in dieser Schule:

Untergraben wurde dieselbe unmerklich durch die vorzügliche *historisch-kritische Methode*[23], mit welcher in Schulpforta die Alten traktiert wurden, und die sich dann von selbst auf das biblische Gebiet übertrug.

Für sein geistiges Ringen um Glauben und Unglauben sind seine Gedichte aus dieser Zeit erhellend.[24] Zur Lektüre empfehle ich Ihnen aus Ross, Der ängstliche Adler, die Kapitel *Sendung mit siebzehn* und *„Ein Kämpfen und Wogen"* (S. 58–75).

So ausgebildet, beginnt also unser Friedrich sein Studium in Bonn, an einer Universität nämlich, die für ihre hervorragende Ausbildung auf dem Gebiet der klassischen Sprachen berühmt war. Er belegt Vorlesungen über Klassische Philologie, aber auch über Kunst- und Kirchengeschichte, über Theologie und Politik. Den allmählich zum Atheisten heranwachsenden Studenten interessiert vielleicht immer noch ein wenig die Theologie – auch wenn er sich nur der Mutter zuliebe in der theologischen Fakultät immatrikuliert hat! Er wird ja auch nie von der Theologie loskommen. Ihre gedankliche Struktur wird sein atheistisches Denken prägen – ein Tatbestand, dem wir ständig begegnen werden. Er bleibt nach dem Verlust seines Gottesglaubens, von dem wir ja schon wissen, daß dieser Verlust ihn schwer belastet, der *in theologischen Bahnen denkende Atheist*. Die Theologie bleibt sein Schicksal. Er weiß das, und so steigert sich seine Einstellung zu ihr bis zur *bizarren Haßliebe* – vielleicht bei keinem Atheisten so spezifisch zu Tage tretend wie bei ihm. Aber wohl deshalb ist sein so emotionaler Kampf gegen des Christentum für den Theologen so interessant – vielleicht besser gesagt: so bedeutsam und bereichernd – wie bei keinem anderen.

Aber für seine weitere geistige Entwicklung ist sicherlich die Teilnahme an theologischen Kollegs in Bonn wenig bedeutsam. Wichtig ist, daß er mit dem schon dort begonnenen Studium der Klassischen Philologie eine Wissenschaft studiert, mit der er später auf Kriegsfuß steht. Er wird zwar 1869 in Basel Professor dieser Klassischen Philologie; aber seine Denk-*Richtung* geht nicht dorthin. *Er wird gegen die Philologie Philosoph*. Und er wird auf eine Art Philosoph, daß bis heute manche Philosophen Nietzsche den Philosophen nicht abnehmen. Sie betrachten seine Philosophie als Dichtung. Sie erkennen mit vollem Recht, daß er in die Rüstung des Fachphilosophen nicht hineinpaßt; sie erkennen mit vollem Recht, daß man mit ihm keine Logik-Lektion abhalten kann. Aber inzwischen hat sich die geistige Größe Nietzsche auch bei den meisten Philosophen den ihr gebührenden Platz sichern können.[25] Und gleiches gilt für die Theologen. Die Zeiten, in denen die Fachvertreter der Theologie Nietzsche nur zwecks Widerlegung seines Unglaubens thematisierten, zuweilen sogar recht hämisch, sind vorbei.

Nietzsches späteres Scheitern an der Klassischen Philologie – es ist kein intellektuelles, sondern ein existentielles Scheitern! – hängt auch damit zusammen, daß er *Künstler* ist. Er komponiert schon während seiner Kindheit; er sucht später jahrelang den Kontakt mit Richard Wagner; er ist auch, wie seine Schriften bezeugen, in sprachlicher Hinsicht Künstler. Diese seine künstlerische Natur kann sich mit einer Philologie nicht anfreunden, die sich mehr dem Formalen widmet. Da ist für ihn kein Leben! Da ist für ihn nur Totenblässe! Wir haben schon im Vorblick auf das Gesamtphänomen Friedrich Nietzsche gesehen, wie er in seiner Sympathie zu Dionysos, dem Gott des Weins und des Rausches, das volle, pralle Leben verherrlichte. Es kommt nicht von ungefähr, daß er am Ende seines geistigen Lebens sich nicht nur als identisch mit dem Gekreuzigten sah, sondern auch mit Dionysos.

Wir haben eben gesagt, Nietzsche sei gegen die Philologie Philosoph geworden. Diese Aussage muß noch ein wenig ergänzt werden. Denn dem zum Philosophen *Geworden-Sein* ging ein langes Philosoph *Werden* voraus. Schon kurz nach seiner Berufung nach Basel wurde der zweite Lehrstuhl für Philosophie, eine Stiftungsprofessur, frei. Er bewarb sich um diesen Lehrstuhl, jedoch vergebens. Er scheiterte nicht nur am Widerstand des Inhabers des ersten philosophischen Lehrstuhl, Prof. Steffensen, der seine Sokrates-Deutung ablehnte und wohl auch seine Nähe zur Philosophie Schopenhauers, sondern wahrscheinlich vor allem daran, daß er als Autodidakt in der Philosophie für einen philosophischen Lehrstuhl einfach nicht genügend qualifiziert war. Anderseits war Nietzsche aber seiner ganzen geistigen Veranlagung nach auch nicht für die Klassische Philologie geschaffen. Sein geistiges Profil und das für ihn persönlich katastrophale Scheitern bei der Bewerbung um den philosophischen Lehrstuhl schildert besonders eindrücklich Janz in seiner Nietzsche-Biographie im Kapitel VIII: Das gescheiterte Bekenntnis zur Philosophie.[26] Gerade er vermag zu zeigen, wie Nietzsche schon von seinem Studium her eher zum Philosophen als zum Philologen disponiert gewesen ist. Seit seinem ersten Semester in Bonn habe er in „einer zermürbenden Spannung, einer doppelbödigen, unaufrichtigen Existenz" gelebt[27], zunächst einmal als Theologiestudent, der sich – wir hörten es schon – nur der Mutter zuliebe in der Theologie immatrikulierte, aber nicht wirklich Theologie studiert habe, der dann später in Leipzig trotz seiner Bindung an Ritschl plante, sich aus der Schulung zum Philologen zu lösen, aber nicht die Entschlußkraft dazu hatte, zumal es Ritschl immer wieder verstand, ihn an interessante Aufgaben zu binden.[28] Und als „viel zu schicksalsgläubig" hatte er nicht die Entschlußkraft, zur Berufung nach Basel „nein" zusagen: „So trat er in Basel abermals auf die falsche Bahn, geriet immer tiefer in den *Zwiespalt von Beruf und Berufung*, in eine *Existenzspaltung*."[29]

Aber blicken wir wieder auf seine Studienzeit zurück! Nach zwei Semestern Bonn geht er wie sein Lehrer *Friedrich Wilhelm Ritschl*, wenn auch nicht seinetwegen, nach Leipzig. Dieser Ritschl war kein bloßer Wissenschaftler der Klassischen Philologie; er war auch – darin eines Geistes mit Nietzsche – ein Künstler. Seine wissenschaftlichen Werke zeigen die Fähigkeit einer Sprache in künstlerischer Diktion. Für Nietzsche, wäre er wirklich in seinem Inneren Philologe, der gefundene Lehrer! Ritschl erkennt die geniale Begabung seines Schüler und fördert ihn dementsprechend. Zugleich aber erweckten in Leipzig die Schriften *Arthur Schopenhauers* sein philosophisches Interesse – freilich Schopenhauer ohne sein philosophiegeschichtliches Umfeld! Was das zu bedeuten hat, wurde schon angedeutet. Es war Eklektizismus *in philosophicis*, aber eben ein Eklektizismus *in wirklichem philosophischen Denken!* Hier war grundgelegt, daß er, wie Janz zutreffend formuliert, später „nicht ein akademischer *Lehrer* der Philosophie, sondern ein *Philosoph* werden sollte".[30] Halten wir also als wichtigen Tatbestand fest: *In Nietzsche vereinten sich damals in Leipzig das philologische und das philosophische Denken, beides gepaart mit einem instinktiven Gespür für das künstlerische Leben.* Dazu noch den ihm geistesverwandten und ihn fördernden Lehrer gewonnen zu haben – das alles war eine äußerst glückliche Konstellation. Was wollte Nietzsche mehr! Außerdem lernt er da *Erwin Rohde* kennen; sein Name ist uns schon begegnet. Rohde wird sein Freund, ihm sogar in seiner Begabung zumindest teilweise ebenbürtig. Er war Ritschls wegen nach Leipzig gegangen. Für Nietzsche war Rohde auch deshalb ein ihn bereichernder Freund, weil sie keineswegs in allem einig waren. So schreibt er in einer Aufzeichnung: „Wir beide haben aber unsere Gebiete in der Wissenschaft in ziemlicher Entfernung voneinander und waren nur einig in Ironie und Spott gegen philologische Manieren und Eitelkeiten." Das ist der echte, der wahre Friedrich Nietzsche! Schließlich lernt Nietzsche in Leipzig auch noch *Richard Wagner* kennen. 1868 kommt es dort zur ersten persönlichen Begegnung. Und Wagner ist auch – wie Nietzsche – von der Philosophie Schopenhauers begeistert. Er schreibt über dieses Treffen am 9. November an seinen Freund Rohde:

Inzwischen hatte ich ein längeres Gespräch mit ihm über Schopenhauer: ach, und Du begreifst es, welcher Genuß es für mich war, ihn in ganz unbeschreiblicher Wärme von ihm reden zu hören, was er ihm verdanke, wie er der einzige Philosoph sei, der das Wesen der Musik erkannt habe! Dann erkundigte er sich, wie sich jetzt die Professoren zu ihm verhalten, lachte über den Philosophenkongreß in Prag und sprach von den „philosophischen Dienstmännern".

Philosophie und Musik – das sollte auch das zentrale Thema seiner 1869–1871 geschriebenen und 1872 publizierten Schrift sein; ihren Titel und einige ihrer Gedanken kennen wir schon: *Die Geburt der Tragödie aus dem Geiste der Musik.* Und auch das wissen wir schon: Mit dieser Schrift katapultierte er sich aus der Gemeinschaft der Klassischen Philologen heraus. Sie entsinnen sich sicherlich der vernichtenden Kritik des Ulrich von Wilamowitz-Moellendorff.

Wagner und Schopenhauer, dieses für Nietzsche so bedeutsame Duo, waren, wie Ivo Frenzel richtig herausstellt, „damals zwei Exponenten derselben spätromantischen Welt, die Nietzsches ganzes Wesen formen sollten".[31] Von beiden Männern sollte er sich aber später distanzieren, und zwar überaus deutlich.

Wir haben Kinder-, Jugend- und Studienzeit Friedrich Nietzsches recht ausführlich bedacht. Wir haben so seine Entwicklung verfolgen können. Sein weiteres Leben vergegenwärtigen wir uns am besten, wenn wir es uns anhand seiner einzelnen Schriften vor Augen stellen und bedenken. Erwähnen wir nur noch einmal seine Berufung nach Basel. Mit vierundzwanzig Jahren wird er im Februar 1869 als außerordentlicher Professor der Klassischen Philologie an die Universität Basel berufen und zum März 1870 zum Ordentlichen Professor ernannt. Wir haben bereits zur Kenntnis genommen, daß er bereits 1879 aus gesundheit-

2. Zur Biographie Friedrich Nietzsches

lichen Gründen entpflichtet wird. Jetzt hat er Zeit, diejenigen seiner Schriften zu verfassen, die – neben seiner schon vor der Entpflichtung geschriebenen Schrift *Menschliches, Allzumenschliches* – zu den wirkungsgeschichtlich bedeutendsten zählen.

Ich nenne hier die wichtigsten seiner nach 1873 verfaßten Schriften:

1873–1876	Vier *Unzeitgemäße Betrachtungen*. Wir werden der zweiten besondere Aufmerksamkeit schenken: *Vom Nutzen und Nachtheil der Historie für das Leben*.
1876–1878	*Menschliches Allzumenschliches*, die erste Schrift in Aphorismen.
1880–1881	*Morgenröthe*.
1881–1882	*Die fröhliche Wissenschaft*.
1883–1884	*Also sprach Zarathustra*.
1884–1885	*Jenseits von Gut und Böse*.
1887	*Genealogie der Moral*.
1888	*Der Fall Wagner* und Abschluß der *Dionysos-Dithyramben*. Außerdem: *Götzendämmerung* *Der Antichrist. Versuch einer Kritik des Christentums* (Umwertung aller Werte I) *Ecce Homo* *Nietzsche contra Wagner. Aktenstücke eines Psychologen*.

Vom sogenannen *Willen zur Macht* liegen nur Fragmente vor, publiziert in den *Nachgelassenen Fragmenten* der Ausgabe von Colli und Montinari. Diese Editoren beseitigten endgültig die unredlichen Fälschungen, die Nietzsches Schwester Elisabeth vorgenommen hatte. Das dazu Nötige wissen Sie schon.

Auch über die Jahre des Wahnsinns und über seinen Tod ist keine weitere Information mehr erforderlich. Das Wichtigste kennen Sie bereits. Nur mit einer Szene noch, nämlich mit seinem Verhalten am 3. Januar 1889 in Turin, sollte ich Sie vertraut machen: Als Nietzsche seine Wohnung verlassen hatte, sah er, wie ein brutaler Droschkenkutscher sein Pferd mißhandelte. Unter Tränen und Wehklagen warf er sich dem Tier um den Hals und brach zusammen. Wenige Tage später bringt ihn sein Freund Overbeck in die Basler Nervenklinik. Am 25. August 1900 stirbt Friedrich Nietzsche in Weimar nach über zehnjähriger geistiger Umnachtung. Das Genie des Geistes stirbt in völliger Abwesenheit seines Geistes. Mit Nicolaus Cusanus: *Coincidentia oppositorum!* Aber leider anders, als der Kusaner diesen Begriff verstand!

3. Die Geburt der Tragödie aus dem Geiste der Musik

3.1 Zum Inhalt der Schrift

Daß *Die Geburt der Tragödie aus dem Geiste der Musik*, von Nietzsche in den Jahren 1869 bis 1871 verfaßt und zu Neujahr 1872 erschienen, ihn als Klassischen Philologen disqualifizierte, haben wir bereits zur Kenntnis genommen. *Diese Disqualifikation hat uns aber einen großen Philosophen geschenkt!* (Unsere Bemerkung darf natürlich nicht so verstanden werden, als sähen wir in der durch diese Disqualifikation bewirkte Qualifikation Nietzsches als Philosophen eine Disqualifikation der Philologie.) Die dadurch erfolgte entscheidende Weichenstellung für Nietzsches künftiges Schaffen, für sein Denken und Philosophieren, auch für ihn als ein von Stimmungen beherrschtes Wesen, war also ein Glücksfall der Geistesgeschichte Europas.

Wer zunächst nur den Titel dieser für Nietzsches weitere Existenz so bedeutsamen Studie liest, wird wohl zunächst annehmen, es handele sich um eine kunstgeschichtliche oder literaturgeschichtliche Schrift, vielleicht auch um eine kunstphilosophische Abhandlung. Aber das wäre eine recht arge, eine fatale Verkennung dieser Schrift. Denn in ihr geht es um nichts Geringeres als um das *Sein des Menschen*, um seine Existenz, um das ganze Spektrum seines Daseins, trotz des Titels also um alle Dimensionen seines Menschseins. Auf eine griffige Formel gebracht, aber keineswegs überspitzt formuliert: Es geht um des Menschen *Sein* oder *Schein*. Oder mit Shakespeares Hamlet: „To be, or not to be, that is the question." Natürlich, es geht in dieser Schrift auch um Kunst, sogar ganz wesentlich. Aber doch *insofern* um Kunst, als sie gerade nicht marginal für des Menschen Dasein ist! Es geht – um es hermeneutisch zu sagen – um die Frage, wie der Mensch sein Sein, sein Dasein sieht, wie er es *versteht* und somit wie er *sich selbst versteht*. *Wie* existieren wir? Was ist der eigentliche Impetus unseres Lebens? Träumen wir unser Dasein? Oder existieren wir im Rausch? Und in der Tat setzt Nietzsches Schrift mit der Gegenüberstellung von *Traum* und *Rausch* ein. Da mit der Tragödie die griechische Tragödie gemeint ist, ist es höchst belangvoll, daß diese Gegenüberstellung von zwei grundverschiedenen *menschlichen* Lebensweisen das Gegenüber von zwei griechischen *Göttern* voraussetzt. Wenn es somit um den Menschen geht, wie er im Bannkreis und Gefolge dieses einen oder jenes anderen Gottes lebt, dann kann eben nicht nur ein Partialaspekt des menschlichen Daseins im Blickfeld unseres Autors stehen. Vergegenwärtigt man sich die griechische Tragödie, so haben wir das Menschenleben in seinem unausweichlichen Bestimmtsein von den Göttern – und das heißt zugleich: vom Schicksal, von der Moira – als die existentielle Thematik vor Augen. Allerdings ist das, wenn wir die Tragödien der drei großen Tragiker der Griechen in ihrer jeweiligen Unterschiedlichkeit betrachten, in recht differen-

3.1 Zum Inhalt der Schrift

ter Art der Fall. Denn während vor allem Aischylos das vom Menschen unabwendbare Schicksal darstellt und dies in gewisser Weise auch Sophokles tut, zeigt Euripides bereits den Entscheidungsraum des Menschen. Und so wird auch dessen Dichtung in besonderer Weise in den Darlegungen Nietzsches reflektiert, und zwar in wenig freundlicher Sprache.

Nietzsche läßt zunächst durch die ersten Worte seiner Schrift die Vermutung aufkommen, es gehe ihm lediglich um die „aesthetische Wissenschaft"; er spricht von der „unmittelbaren Sicherheit der Anschauung ..., dass die Fortentwicklung der Kunst an die Duplicität des *Apollinischen* und des *Dionysischen* gebunden ist" (1,25). Der Leser gewinnt also auf der ersten Seite in der Tat den Eindruck, daß es um eine reine Kunstphilosophie gehe, zumal ausdrücklich Apollo und Dionysos als Kunstgottheiten bezeichnet werden. Nietzsche unterscheidet im Blick auf diese beiden Götter „zwischen der *Kunst des Bildners*, der *apollinischen*, und der *unbildlichen Kunst der Musik*, als der des *Dionysus*".[32] Doch schon kurz danach heißt es von der Perpetuierung ihres Gegensatzes, „bis sie endlich, durch einen metaphysischen Wunderakt des hellenischen ‚Willens', mit einander gepaart erscheinen" (1,25). Handelt es sich nun bei dieser Paarung um die Erzeugung der attischen Tragödie als eines zugleich dionysischen und apollinischen Kunstwerks (1,26), so indiziert doch schon allein die Wendung *„metaphysischer Wunderakt"* einen erheblich weiteren Bereich als nur die Kunst in Sinne eines Partialbereichs des Seins. Und genau dies wird sich im folgenden erweisen.

Erinnern wir uns an das im Einführungskapitel Gesagte, wo uns Apollo und Dionysos und die jeweilige Lebensweise der Jünger dieser beiden Götter vor Augen standen! *Apollo* ist der *Gott des Traums*, *Dionysos* jedoch der *Gott des Rausches*.

Zunächst zu *Apollo* und seiner Deutung durch Friedrich Nietzsche! Der Traum besitzt, wie er herausstellt, die Fähigkeit des bildnerischen Gestaltens. Er zitiert Hans Sachs, natürlich in der Dichtung Richard Wagners, nämlich in den Meistersingern von Nürnberg. – Zwischendurch eine Bemerkung, die nicht nur so am Rande gesagt sei: Die Schrift von der Geburt der Tragödie hat Nietzsche, wie er im Vorwort eigens erklärt, dem von ihm zu dieser Zeit noch so hoch geschätzten und verehrten Richard Wagner gewidmet. Das Vorwort sollte unbedingt zur Kenntnis nehmen, wer die Schrift liest. – Zurück zum wagnerschen Hans Sachs! Er singt:

> Mein Freund, das grad' ist Dichters Werk,
> dass er sein Träumen deut' und merk'.
> Glaubt mir, des Menschen wahrster Wahn
> wird ihm im Traume aufgethan:
> all' Dichtkunst und Poeterei
> ist nichts als Wahrtraum-Deuterei.

„All' Dichtkunst" heißt es da, also auch die griechische Tragödie, um die es ja in dieser Schrift geht! Ihre Aufgabe ist die Deutung, ist die *Interpretation*, und zwar, wie es ausdrücklich heißt, die des Traums. Die Assoziation „Sigmund Freud" ist fast unvermeidlich. Aber verzichten wir hier auf diesen Vergleich. Wichtig für unserer Überlegungen ist die von Hans Sachs – alias Richard Wagner – beschworene Identität von Dichtkunst bzw. Poeterei einerseits und Wahrtraum-Deuterei andererseits. Es geht um das Deuten des Wahren im Traum und damit zugleich, so paradox das auch klingen mag, um die Deutung der

Wahrheit des Wahns. Denn – und daran liegt Nietzsche! – *der Wahn partizipiert an der Wahrheit*. Inwiefern, wird sich gleich noch zeigen. Der Traum hat also mit der Wahrheit zu tun, dann aber doch wiederum nicht mit der Wahrheit. Eine eigenartige Ambivalenz! Nietzsche hebt den schönen Schein der Traumwelten hervor. Also doch: *Schein*! Aber dann doch nicht Schein! Denn jeder Mensch – wohlgemerkt: *jeder* Mensch! – ist für Nietzsche ein „voller Künstler", d. h. ein vollkommener Künstler durch die Aktivität seines Träumens. Der Traum ist somit die Realität eines bildnerischen Kunstwerks. Er ist, mit dem Wortpaar von eben gesprochen, Schein *und* Sein. Wie der Traum Werke der bildenden Kunst hervorbringt, sozusagen *pro*-duziert, so ist er auch die Voraussetzung „einer wichtigen Hälfte der Poesie". Nietzsche kann daher sowohl von der Traum-*Wirklichkeit* als auch von der Wirklichkeit des *Traums* sprechen (1,26 f.).

Wenn also der Philologe Friedrich Nietzsche bereits auf der ersten Seite seiner Ausführungen über Apollo und Dionysos das Adjektiv „metaphysisch" bemüht, so liegt es ganz auf eben dieser Linie, wenn er kurz danach *unterschiedliche Wirklichkeiten* nennt, nämlich im Gefolge *Arthur Schopenhauers* zunächst die Wirklichkeit, „in der wir leben und sind" und dann „unter dieser Wirklichkeit ... eine zweite ganz andre verborgen" liegende (1,26). Mit der Formulierung der ersten Wirklichkeit als „in der wir leben und sind" dürfte er übrigens auf Apg 17,28 angespielt haben, auf eine Stelle aus der Predigt des Paulus auf dem Areopag in Athen. Um aber zu verstehen, was es bedeutet, daß hier zwei Wirklichkeiten – vielleicht genauer: *zwei Ebenen* oder *Dimensionen von Wirklichkeit* – genannt werden, bedarf es eines kurzen Blicks in die Philosophiegeschichte, vor allem auf Kant und den bereits erwähnten Schopenhauer.

Exkurs: Immanuel Kant und Arthur Schopenhauer

Wenn ich nun auf *philosophische* Gehalte in Nietzsches Ausführungen ein wenig ausführlicher zu sprechen komme und Sie daher bitte, philosophische Gedanken *mit*zudenken, dann ist das keine unangemessene Zumutung. Oder doch – es ist schon eine Zumutung, aber keine unangemessene; es ist eine Zumutung im strengen Sinne des Wortes insofern, als ich Ihnen Mut machen möchte, die philosophische Saite in Ihrem Geiste, in Ihrem Inneren anklingen zu lassen. Denn Philosoph ist im Grunde jeder Mensch, und zwar schon von Kindesbeinen an. Jedes Kind ist bekanntlich irgendwie Philosoph, auch wenn es dann als Erwachsener womöglich die Bild-Zeitung liest. Jedes Kind ist in irgendeiner Weise deshalb Philosoph, weil es noch unverklemmt fragt, weil es noch unbefangen fragt, ohne sich zu genieren. Sie alle kennen die Warum-Fragen des Kindes, auch Sie selbst haben sie höchstwahrscheinlich vor Jahrzehnten gestellt.

Friedrich Nietzsche steht also unter dem Einfluß des Philosophen Arthur Schopenhauer, genau wie es auch bei Richard Wagner der Fall ist. In der Verehrung dieses Philosophen treffen sich Nietzsche und Wagner. Beide sehen nämlich in seiner Philosophie diejenige Philosophie, die das Wesen der Musik adäquat zu verstehen gibt. Wir können aber Schopenhauer nur dann recht verstehen, wenn wir die Wurzeln seines Denkens und Philosophierens in Kants Philosophie bedenken. *Immanuel Kant* hat in seiner *Kritik der reinen Vernunft* zwischen der *Erscheinung* und dem *Ding an sich* unterschieden. Die Erscheinungen in unserer Welt, die uns in Raum und Zeit begegnen, erfassen wir zunächst mit unseren leiblichen Sinnen.[33] Auf diese Erscheinungen wenden wir die reinen Verstandesbegriffe, die sogenannte Kategorien, an wie etwa die Kausalität. Von ihr z. B. können wir also *nur* im Blick auf empirisch gewonnene Erscheinungen sprechen. Erscheinungen sind aber *nicht* die *eigentliche* Wirklichkeit. Lassen sie uns doch die Dinge *nur* in der Weise erkennen, wie sie *erscheinen*, niemals aber als das, was Kant das „Ding an sich" nennt. Denn dieses ist *als solches* unserem Erkenntnisvermögen völlig unzugänglich. So ist es auch nicht möglich, daß wir die Kategorien auf das „Ding an sich" anwenden wie beispielsweise die Kausalität. Unser Ursache-Wirkung-Denken gilt also nicht für das „Ding an sich". Kants Intention war es, die Grenzen unserer Erkenntnis aufzuzeigen, das meint, mit Hilfe des Verstandes die Grenzen des Verstandes zu erkennen. Und diese Grenze liegt für uns Menschen vor dem „Ding an sich". Solche Erkenntnis der Grenze der Erkenntnis nennt Kant *transzendental*. „Ich nenne alle Erkenntnis transzendental, die sich nicht so wohl mit Gegenständen, sondern mit *unserer Erkenntnisart von Gegenständen, so fern diese* a priori *möglich sein soll*, überhaupt beschäftigt".[34]

Arthur Schopenhauers Hauptwerk ist die 1819 publizierte Schrift *Die Welt als Wille und Vorstellung*.[35] Darin fußt er weitgehend auf Kants *Kritik der reinen Vernunft*. Wenn er von der Welt als *Vorstellung* spricht, dann meint er damit – *cum grano salis* gesagt – das, was Kant als Erscheinung bezeichnete. Schopenhauer wirft aber Kant vor, er habe das „Ding an sich" nicht zureichend reflektiert.[36] Von seiner voluntaristischen Sicht aus – *voluntas* heißt im Lateinischen „Wille" – bestimmt er das Wesen des Menschen und überhaupt das Wesen der Welt als Wille. Dieser *Wille* steht somit in seinem philosophischen Entwurf dort, wo bei Kant das *Ding an sich* steht.[37] Ist also Schopenhauers Philosophie eine voluntaristische Philosophie, so besagt das zunächst einmal für den *Menschen*, daß er seinem tiefsten Wesen nach Wille ist:

Der Mensch *ist* das, was er *will*.

Er ist das, worum es ihm in seinem ganzen Wollen, in seinem ganzen Sinnen und Trachten geht. Ermüden auch die bewußten Funktionen des Menschen, brauchen sie dementsprechend den Schlaf, so gilt das keinesfalls für den Willen. Auch das Wesen aller uns in Zeit und Raum umgebenden Erscheinungen, also die *Welt* als Vorstellung, ist – nach Analogie des Menschen! – *Objektivation des Willens*, d. h. Vergegenständlichung des Willens. In Raum und Zeit ist also der der ganzen Welt zugrunde liegende Wille – sollen wir vielleicht besser noch sagen: am Grunde wirkende Wille? – in seinen zeit-räumlichen Erscheinungen vergegenständlicht. Das Letzte und Absolute ist für Schopenhauer der blinde Wille, ein *irrationaler Weltgrund*. Die Welt ist somit in ihrem Prinzip nicht unlogisch, aber alogisch, also ohne Logos. Was ist dann aber die Vernunft? Die den vernünftigen Menschen geradezu vor den Kopf stoßende Antwort lautet: *Die Vernunft ist ein Werkzeug des unvernünftigen Willens*. Brutaler kann der Primat des Willens nicht ausgesprochen werden!

Was heißt das aber für die *Musik*, also für die Thematik unserer Schrift *Die Geburt der Tragödie aus dem Geiste der Musik*? Wagner und Nietzsche sahen ja in Schopenhauers Philosophie *die* Philosophie der Musik! Im Sinne des

Primats des Willens und des Primats der Musik unter den Künsten heißt das im Sinne Schopenhauers, daß die *Musik das unmittelbare Abbild dieses Willens* ist; sie ist damit das *unmittelbare Abbild des Wesens der Welt*. Aus ihr spricht daher das *tiefste Wesen des Menschen*.

Mit diesem Exkurs haben wir das philosophische Fundament zum Verständnis unserer Nietzsche-Schrift gelegt. (In späteren Schriften wird er sich allerdings erheblich von Schopenhauer, wie auch von Wagner, distanzieren.) Wir haben unseren Exkurs über Kant und Schopenhauer da eingefügt, wo es in Nietzsches Ausführungen um die beiden Wirklichkeiten geht, die apollinische und die dionysische. Entspricht also der kantischen Welt der Erscheinungen bzw. der schopenhauerschen „Welt als Vorstellung" in etwa die apollinische Welt, etwas anders formuliert: entspricht der Welt der *Erscheinungen* die apollinische Welt des *Scheins*, so ist dadurch die Nähe beider Weltsichten besonders eindrücklich zur Sprache gebracht. Ehe wir gleich wieder auf die Scheinwelt Apollos zurückkommen, erst einmal der Blick auf *Dionysos* und seine tollen, im Rausch sich austobenden Scharen! Im Gegensatz zur apollinischen Welt mit ihrem *principium individuationis*, ihrer Vergötzung des Individuums, steht die Urgewalt der Welt des *Dionysos*, in der das Individuum ganz in der Masse der Berauschten aufgeht. Das Maßvolle des Apollo weicht dem Maßlosen des Dionysos. Da haben wir die Trunkenen in ihrem ungestümen Dahertanzen vor uns als die Jünger des Gottes des Rausches, die entfesselten Scharen mit ihrer Musik voller Dynamik. Während das Instrument des Apollo die *Kithara* ist, jenes seiner zivilisierten Welt entsprechende Saiteninstrument, ist das Instrument des Dionysos die *Schalmei* mit ihrem fürchterlich grellen und schrillen Klang, ohne die Möglichkeit, ihn in seiner Tonstärke zurückzunehmen oder sonstwie zu zivilisieren. Lassen Sie mich in allem Ernste fragen: Ist die Parallele damals Schalmeien, heute Techno-Musik wirklich ganz verfehlt? Wenn ich aus einem vorbeifahrenden Auto mit geöffneten Fenstern die Techno-Musik mit gleichbleibender Lautstärke – Ton auf „laut" – höre, sehe ich vor meinem geistigen Auge die dionysischen Scharen in all ihrem Ungebändigtsein an mir vorüberziehen; die Straße in Deutschland wird als der dionysische Weg der Wildheit im antiken Griechenland sichtbar. Ich werde geradezu *gleichzeitig* mit ihrem lebensstrotzenden Tanz, ihrem rücksichtslosen Wildsein, ihrer Aufforderung an mich: „Komm mit uns und verlasse dein blutleeres Leben der toten Wissenschaft!", ich werde geradezu gleichzeitig mit ihrem Protest gegen alle Zivilisation in Athen, Sparta, Göttingen oder sonstwo. Leben und aufputschende Musik, das ist es, was aus jener Zeit vor über zwei Jahrtausenden von lauttönenden Schalmeien in unsere Gegenwart hinein erschallt.

Ich habe soeben nicht ohne Grund das dionysische Geschehen so ausführlich in optischer und akustischer Weise ausgemalt. Es ging nicht um billige Effekthascherei. Ich wollte Ihnen vielmehr sehr bewußt die konkreten Bilder vor Augen stellen und die damalige Musik in Ihren Ohren lautstark erklingen lassen. Sollte das auch nur einigermaßen gelungen sein, so könnten Sie freilich damit den Eindruck gewonnen haben, hier sei uns die Szene einer unbegrenzten Lebensfreude präsent geworden, hier geschehe nichts anderes als ein frohes, ungehemmtes Sichausleben, nichts anderes als tiefste, ungebremste Lust. Aber

3.1 Zum Inhalt der Schrift

dieser Eindruck wäre grundfalsch. Um das zu verstehen, müssen wir noch einmal Apollos Traumwelt, seine Scheinwelt in unsere Überlegungen zurückbeordern. Das nämlich ist Nietzsches *pessimistischer* Ausgangspunkt (1,35; Kursive durch mich): *„Der Grieche kannte und empfand die Schrecken und Entsetzlichkeiten des Daseins."* Ein Schlüsselsatz in seiner Schrift! Der apollinische Grieche stand also vor der Notwendigkeit, geradezu vor dem Zwang, sich dadurch aus dieser so schrecklichen Welt herauszukatapultieren, daß er „die glänzende Traumgeburt der Olympischen" vor sich hinstellte. Es klingt nach Ludwig Feuerbach, der Gott als Produkt des Menschen faßte und ihn als das ins Jenseits projizierte Ideal des Menschen bestimmte, wenn wir bei Nietzsche lesen – ich bringe Ihnen ein längeres, aber für seine Sicht äußerst bezeichnendes Zitat – (1,36):

Um leben zu können, mussten die Griechen diese Götter, aus tiefster Nöthigung, schaffen: welchen Hergang wir uns wohl so vorzustellen haben, dass aus der ursprünglichen titanischen Götterordnung des Schrekkens durch jenen apollinischen Schönheitstrieb in langsamen Übergängen die olympische Götterordnung der Freude entwickelt wurde: wie Rosen aus dornigem Gebüsch hervorbrechen. Wie anders hätte jenes so reizbar empfindende, so ungestüm begehrende, zum *Leiden* so einzig befähigte Volk das Dasein ertragen können, wenn ihm nicht dasselbe, von einer höheren Glorie umflossen, in seinen Göttern gezeigt worden wäre. Derselbe Trieb, der die Kunst in's Leben ruft, als die zum Weiterleben verführende Ergänzung und Vollendung des Daseins, liess auch die olympische Welt entstehn, in der sich der hellenische „Wille" einen verklärenden Spiegel vorhielt. So rechtfertigen die Götter das Menschenleben, indem sie es selbst leben – die allein genügende Theodicee!

Ist also diese Götterwelt des Olymps Selbstbetrug der Griechen? Aber lassen wir diesen Gedanken hier beiseite. Es genügt festzustellen, daß es nach Nietzsche die *Natur* ist, die diese apollinische Illusion erzeugt. Er meint, daß die

Wirklichkeit durch die von der Natur so häufig verwendete Illusion, somit durch ein Wahnbild, verdeckt werde und so die Natur *ihr* Ziel erreiche. Im soeben gebrachten Zitat wurde im Zusammenhang mit dem Apollinischen vom „Willen" gesprochen, obwohl man eigentlich erwartet hätte, daß dieser Wille doch eher dem Dionysischen zuzuordnen wäre. Aber wenden wir unsere Aufmerksamkeit zunächst noch etwas mehr dem *Pessimismus* zu, dem *Leiden*, also der *Grundcharakteristik des griechischen Lebens*. Dabei werden wir gewahr, wie sich die von uns bemerkte Paradoxie des Apollinischen, nämlich die Paradoxie von gleichzeitiger Wahrheit und Unwahrheit, zu einer eigenartigen Gesamtsicht fügt. Nietzsche spricht „von den beiden Hälften des Lebens, der wachen und der träumenden Hälfte". Obwohl die wache, nicht die träumende Hälfte uns als „die ungleich bevorzugtere, wichtigere, würdigere, lebenswerthere, ja allein gelebte dünkt", so möchte er doch, „bei allem Anscheine einer Paradoxie – also auch Nietzsche spricht hier von Paradoxie! –, für jenen geheimnisvollen Grund unseres Wesens, dessen Erscheinung wir sind, gerade die entgegengesetzte Werthschätzung des Traumes behaupten" (1,38). Also der *Primat des Traums*! Und das heißt doch wohl: der *Primat der Illusion*! Dabei ist immer wieder in diesem Zusammenhang die Macht der Natur herausgestellt, auffälligerweise ohne Anklage, sie wird hier ohne Zögern als gerechtfertigt hingenommen. Nietzsche gewahrt in dieser Natur eine „inbrünstige Sehnsucht zum Schein, zum Erlöstwerden durch den Schein"; und um so mehr fühlt er sich „zu der metaphysischen Annahme gedrängt, dass das Wahrhaft-Seiende und Ur-Eine, als das ewig Leidende und Widerspruchsvolle, zugleich die entzückende Vision, den lust-

3.1 Zum Inhalt der Schrift

vollen Schein, zu seiner steten Erlösung braucht" (1,38). Ja, wir selbst bestehen aus diesem Schein, wir selbst *sind* dieser Schein, den wir „als das Wahrhaft-Nichtseiende, d.h. als ein fortwährendes Werden in Zeit, Raum und Causalität, mit anderen Worten, als empirische Realität zu empfinden genöthigt sind" (1,38f.). Es geht also um Erlösung, um Bewältigung einer leidhaften Existenz – alles Gehalte, die uns schon irgendwie in Richtung Neues Testament weisen könnten. Aber ich bitte Sie, noch für kurze Zeit Nietzsche selbst Ihre Aufmerksamkeit zu schenken, um erst dann, wenn wir seine Gedankenwelt noch etwas genauer erfaßt haben, den Blick auf das Neue Testament zu lenken. Zuweilen bedarf es des langen Atems, um Wichtiges zu verstehen.

Nietzsche bringt dann das Apollinische mit dem Dionysischen zusammen. *Apollo braucht Dionysos!* Denn der apollinische Grieche empfand, daß sein ganzes Dasein mit all seiner Schönheit und Mäßigung auf einem verhüllten Untergrund des Leidens beruhte, daß aber gerade dieser Untergrund durch das Dionysische aufgedeckt würde. Irgendwie wurde diesem Griechen, der doch eigentlich das Maß halten wollte, bewußt, daß in seine auf dem Schein gebaute, künstlich gedämmte Welt der ekstatische Ton der Dionysosfeiern hineinklang. Da verblaßten auf einmal die Musen der Künste des „Scheins" vor einer Kunst, die in ihrem Rausche die Wahrheit sprach (1,40 f.). Sollten wir diese Aussage Nietzsches wie die psychologische Entlarvung desjenigen lesen, der seinen eigenen Selbstbetrug durchschaute? Immerhin war Nietzsche in gewisser Hinsicht kein schlechter Psychologe! Anscheinend will er sagen, daß es da, wo der Damm der künstlichen Welt des Maßes und des Scheins einmal bricht, kein Halten mehr gibt. Beweist nicht der folgende Satz diese Interpretation (1,41)?

Das Individuum, mit all seinen Grenzen und Maassen, ging hier in der Selbstvergessenheit der dionysischen Zustände unter und vergass die apollinischen Satzungen. Das *Uebermaass* enthüllte sich als Wahrheit, der Widerspruch, die aus Schmerzen geborene Wonne sprach von sich aus dem Herzen der Natur heraus. Und so war, überall dort, wo das Dionysische durchdrang, das Apollinische aufgehoben und vernichtet.

Aber sofort fügt Nietzsche hinzu:

Aber eben so gewiss ist, dass dort, wo der erste Ansturm [Nietzsche meint den Ansturm des Dionysos] ausgehalten wurde, das Ansehen und die Majestät des delphischen Gottes starrer und drohender als je sich äusserte.

Und wie äußert sich dieser drohende Geist Apollos, der sich von Dionysos nicht geschlagen gab? Er äußert sich in kriegsmäßiger und herber Erziehung, in einem durch längere Dauer gekennzeichneten Staatswesen, das grausam und rücksichtslos ist. So faßt Nietzsche den dorischen Staat und die dorische Kunst als ein fortgesetztes Kriegslager des Apollinischen. Also, die *Wahrheit ist bei Dionysos*! Trotzdem beläßt es Nietzsche nicht allein bei diesem Gott des Rausches und der Maßlosigkeit. Er schaut vielmehr auf das Kunstwerk als das Miteinander von *attischer Tragödie* und *dramatischem Dithyrambus* – der Dithyrambus ist das Chorlied im Dionysoskult –, als das gemeinsame Ziel beider Triebe.

Das bisher zur *Geburt der Tragödie aus dem Geiste der Musik* Gesagte hat Nietzsche in den ersten vier Kapiteln des Buches ausgeführt. Nun stellt er zu Beginn des 5. Kapitels (1,42) fest, daß wir uns jetzt dem eigentlichen Ziel unserer Untersuchung näherten, nämlich der Erkenntnis des *dionysisch-apollinischen Genius und seines Kunstwerks*. Er spricht

3.1 Zum Inhalt der Schrift

vom „Einheitsmysterium". Worum es Nietzsche in hiesigen Zusammenhang geht, ist das Verhältnis von Kunst und *Subjektivität*. Von der Kunst sei zu fordern „vor allem und zuerst Besiegung des Subjectiven, Erlösung vom ‚Ich' und Stillschweigen jedes individuellen Willens und Gelüstens" (1,43). Das mag uns aber im jetzigen Stadium unserer Überlegungen nicht mehr allzu sehr verwundern; wir erinnern uns ja an seine Sympathie für das Dionysische, nämlich das Aufgehen des Individuums in der Schar der vom Rausch Erfaßten.

Nun spricht aber gerade der *Lyriker* immer wieder so gern von seinem „Ich". Ist also solche Lyrik keine Kunst? Nietzsche Lösung dieses Problems ist frappierend: Der *Lyriker* ist letztlich *Musiker*! Schon für Friedrich von Schiller gehe dem Dichten „eine gewisse musikalische Gemüthsstimmung" voraus (1,43). Und so schreibt Nietzsche, so ganz und gar in *seiner*, uns inzwischen vertrauten Diktion (1,43 f.):

Er [sc. der Lyriker] ist zuerst, als dionysischer Künstler, gänzlich mit dem Ur-Einen, seinem Schmerz und Widerspruch, eins geworden und producirt das Abbild dieses Ur-Einen als Musik, wenn anders diese mit Recht eine Wiederholung der Welt und ein zweiter Abguss derselben genannt worden ist; jetzt aber wird diese Musik ihm wieder wie in einem *gleichnisshaften Traumbilde*, unter der apollinischen Traumeinwirkung sichtbar. Jener bild- und begrifflose Wiederschein des Urschmerzes in der Musik, mit seiner Erlösung im Scheine, erzeugt jetzt eine zweite Spiegelung, als einzelnes Gleichniss oder Exempel. *Seine Subjektivität hat der Künstler bereits in dem dionysischen Prozess aufgegeben*[38]: das Bild, das ihm jetzt seine Einheit mit dem Herzen der Welt zeigt, ist eine Traumscene, die jenen Urwiderspruch und Urschmerz, sammt der Urlust des Scheines, versinnlicht. *Das ‚Ich' des Lyrikers tönt also aus dem Abgrunde des Seins*[39]: seine ‚Subjectivität' im Sinne der neueren Aesthetiker ist eine Einbildung.

Ich hoffe, Sie haben zumindest aus diesem typischen Nietzsche-Text herausgehört, wie dem Dionysischen der

Primat zukommt, wie dieser Primat mit der Musik zusammenhängt. Deutlich ist auch in diesem Text ausgesprochen, daß das *Dasein* ein *Dasein des Schmerzes* ist. Der Pessimismus Nietzsches ist also auch hier unüberhörbar: Urschmerz, aber im Kontrast dazu, weil der apollinische Traum das Glück vermittelt, die Urlust. Das ist der entscheidende und deshalb festzuhaltende Grundgedanke:

Dionysos und Apollo sind in der Existenz des Menschen vereint.

Es ist nicht verwunderlich, daß *Martin Heidegger*, der Begründer der existenzialen Fundamentalontologie (Sein und Zeit!), in Friedrich Nietzsche einen seiner wichtigsten Vorgängerphilosophen sah! Vor allem aber halten Sie bitte fest: Die Subjektivität des Künstlers wird wegargumentiert, indem Nietzsche sein Ich im Ur-Ich des Seins aufgehen ließ. Ein wahrhaft artistisch erstelltes *dialektisches Begriffskunstwerk*! Allerdings vermag uns dessen Logik nicht ganz zu befriedigen. Aber insofern sollten wir das, was Nietzsche hier sagt, nicht einfach als künstliche Begriffsmontage disqualifizieren. Denn trotz einer gewissen Schwammigkeit seiner Argumentation – oder vielleicht gerade deshalb? – hat er schon etwas von der *Widersprüchlichkeit des Seins* erkannt. Und indem er das Sein in seine Gedankenführung hineingenommen hat, hat er auch zumindest den metaphysischen – oder wenn man lieber will: den *ontologischen* – *Grundaspekt allen Philosophierens* bedacht.

In diesem Sinne stellt unser Philosoph dann den Plastiker – er meint den die Plastik herstellenden Künstler – zusammen mit dem ihm verwandten Epiker dem dionysischen Musiker gegenüber. Der Plastiker und der Epiker sind ins reine Anschauen der Bilder versunken, jedoch (1,44):

Der dionysische Musiker ist ohne Bild völlig nur selbst Urschmerz und Urwiederklang desselben. [Und ähnlich heißt es vom Lyriker (1,44):] Der lyrische Genius fühlt aus dem mystischen Selbstentäusserungs- und Einheitszustande eine Bilder- und Gleichnisswelt hervorwachsen, die eine ganz andere Färbung, Causalität und Schnelligkeit hat als jene Welt des Plastikers und Epikers.

Ist hier nun das Stichwort „*Mystik*" gefallen, so ist damit m.E. ein Charakteristikum genannt, das das Denken Nietzsches deutlich prägt, wenn auch in atheistischer Modifizierung. Denn so manches Zitat, das wir schon mitbekommen haben, zeigt jene mystische Verschmelzung mit dem Urgrund des Seins, die ihre Parallele z.B. bei den Mystikern des Mittelalters hat. Ich nenne nur Meister Eckart und seine Seinslehre. Und unter der Denkweise des Mystischen hat es Nietzsche dann leicht, den Lyriker für seine Kunstintention zu vereinnahmen: Er darf, weil er bewegender Mittelpunkt seiner Welt ist, „ich" sagen; denn seine Ichheit ist nicht die des „empirisch-realen Menschen, sondern die einzige überhaupt wahrhaft seiende und ewige, im Grunde der Dinge ruhende Ichheit, durch deren Abbilder der lyrische Genius bis auf den Grund der Dinge hindurchsieht" (1,45). Der Lyriker als *ontologischer Visionär*!

Kurz nach diesen Ausführungen untersucht Nietzsche das Verhältnis von Melodie und Dichtung. Es ist im Grunde der Gehalt des schon genannten Schiller-Zitats, wenn er erklärt, die Melodie gebäre die Dichtung aus sich (1,48). Er exemplifiziert dies am Volkslied. In dessen Dichtung sei die *Sprache* dabei, *die Musik nachzuahmen*. So dürften wir in der Sprachgeschichte des griechischen Volkes zwei Hauptströmungen unterscheiden, je nachdem die Sprache entweder die Erscheinungs- und Bilderwelt, also die apollinische Welt, oder die Musikwelt, die dionysische Welt, nachahmte (1,49). So stellt er dann die entscheidende Frage, nämlich als was die Musik im Spiegel der Bildlichkeit und der Begriffe erscheine. Und die Antwort überrascht uns nach allem, was wir bereits wissen, nicht: *Die Musik erscheint als Wille.* Als dieser Wille ist sie das in schopenhauerscher Denkweise reflektierte kantische „Ding an sich". Heißt der Titel der von uns bedachten Schrift Nietzsches *Die Geburt der Tragödie aus dem Geiste der Musik*, so können wir nun gemäß der Argumentation ihres Verfassers interpretierend umformulieren:

Die Geburt der Tragödie aus dem Ur-Willen des Seins.

Überspringen wir einige Passagen unserer Schrift und schauen noch einmal auf sein Urteil über *Euripides*! Diesen trifft Nietzsches Ärger in besonderer Weise. Er ist für ihn Denker, nicht Dichter. Er habe im Grunde das tragische, also das eigentliche Wesen des griechischen Menschen verraten, nämlich durch Rationalismus und durch Begrifflichkeit statt Mythos. Er habe das ursprüngliche und allmächtige dionysische Element aus der Tragödie ausgeschieden. Freilich war auch er der Vertreter einer Gottheit – aber was für einer! Nietzsche sagt es mit Ironie. Oder ist es gar Sarkasmus? (1,83):

Auch Euripides war in gewissem Sinne nur Maske: die Gottheit, die aus ihm redete, war nicht Dionysus, auch nicht Apollo, sondern ein ganz neu geborener Dämon, genannt *Sokrates*. Dies ist der neue Gegensatz: das Dionysische und das Sokratische, und das Kunstwerk der griechischen Tragödie ging an ihm zu Grunde.

Für das euripideische Drama seien die Erregungsmittel „kühle paradoxe *Gedanken* – an Stelle der apollinischen Anschauungen – und feurige *Affecte* – an Stelle der dionysischen Entzückungen – und zwar höchst realistisch nachgemachte, keineswegs in den Aether der Kunst getauchte

3.1 Zum Inhalt der Schrift

Gedanken und Affecte" (1,84). Was hätte Nietzsche erst gesagt, wenn er heutzutage bestimmte Sendungen in einigen Kanälen des privaten Fernsehens gesehen hätte!

Was ist es aber, das ihn an *Sokrates* so sehr verärgerte? Das sagt er im 14. Kapitel: Nietzsche war darüber erzürnt, daß bei Sokrates der philosophische Gedanke die Kunst überwachse (1,94), daß bei ihm ein die Tragik der menschlichen Existenz und die Realität leugnender Optimismus siege (1,95):

> Die optimistische Dialektik treibt mit der Geissel ihrer Syllogismen die *Musik* aus der Tragödie: d. h. sie zerstört das Wesen der Tragödie, welches sich einzig als eine Manifestation und Verbildlichung dionysischer Zustände, als sichtbare Symbolisierung der Musik, als die Traumwelt eines dionysischen Rausches interpretiren läßt.

Für Nietzsche ist Sokrates der Typ des *„theoretischen Menschen"* (1,98ff.). Er spricht vom ewigen Kampf der theoretischen und der tragischen Weltbetrachtung. Unter der theoretischen Weltbetrachtung versteht er den *Geist der Wissenschaft*, der in der Person des Sokrates ans Licht gekommen sei. Er versteht darunter den Glauben an die Ergründlichkeit der Natur und an die Universalität des Wissens. Heute würde man wohl formulieren: der Glaube an die totale Erklärbarkeit der Natur, die totale Erkenntnis von allem Seienden, die endgültige Antwort auf die Frage nach den Welträtseln, um mit der berühmt-berüchtigten Schrift des Monisten *Ernst Haeckel* zu formulieren: *Die Welträtsel* (1899, ein Jahr vor Nietzsches Tod, erschienen). Nietzsche erregt sich also etwa dreißig Jahre zuvor darüber, daß dieser Geist der Wissenschaft den Mythos vernichte. In diesem Geiste geschah es auch, daß in der Entfaltung des neueren Dithyrambus „die Musik sich selbst entfremdet und sich zur Sclavin der Erscheinung herabgedrückt hatte" (1,113). Welche Verirrung des Geistes also, wenn – Schopenhauer sei's geklagt! – der *Wille* durch die bloße *Erscheinung* ersetzt wird, das Eigentliche durch das bloß Uneigentliche! Es ist der „Sieg der Erscheinung", der alles pervertiert! Und so klagt Nietzsche (1,113): „Wir athmen bereits die Luft einer theoretischen Welt, welcher die wissenschaftliche Erkenntnis höher gilt als die künstlerische Wiederspiegelung einer Weltregel."

Soweit also die Darstellung der Gedanken Nietzsches in *Die Geburt der Tragödie aus dem Geiste der Musik*! Unsere Aufgabe ist es jetzt, diese Schrift im Lichte des Neuen Testaments zu bedenken.

3.2 Die Geburt der Tragödie aus der Sicht des Neuen Testaments

Jetzt also die Probe aufs Exempel! Finden sich wirklich in der Schrift *Die Geburt der Tragödie aus dem Geiste der Musik* philosophische Gedanken, die wir auch im Horizont der theologischen Gedanken des Neuen Testaments verstehen können? Gibt es wirklich eine denkerische Verwandtschaft zwischen dieser Schrift Nietzsches und dem Neuen Testament? Besteht nicht die Gefahr, Parallelen künstlich zu konstruieren? Es ist allem Anschein nach ein recht grundsätzliches Problem, mit dem wir nachdrücklich konfrontiert sind. Die Ausführungen Nietzsches zielen, wie wir gesehen haben, darauf, denkerisch über das Vordergründige, über das bloß Vorhandene hinaus zum Eigentlichen zu gelangen. Um dieses Eigentliche zu erfassen, gilt es die *Kunst* zu bedenken, doch gar nicht so sehr die Kunst als solche, sondern diejenige Kunst, die die Welt der

3.2 Aus der Sicht des Neuen Testaments

Erscheinungen übersteigt, die, mit Kant gesprochen, das „Ding an sich" ausmacht, die, mit Schopenhauer gesprochen, im Gegensatz zu den Vorstellungen bzw. Erscheinungen eins mit dem Willen ist – die *Musik*. (Daß mit dem Thema der Musik Richard Wagner präsent ist, versteht sich von selbst, ist aber für unsere Überlegungen nicht von größerer Bedeutung.) Das eine stellt jedenfalls Nietzsche schon zu Beginn seiner Schrift in aller Deutlichkeit heraus: Es gibt zwei Wirklichkeiten, die eine, in der wir leben und sind, und die ganz andere, die unter dieser ersten Wirklichkeit verborgen liegt. Und auch das ist eindeutig Nietzsches Überzeugung: Sich nur auf die sogenannte Tageswirklichkeit zu beschränken heißt, in Primitivität an der Oberfläche zu bleiben. Ist aber dann, wenn es Nietzsche letztlich um Musik geht, und zwar um die rauschhaft dionysische, dieser Philosoph wirklich der richtige Gesprächspartner für den Theologen? Ist die biblische Unterscheidung von irdischer und himmlischer Welt überhaupt mit der Unterscheidung Nietzsches von der bloß vordergründigen Welt und der Welt der Musik vermittelbar? Die Antwort hängt entscheidend davon ab, in welchem Koordinatensystem wir die Musik erblicken. Einiges haben wir im Blick auf diese Frage schon angedacht, doch werden wir diese Frage noch intensiver bedenken müssen.

Kant und Schopenhauer wurden bereits für die doppelte Sicht der Wirklichkeit genannt. Doch sollten wir auch noch *Platon* zu nennen, der zwar Nietzsches Verdruß auf sich gezogen hat, weil er als Schüler des Sokrates der Schüler des sogenannten theoretischen Menschen schlechthin geworden war. Aber gerade er ist der prominente Philosoph der Antike, der die doppelte Wirklichkeit – nicht nur die doppelte Sicht der einen Wirklichkeit! –

philosophisch begründete; er unterschied bekanntlich von der in Raum und Zeit befindlichen, der sinnlich erfaßbaren Welt die eigentliche Welt als die Welt der Ideen, die übersinnliche Welt der ewigen und vollkommenen Urbilder. Nur diesen Ideen kommt vollständige und unabhängige Existenz zu; das Sein unserer irdischen Welt beruht jedoch darin, daß sie zu ihrem Erhalt an den Ideen partizipiert. Ohne Platon sind Kant und Schopenhauer nicht zu denken. Worüber man allenfalls diskutieren könnte, wäre, inwiefern bei Kant das erkenntnistheoretische Moment eine größere Rolle als bei Platon spielte, dessen doppelte Welt doch wohl eher in den Bereich der Ontologie gehört als in den der Erkenntnislehre. Ebenso dürfte Schopenhauer mit seiner Konzeption der in Vorstellung und Willen aufgeteilten Welt mehr an der Ontologie als an der Erkenntnislehre interessiert gewesen sein, mag auch seine Philosophie genügend Darlegungen zur Erkenntnislehre enthalten.

Da erkennt also Nietzsche „in Sokrates den Gegner des Dionysus, den neuen Orpheus, der sich gegen Dionysus erhebt und, obschon bestimmt, von den Mänaden des athenischen Gerichtshofes zerrissen zu werden, doch den übermächtigen Gott selbst zur Flucht nöthigt" (1,88). Der den Begriff über alles stellende Sokrates siegt somit über Dionysos, den die höchste Form der Kunst symbolisierenden Gott! *Durch Sokrates siegt die Logik über die Musik!* Obwohl Nietzsche bei Platon wichtige Gedanken hätte finden können, die er für seine eigene Philosophie in Anspruch nehmen konnte, schilt er ihn, weil er bestrebt war, „über die Wirklichkeit hinaus zu gehn und die jener Pseudo-Wirklichkeit zu Grunde liegende Idee darzustellen" (1,93). Platon stand also für ihn unter dem Druck des

3.2 Aus der Sicht des Neuen Testaments

dämonischen Sokrates. So überwächst der philosophische Gedanke die Kunst. Und folglich kommt es in der Geschichte der griechischen Tragödie zur Vernichtung des Chors. Der den Pessimismus vertretende Philosoph des 19. Jahrhunderts konstatiert (1,95):

Die optimistische Dialektik treibt mit der Geissel ihrer Syllogismen die *Musik* aus der Tragödie: d. h. sie zerstört das Wesen der Tragödie, welches sich einzig als eine Manifestation und Verbildlichung dionysischer Zustände, als sichtbare Symbolisirung der Musik, als die Traumwelt eines dionysischen Rausches interpretiren lässt.

Ist aber das, was bis jetzt in Abschnitt 3.2 gesagt wurde, von Belang für die *theologische* Frage? Die Antwort kann nur lauten: Ja! Denn im selben Augenblick, wo Nietzsche von der Logik spricht, von der Geißel der Syllogismen, der logischen Operationen, und wo er diesen die absolute Kraft zum Erfassen der Wirklichkeit bestreitet, in genau diesem Augenblick also, wo die *Logik im Bereich des Denkens relativiert wird*, ist die Theologie tangiert. Würde man nämlich die *begriffliche* Deduktion zum letztlich entscheidenden Richter über die Wirklichkeit ernennen, so würde jeder theologische Satz als nichtssagend, als, wie man es heutzutage gern formuliert, Leerformel disqualifiziert. Und wenn letztgültige Urteile über die Wirklichkeit nur aus solchen Bausteinen bestünden, die das Resultat einer Summe von reinen Vorfindlichkeiten sind, so würde jeder theologische Satz zur Aussage über bloße Phantasiegebilde und demnach über Illusorisches degradiert. Eine *allein* aufgrund der Logik erfaßte Wirklichkeit wäre eine ungeheuer reduzierte Wirklichkeit, die den Namen „Wirklichkeit" nicht mehr verdiente. Und wer meint, er würde mit der vor Augen oder anderen Sinnen liegenden Vorfindlichkeit die Realität erfassen, hat gar nicht den Willen, die *volle*

Realität zu begreifen. Er wäre nicht Realist, wie er sich wohl selbst sehr selbstbewußt einschätzt, sondern Illusionist. Man denke nur an die in jüngster Zeit so emotional geführte Diskussion über die Auferweckung Jesu, in der diese bestritten wird, weil man sie nicht mit der „historisch-kritischen Methode" beweisen könne! Wollte man nur empirisch beweisbare „Fakten" zur theologischen Argumentation zulassen, so wäre das die *unkritische Negierung* des Resultats der *Erkenntniskritik Kants*, daß die mit den Sinnen empirisch gewonnenen Erscheinungen eben nur die Erscheinungen des nicht erkennbaren „Dings an sich" sind. Wer nach[40] Kants Erkenntnislehre ohne Auseinandersetzung mit ihr immer noch wähnt, er könne die Existenz Gottes empirisch widerlegen, der hat den *kritischen* Geist Kants verkannt! Wenn also Nietzsche in *Die Geburt der Tragödie aus dem Geiste der Musik* die Wirklichkeit einer konstatierbaren Vorhandenheit als alleinige Wirklichkeit nicht gelten läßt, so hat er hier ein gewichtiges Urteil gesprochen, das auf jeden Fall theologische Implikationen hat.

Von Kant zu Schopenhauer! Dieser behauptet, wie gezeigt wurde, in seiner Kritik an Kant gerade nicht die Unerkennbarkeit des „Dings an sich". Er setzt ja das kantische „Ding an sich" mit dem *Willen* gleich. Und er tut es zielstrebig mit dem Blick auf die *Musik*. Doch der Zugang zur Musik ist in der Sicht Nietzsches dem sokratisch-theoretischen Menschen verschlossen – wir lassen hier außer Betracht, ob Sokrates mit der Bezeichnung „theoretischer Mensch" zutreffend charakterisiert ist –; er steht für Schopenhauer allein dem wollenden Menschen offen. Nietzsche verweist auf Schopenhauers Aussage, der „der Musik einen verschiedenen Charakter und Ursprung vor allen anderen Künsten zuerkannte". Denn diese seien nur Abbild der Erscheinung, die Musik aber sei „unmittelbar Abbild des Willens selbst ... und" stelle „also *zu allem Physischen der Welt das Metaphysische*, zu aller Erscheinung das Ding an sich dar" (1,104[41]). Allerdings sind die Worte „zu allem Physischen der Welt das Metaphysische" nicht Zitat, sondern Paraphrase durch Nietzsche.

Kommen wir auf die Eingangsfrage dieses Kapitels zurück! Wenn im Sinne Nietzsches (und Schopenhauers) als letzthinnige Wirklichkeit die Musik behauptet wird und folglich diese als Wille, ist dann überhaupt noch für uns die soeben herausgearbeitete Nähe zwischen seinem den Begriff relativierenden Denken und dem theologischen Denken bedeutsam? Sind nicht durch die Musik als das eigentliche Ziel seiner Argumentation die einander vergleichbaren Denkbereiche so klein geworden, daß sich die von uns bereits herausgearbeitete Nähe derart stark minimiert und relativiert, daß selbst eine weitere Entsprechung ihre Argumentationskraft für unsere Intention verlöre? Doch dieser Einwand geht deshalb in die Leere, weil es Nietzsche mit der Musik gar nicht um einen verzichtbaren Teil unserer Wirklichkeit geht. Spricht er nämlich in diesem Zusammenhang vom Metaphysischen, das zum Physischen hinzukomme, so sieht er doch gerade in der *Musik* das *tiefste Wesen des Seins*. Wir erinnern uns, daß er schon zu Beginn seiner Schrift der ästhetischen Wissenschaft ein metaphysisches Moment zugesprochen hat und wir da bereits erkannten, daß es ihm um erheblich mehr ging als um eine vom Leben als ganzem isolierbare Kunstphilosophie. Es stellt sich vielmehr für uns angesichts der auf den ersten Seite seiner Schrift schon erkennbaren Sympathie für Dionysos die entscheidende Frage, ob der

Hinweis auf die Musik als unmittelbarem Abbild des Willens vom biblischen Denken her als *notwendig* bedeutsam angesehen werden kann.

※

Es ist eine doppelte Aufgabe, der wir uns stellen müssen:

1. Hat Nietzsches *Abwertung der Logik und des Begriffs* eine adäquate Entsprechung im Neuen Testament?

2. Hat Nietzsches Zustimmung zu Schopenhauers Auffassung von der *ontologischen Priorität des Willens und* dann auch *der Musik* eine adäquate Entsprechung im Neuen Testament?

Diese beiden Fragen müssen wir beantworten, wenn wir die Relevanz von Nietzsches Antibegriffs-„Metaphysik" und seine Willens-„Metaphysik" aus der Perspektive des Neuen Testaments in den Blick bekommen wollen.

Zunächst also zur ersten Frage! Es ist eine *fundamentaltheologische Frage,* die wir so formulieren können: Kann der mit Begriffen operierende, das heißt der von Nietzsche so heftig attackierte „theoretische Mensch", der sogenannte sokratische Mensch, nach neutestamentlichem Zeugnis zur Erkenntnis Gottes kommen? Gibt es einen *begrifflichen Zugang zu Gott*? Treiben wir die Frage noch weiter: Kann theologisch verantwortlich von Gott als Begriff gesprochen werden? Gibt es einen *Gottes-Begriff*? Es kann nicht geleugnet werden, daß es im Verlaufe der christlichen Theologiegeschichte immer wieder Bemühungen gegeben hat, bestimmte Aspekte oder „Eigenschaften" Gottes begrifflich auszusagen wie z. B. Gottes Unendlichkeit, seine Allmacht oder seine absolute Gerechtigkeit. Aber daß ein solch begrifflicher Angang zum Gottesverständnis letzten Endes steril ist, daß er den lebendigen Gott in seiner von beiden biblischen Testamenten ausgesagten Heiligkeit und Jenseitigkeit nicht erfassen kann, setze ich an dieser Stelle einmal ohne längere Diskussion voraus. Gott *verstehen* heißt nach biblischem Zeugnis, ihn im Glauben als den zu verstehen, der die je eigene menschliche Wirklichkeit durch und durch bestimmt. Gottes Wirklichkeit ist also nach dem biblischen Zeugnis des Alten und Neuen Testaments nur in der im Glauben fundierten Überzeugung von seiner *Wirklichkeit* erfahrbar. Anders gesagt: Wo Gott lediglich als definierbarer Begriff – und das meint als bloß in gedankliche Grenzen gesetztes Ideenwesen – gesehen wird, da ist er *per definitionem* als ein vom Menschen nur gedanklich konstruiertes Phantom intendiert. Zum Gottesgedanken gehört eben *notwendig* seine Existenz, will man nicht von einem bloßen Gedankenkonstrukt sprechen![42] Entweder wird im Glauben Gott in seiner uns bestimmenden Wirklichkeit gesehen und somit, wie es vor allem *Rudolf Bultmann* in seinem programmatischen theologischen Denken gezeigt hat, die untrennbare Einheit von Glauben und Verstehen angenommen[43], oder der „Begriff" Gott hat mit Gott nichts zu tun. *Nur der geglaubte Gott ist Gott; der nur theoretisch gedachte Gott ist ein Götze.* Natürlich arbeitet die Systematische Theologie mit Begriffen, sie kann gar nicht auf sie verzichten; aber da, wo es um das eigentliche Wesen Gottes geht, da greift alle Begrifflichkeit notwendig zu kurz, da verfehlt sie ganz und gar ihr Ziel. Unabhängig davon, ob Sokrates wirklich der theoretische Mensch schlechthin war – ich überlasse diese Frage den Platonforschern als den Berufeneren –, was Gott *als* Gott angeht, so scheitert jedes *rein* theoretische Fragen nach ihm und endet, wenn dieses Fragen nur konsequent genug geschieht, beim Atheismus, endet bei Ludwig Feuerbach oder wen man sonst noch in der Riege prominenter Atheisten nennen mag. Vom Standpunkt des sogenannten theoretischen Menschen aus, dem Nietzsche den so leidenschaftlichen Kampf angesagt hat, ist der Atheismus nur konsequent. Das vielzitierte Wort Pascals, er kenne nur den Gott Abrahams, Isaaks und Jakobs, nicht aber den Gott der Philosophen, mag überspitzt sein; aber ihm wohnt ein nicht zu unterschätzendes Moment des Wahren inne.

So paradox es im ersten Augenblick erscheint – es dürfte erkennbar sein, daß gerade der Polemik Friedrich Nietzsches gegen den sokratischen theoretischen Menschen eine Intention eignet, die der theologischen Intention des Alten und Neuen Testaments ungeheuer nahe kommt. Damit habe ich nicht gesagt, daß Nietzsche sie bewußt aus der Heiligen Schrift übernommen habe. Seine Kampfrichtung ging ja durchaus in eine andere, nämlich atheistische Richtung. Aber daß eine gewisse Kongruenz besteht, dürfte offenkundig sein. Sie sei – auch dieses Vorgehen mag man als paradox und vielleicht im ersten Augenblick sogar als gewollt empfinden – am Gott des Rausches, des Weingottes Dionysos aufgezeigt, genauer am *Verstehen* dieses Gottes Dionysos. Das ist nun meine These: *Nietzsches Hermeneutik des Gottes Dionysos und die Hermeneutik des im Neuen Testament sich offenbarenden und offenbarten Gottes koinzidieren in frappierender Weise.*

Da spricht Nietzsche vom dionysischen Dithyrambos, dem dionysischen Kulthymnus, in dem der Mensch zur höchsten Steigerung aller seiner symbolischen Fähigkeiten gereizt werde; der Jünger des Dionysos äußere nun nie zuvor Empfundenes, ihm sei eine neue Welt der Symbole

3.2 Aus der Sicht des Neuen Testaments

zu eigen geworden, „die ganze leibliche Symbolik, ... die volle, alle Glieder rhythmisch bewegende Tanzgebärde" (1,33f.). Nietzsche wird sehr konkret, er nennt noch „die anderen symbolischen Kräfte, die der Musik, in Rhythmik, Dynamik und Harmonie", die plötzlich ungestüm wachsen (1,34):

> Um diese Gesammtentfesselung aller symbolischen Kräfte zu fassen, muss der Mensch bereits auf jener Höhe der Selbstentäusserung angelangt sein, [wir wissen es bereits: er muß das *principium individuationis* aufgegeben, den Verzicht der Göttlichkeit seiner Individualität geleistet haben] die in jenen Kräften sich symbolisch ausspricht will: der dithyrambische Dionysusdiener wird somit nur von Seinesgleichen verstanden!

Diesem für seine so konkreten Darlegungen entscheidenden Satz gibt Nietzsche das bei ihm relativ seltene Ausrufungszeichen. *Nur der Dionysosverehrer versteht den Dionysosverehrer!* Nur die im Dionysoskult Verbundenen verstehen einander! Es ist zwar nicht ausdrücklich gesagt, aber doch durch den Kontext deutlich genug zum Ausdruck gebracht: *Nur der Dionysosjünger versteht seinen Gott Dionysos!* Nur ihm, der seinen Kult rauschhaft mitvollzieht, gewährt der Gott dieses Verstehen, nur ihm gewährt er seine göttliche Hermeneutik. Der Vollzug dieser Gottesverehrung führt zum Einswerden mit dem Gott, der dieses Einswerden schenkt. Das also ist *das hermeneutische Axiom*: *Das Dionysische versteht das Dionysische.* Formulieren wir es in der uns vertrauten Sprache: Der Geist des Dionysos, das Pneuma des Dionysos – das griechische Wort *pneuma* bedeutet sowohl Geist als auch Wind und Ekstase[44] –, in dem der Dionysosmensch ekstatisch existiert, führt ins Verstehen seiner göttlichen Tiefen und ins Verstehen aller anderen seiner Jünger und Jüngerinnen.

Die vielleicht wichtigste Parallelstelle zu dieser Dionysos-Hermeneutik finden wir im *Neuen Testament* bei Paulus. Er bringt im *Ersten Korintherbrief* die entscheidenden theologischen Ausführungen zum theologischen Verstehen (1 Kor 2,6–16): Gott hat uns geoffenbart, was kein Auge gesehen und kein Ohr gehört hat. Gemeint ist: Was kein natürliches Auge sehen und kein natürliches Ohr hören kann. Gott hat uns durch seinen gnadenhaft geschenkten göttlichen Geist unser himmlisches Heil sehen und hören, also erkennen und verstehen lassen. Wie nämlich der menschliche Geist die Tiefen des Menschen kennt, so der göttliche Geist die Tiefen der Gottheit. Und nur weil wir diesen Geist Gottes erhalten haben, kennen und verstehen wir Gott. Indem Paulus Jes 40,13 zitiert, schließt er diesen Passus mit den Worten ab: „Denn ‚wer hat den Geist des Herrn erkannt, oder wer will ihn unterweisen'? *Wir aber* – so klingt es geradezu triumphierend bei Paulus – haben den Geist Christi!"[45] Die Parallele ist somit auffällig genug: Wer Anhänger des Dionysos ist, dem ist das Verstehen des ihm von diesem Gott geschenkten Heils gegeben, und das heißt, auch das Verstehen aller, die ihm folgen. Wir können somit ohne Bedenken von einer *exklusiven* Dionysos-Hermeneutik wie auch von einer *exklusiven* Christus-Hermeneutik reden. Der eine hat den Geist[46] des Dionysos erhalten, der andere den Geist Christi.

Die Entsprechung im Bereich des Hermeneutischen ist also erwiesen. Zu fragen ist aber, ob wir nicht das Entsprechungsgefüge noch etwas erweitern können. Wir haben erkannt, daß wir um so erfolgreicher in unserem Verständnis der Gedanken Nietzsches sind, je mehr wir uns bemühen, seinen so konkreten Ausführungen mit unserer möglichst konkreten Vorstellungskraft zu folgen. Da sehen wir also wieder die trunkenen Dionysos-Scharen in ihrer rauschhaften Prozession dahertanzen. Es ist das kraftvolle Leben, das sie demonstrieren, ihre Lebenslust, ihre Lebensbejahung – auch wenn wir zur Genüge wissen, daß es für Nietzsche das Überkompensieren des Leids ist, das gemäß seiner pessimistischen Denkweise allem Dasein zugrunde liegt. Diese machtvolle Demonstration der Lebenslust und Lebensfreude ist Ausdruck des Willens, des Ur-Willens von allem Sein. Die dionysische Musik ist in ihrer nicht reduzierbaren Lautstärke (Schalmeien!) die Dokumentation dieses Willens, den Nietzsche von seinem Gewährsmann Schopenhauer her in der Musik gegeben sieht. Die dionysischen Scharen *wollen* in musikalischer Weise sich als die Verkörperung des *Ur-Willens* manifestieren. Es ist nicht mehr der Wille des einzelnen, der sich hier kundtut, es ist das Ensemble der Wollenden, geeint in dem einen Willen des Dionysos. Dionysos *will*, was sie tun. Und sie tun nun *gewollt-wollend* das, was Dionysos *will*. Insofern sind sie auch gewissermaßen die Inkarnation des Dionysos, die Inkarnation seines göttlichen Willens.

Wie aber steht es mit dem *Willen* in den Schriften des *Alten und Neuen Testaments*? Läßt sich auch hier wieder eine ähnliche Verwandtschaft mit dem Dionysischen feststellen, wie wir es eben im Bereich der Hermeneutik erkennen konnten? Beginnen wir mit dem *Alten Testament*! Der Althistoriker *Albrecht Dihle* hat in seinem Standardwerk *Die Vorstellung vom Willen in der Antike* die Denkweisen des Alten und Neuen Testaments in die Antike hineingestellt und sie im Gegenüber vor allem zur griechischen Philosophie bedacht. Er hat gezeigt, wie Gott im Alten Testament als der wollende Gott dem Menschen begegnet und dessen Willen beansprucht. Der Unterschied zur griechischen Welt nicht nur der Philosophie, sondern auch der Dichtung besteht darin, daß in ihr gegenüber dem biblischen Gehorsam die Vorstellung von der Vernunft als der gemeinsamen Grundlage menschlicher Einsicht und göttlicher Weltordnung vorherrschte.[47] Das Neue Testament sieht Dihle vor allem unter der Thematik der paulinischen Theologie, die er unter dem Gesichtspunkt des Gewissens und der schwierigen Problematik von Röm 7 bedenkt. Beide Aspekte sind sicherlich geeignet, die Willensfrage bei Paulus zu diskutieren. Doch möchte ich hier einen anderen Zugang versuchen, und zwar von *Röm 8* her. In diesem Kapitel geht es um die neutestamentliche Rezeption der alttestamentlichen Prophetie des *Ezechiel*, nämlich Ez 36 und 37. Röm 8,1–16 ist eine christologische Interpretation dieser Prophetie.

In *Ez 36* ist für unsere Überlegungen V. 26 f. von besonderer Bedeutung. Der Prophet verheißt in einem Worte Gottes den im Babylonischen Exil lebenden Juden, die wegen ihrer Sünde ins Zweistromland deportiert worden sind, daß Gott sie umgestalten will:

V. 26 Und ich will euch ein neues Herz und einen neuen Geist in euch geben und will das steinerne Herz aus eurem Fleisch wegnehmen und euch ein fleischernes Herz geben.
V. 27 Ich will euch meinen Geist in euch geben und will solche Leute aus euch machen, die in meinen Geboten wandeln und meine Rechte halten und danach tun.

Das Ich in diesem Prophetenwort ist das Ich des Gottes Israels, das Ich Jahwähs, und nicht das Ich des Propheten. Dieser Gott, der will, daß Israel seinen göttlichen Willen tut, verheißt seinem Volk ein *neues Herz* zu geben. Das Herz ist aber nach biblischem Verständnis der Inbegriff der ganzen Person, die ihrerseits vor allem als Wille vorgestellt ist. Gott gibt also seinem Volk, indem er ihm ein neues

Herz gibt, einen neuen, nämlich guten Willen. So ist nun auch die Gesamtausrichtung Israels auf Gottes Gesetz, sprich: Gottes Willen, gerichtet. Israel bekommt das neue Herz, damit es will, was Gott will, damit folglich Gottes und Israels Wollen ein einziger Wille sind. So wird dann im Wollen und in der willentlichen Gesamtausrichtung Israels der seine Heiligkeit wollende Gott präsent. Ist *Gott* im Alten Testament mit besonders starken Strichen als Wille – wenn man will: als Ur-Wille – gezeichnet, sind somit der Gottesgedanke und das Gottesbild *voluntaristisch* geprägt, so ist auch *der Mensch*, sei es das „Kollektiv" des Volkes, sei es das aus diesem Volke erwachsene Individuum, im entscheidenden Ausmaße *voluntaristisch* verstanden. Gott *will* das Gute – deshalb sein Gesetz! –, und so will Gott, daß auch der Mensch das Gute will. In diesem Sinne sagt z. B. Amos (Am 5,14): „Suchet das Gute und nicht das Böse – und so werdet ihr leben!"

Ist dann in Ez 36,26 von einem neuen Geist, *ruach*, die Rede, den Gott Israel geben wird, so ist mit „Geist" keinesfalls primär das intellektuelle Sein des Menschen bezeichnet, sein geistiges Vermögen im modernen Sinn, sondern wie mit „Herz" seine personale-willentliche Gesamtausrichtung, sein – in moderner philosophischer Terminologie – *Sein-auf* … Auch der Geist ist für den hebräischen Menschen wesentlich Ausdruck des Willens (s. auch Ps 51,14!). Man könnte das Ich des Menschen alttestamentlich ohne weiteres so umschreiben: Ich *bin*, was ich *will*. Die einheitliche Willensausrichtung von Gott und Mensch umschreibt Ezechiel dann noch deutlicher dadurch, daß in V. 27 Gott sagt: „Ich will *meinen* Geist in euch – wörtlich: in euer Innerstes, euer innerstes Sein – geben." Durch diese *Selbstentäußerung Gottes* – er überläßt seinem Volk etwas von sich selbst, nämlich seinen Geist! – will er die Seinen zu Menschen machen, die in seinen Geboten wandeln, seine Rechtssatzungen tun. Gott ergreift dadurch, daß er den Geist seines göttlichen Wollens in das innerste Sein der Israeliten legt, das Zentrum der Person eines jeden in Israel.

Von Ez 36 zu *Ez 37*: Es ist die berühmte Auferweckungsvision. Sie ist metaphorisch, bildlich gemeint: Das politisch am Boden liegende Volk wird wieder auferstehen. Jahwäh spricht zum Propheten (37,3 ff.):

Und Gott sprach zu mir: „Du, Menschenkind, meinst du wohl, daß diese Gebeine wieder lebendig werden?" Und ich sprach: „Herr, mein Gott, du weißt es." Und er sprach zu mir: „Weissage über diese Gebeine und sprich zu ihnen: Ihr verdorrten Gebeine, höret des Herren Wort! So spricht Gott der Herr zu diesen Gebeinen: Siehe, ich will Geist (*ruach*) in euch bringen, daß ihr wieder lebendig werdet. Ich will euch Sehnen geben und lasse Fleisch über euch wachsen und überziehe euch mit Haut und will euch Odem (*ruach*) geben, daß ihr wieder lebendig werdet; und ihr sollt erfahren, daß ich der Herr bin."

...

(10) Und ich weissagte, wie er mir befohlen hatte. Da kam Odem in sie, und sie wurden wieder lebendig und stellten sich auf ihre Füße, ein überaus großes Heer. Und er sprach zu mir: „Du Menschenkind, diese Gebeine sind das ganze Haus Israel. Siehe, jetzt sprechen sie: Unsere Gebeine sind verdorrt, und unsere Hoffnung ist verloren, und es ist aus mit uns. Darum weissage und sprich zu ihnen: So spricht Gott der Herr: Siehe, ich will eure Gräber auftun und hole euch, mein Volk, aus euren Gräbern herauf und bringe euch ins Land Israel."

Vom Willen war also an zentraler alttestamentlicher Stelle die Rede, vom Willen Gottes und vom Willen des Menschen, von der Identität des Willens beider. Veranschaulicht wurde dies in einer der herrlichsten und eindrucksvollsten Visionen des ganzen Alten Testaments: Gottes Geist schenkt das Wollen des Guten und schenkt so das *Leben*!

3.2 Aus der Sicht des Neuen Testaments

Wie sehr der Geist auch den Menschen in seinem äußeren Verhalten aktiviert, zeigt – wiederum in recht eindrucksvoller Weise – *1 Sam 10*. Samuel hat Saul zum König gesalbt. Danach befiehlt er ihm, zum Hügel Gottes zu gehen, 1 Sam 10,5f.:

Danach wirst du zum Hügel Gottes kommen, wo die Wache der Philister ist; und wenn du dort in die Stadt kommst, wird dir eine *Schar von Propheten* begegnen, die von der Höhe herabkommen, und vor ihnen her Harfe und Pauke und Flöte und Zither, und sie werden in *prophetischer Verzückung* sein.
Und der *Geist des Herrn* wird über dich kommen, daß auch *du* mit ihnen in *prophetische Verzückung* gerätst; da wirst du umgewandelt und ein anderer Mensch werden.

Vom Geiste, von der Umwandlung zu einem neuen Menschen war hier die Rede. Die Parallele zu Ez 36 und 37 ist offensichtlich. Aber auch von der *Musik* wird hier gesprochen, von der damit verbundenen prophetischen Verzückung angesichts dieser Musik, von der *Ekstase*. Der Geist, also der Wille Gottes, bewirkt dieses ekstatische Dasein! Schauen wir noch einmal auf 1 Sam 10, diesmal 10,9–12:

Und als Saul sich wandte, um von Samuel wegzugehen, gab ihm Gott ein anderes Herz, und alle diese Zeichen trafen ein an demselben Tag. Und als sie zum Hügel Gottes kamen, siehe, da kam ihm eine Prophetenschar entgegen, und der Geist Gottes geriet über ihn, daß er mit ihnen in prophetische Verzückung geriet. Als sie sahen, daß er mit den Propheten in prophetischer Verzückung war, sprachen alle, die ihn früher gekannt hatten, untereinander: „Was ist mit dem Sohn des Kisch geschehen? Ist Saul unter den Propheten?" Und einer von dort sprach: „Wer ist denn schon ihr Vater?" Daher ist das Sprichwort gekommen: Ist Saul auch unter den Propheten?

Da haben wir also ein äußerst bezeichnendes *theologisches Wortfeld* vor uns: Vom *Geist*, von der *Umwandlung*, vom *Herz*, von der *prophetischen Verzückung*, von der wohl aufstachelnden *Musik* ist die Rede. Ist es wirklich zu phantastisch, wenn wir uns die mit lauter Musik verzückt daherkommenden Propheten als *tanzende* Männer vorstellen? *Außer sich* durch ihren Gott, durch den Geist ihres Gottes musizieren sie, tanzen sie, sind sie in *Ekstase* – alles Wirkungen des einen Geistes Gottes! Ich vermute, daß Sie bei diesem Verweis auf 1 Sam 10 auch bestimmte Bilder aus Nietzsches Schrift Die Geburt der Tragödie aus dem Geiste der Musik vor Augen hatten. Aber bitte, warten Sie noch einen Augenblick, bis wir auf das Neue Testament geschaut haben!

*

Also nun vom Alten zum *Neuen* Testament! Von Ez 36 und 37 und 1 Sam 10 zu *Röm 8*![48] In diesem Kapitel geht es um das *Sein* des Gerechtfertigten. Über das *Geschehen* der Rechtfertigung, der Gerechtsprechung und der Gerechtmachung ging es zuvor in Röm 3,21–5,11. Röm 5,12–7,25 lassen wir hier außer Betracht. Jetzt in Röm 8 geht es nicht mehr um das Gerechtfertigt-*Werden*, sondern um das Gerechtfertigt-*Sein*. Was ist das für ein Mensch, der bereits gerechtfertigt ist? Was ist seine Existenz? Wie läßt sich sein Dasein beschreiben? Zunächst läßt sich im Blick auf den ganzen Brief sagen, daß er vom Pathos – Pathos im positiven Sinn! – der Freiheit bestimmt ist: Der Gerechtfertigte ist der freie Mensch; er ist frei von der Sklaverei der *Sünde*, frei vom unterjochenden *Gesetz*, frei vom in alle Ewigkeit währenden *Tod*. Freiheit in diesem Sinne ist also das Freisein von jenen Unheilsmächten, die einmal den Menschen in Unfreiheit gehalten hatten. Freiheit ist aber auch etwas, was in die Zukunft blickt. Und hierbei geht es um die *innere Freiheit*. Es ist die Freiheit vom *Fleisch*, *sarx*, das den Menschen nicht zu dem kommen läßt, was seine innere Bestimmung von Gott her ist. „Fleisch", das ist nicht die körperliche Seite des Menschen. Freiheit vom Fleisch ist in paulinischer Theologie nicht die Freiheit vom körperlichen Dasein, von der Geschlechtlichkeit. Paulus ist nicht leibfeindlich, ist kein Feind der Sexualität des Menschen! Fleisch, das ist in paulinischer Sprache der je individuelle Ort der weltweiten Macht der Sünde, der *hamartía*, ist das Gebundensein an das Sündigen-Müssen. Noch anders gesagt: „Fleisch" ist kein anthropologischer Begriff, sondern ein *theologischer Begriff*. Und so manche leibfeindliche Tendenz im Verlaufe von zweitausend Jahren Kirchengeschichte hat ihre Wurzel darin, daß ein theologischer Begriff als anthropologischer mißdeutet wurde. Wir werden später noch einmal auf Röm 8 zurückkommen.

Der Gegenbegriff zu „Fleisch" ist „Geist". Auch Geist ist kein anthropologischer Begriff. Auch Geist ist theologisch zu interpretieren. Und so stellt Paulus in Röm 8 zwei diametral unterschiedliche Lebensweisen gegeneinander. *Paulus denkt in Röm 8 antithetisch.* Er spricht vom *phrónēma tēs sarkós*, dem Sinnen und Trachten des Fleisches, und vom *phrónēma tou pneúmatos*, dem Sinnen und Trachten des Geistes. Paulus denkt das Dasein des Glaubenden also nicht als statisches, in sich ruhendes Sein. Nein, es geht um höchste Aktivität. Das Dasein des Gerechtfertigten ist so zu beschreiben, daß es ein Sein im Geiste *Gottes* ist. Dieser Geist drängt den Menschen zu einem Leben, das dem Willen Gottes entspricht. Es gehört zum Sein des Christen, daß er als der verwandelte Mensch, als der Mensch mit einem neuen Herzen, Gottes Geist in sich wirken läßt, den Geist der Wahrheit, in dem er aus sich heraus, aus seinem neuen Sein heraus, weil mit neuem Geiste existierend, innerlich wahrhaftig ist. Er läßt den Geist Gottes als Geist der Liebe in sich wirken, indem er nicht mehr um einer bloß äußeren Gehorsamshaltung willen sozusagen gezwungenermaßen die Liebe verwirklicht, sondern weil er von innen her liebt, als erneuerte Existenz nämlich, ohne daß es lediglich die Befolgung eines nur befohlenen Gehorsams wäre. Der Geist Gottes, der der Geist des Wollens Gottes ist, trachtet im Christen nach dem, was Gottes Wille ist. Der Geist Gottes ist des Menschen höchste Aktivität von Gott her. Es ist die höchste Lebendigkeit, zu der Gottes Geist den Christen antreibt. Und so heißt es Röm 8,14: „Alle, die nämlich vom Geiste Gottes getrieben werden, *agontai*, die sind Kinder Gottes." Haben wir im Alten Testament gesehen, wie da der Geist Gottes als der Geist des heiligen Willens Gottes die Menschen dazu trieb, Gottes Willen zu wollen, wie da göttlicher und menschlicher Wille zu einem einzigen Willen geschichtlich zusammenwuchsen, so ist es genau diese alttestamentliche Vorstellung, die auch neutestamentlich begegnet. Auch das Neue Testament läßt in *voluntaristischer* Theologie Gott und Mensch einander im Wollen des Guten und Heiligen zusammenfinden. Mit Luthers Auslegung von Röm 8: *conformitas voluntatis Dei*.[49] Und daß dies zuweilen auch Phänomene wie die charismatischen in 1 Sam 10 zeitigt, zeigt 1 Kor 14.

✳

Zum Abschluß dieses Kapitels der Blick zugleich auf Nietzsches Schrift *Die Geburt der Tragödie aus dem Geiste der*

Musik und das Neue Testament! Beide Schriften sehen im Urgeschehen den Willen am Werk. Für beide ist der Wille Ur-Ereignis, das eine Mal in atheistischer Grundhaltung, das andere Mal im Glauben an Gott. Parallelen sehen wir sogar zwischen den ekstatisch tanzenden Scharen der Dionysos-Jünger und den ekstatisch musizierenden Prophetenscharen, denen sich auf Jahwähs Geheiß Saul zugesellte. Die Bilder von 1 Sam 10 und von Nietzsches Schilderung der Dionysosjünger gleichen einander frappierend in ihrer Sprache. Nietzsche und Paulus – beide wollten sie das Leben, und zwar in Fülle! Nietzsches Ausspruch, er sei kein Mensch, sondern *Dynamit* (6,365), kennen wir schon; Paulus seinerseites bezeichnet das Evangelium, also den worthaften Ausdruck des Heilswillens Gottes, als *dynamis theou*, als Gottes Dynamik. Das Heilsgeschehen ist somit für beide ein dynamisches, das heißt lebenserfülltes und lebenserfüllendes Ereignis. Nietzsche und Paulus – so unterschiedlich sie auch in der Gottesfrage sind, in der Frage nach dem letzten Urgrund der Welt und des Lebens sind sie paradoxerweise eins: Es treibt sie beide die Ur-Energie des Willens zum Leben. Nietzsche hat Paulus nicht gemocht. Er hat ihn falsch verstanden, weil zu seiner Zeit Theologen ihn falsch verstanden hatten und er sich nicht aus den Banden einer falschen Theologie befreien konnte. Das war seine Tragik. Hätte Nietzsche Paulus besser verstanden, wäre ihm nicht ein Zerrbild des Apostels in jungen Jahren vermittelt worden – hätte aus seiner dynamischen, lebenserfüllten Denkweise nicht eine grandiose Theologie entstehen können? Ich sage nicht, daß es dazu hätte kommen müssen. Ich habe nur gefragt, ob es nicht vielleicht möglich gewesen wäre.

4. Zweite Unzeitgemäße Betrachtung: Vom Nutzen und Nachtheil der Historie für das Leben

4.1 Zum Inhalt der Schrift

Vier *Unzeitgemäße Betrachtungen* hat Nietzsche von 1873 bis 1875 geschrieben. Warum aber für die heutige Vorlesung ausgerechnet die zweite, in der das Problem der Historie thematisiert wird? Warum nicht die erste, in der es um einen Theologen geht, der ein weltberühmtes Buch über Jesus von Nazareth und über Grundfragen der neutestamentlichen Mythologie geschrieben hat, nämlich David Friedrich Strauß?[50] Daß ich nicht die dritte und vierte *Unzeitgemäße Betrachtung* – die eine behandelt Schopenhauer als Erzieher, die andere Richard Wagner in Bayreuth – in die Vorlesung hineinnehme, bedarf wohl keiner weiteren Erklärung. Ich habe mich für die 1873 geschriebene und 1874 erschienene Schrift *Vom Nutzen und Nachtheil der Historie für das Leben* entschieden, weil gerade ihre so energische Stoßrichtung vielleicht eher zum Be-*Denken* des biblischen *Denkens* führen könnte als das, was Nietzsche über Strauß geschrieben hat. Und vielleicht darf man auch sagen, daß das Niveau dieser Betrachtung über die Historie erheblich höher ist als das der Strauß-Schrift – oder sagen wir es ruhig so: des Strauß-Pamphlets. Es ist schon ein wenig komisch. Da vertritt David Friedrich Strauß einige zentrale Gedanken, die für Nietzsche hilfreich, sogar äußerst hilfreich hätten sein können. Er hätte sich Strauß zum Verbündeten machen können. Doch hat er es nicht erkannt. Auch Genies sind zuweilen blind. Dabei war er für kurze Zeit sogar für Strauß eingenommen, was aber heute fast niemand mehr weiß. Nachdem er dessen *Das Leben Jesu* in die Ferien mitgenommen und begeistert darin gelesen hatte, empfahl er es seiner Schwester Elisabeth immerhin zur Lektüre! Als Nietzsches Buch über Strauß schließlich erschienen war, hat der Schweizer Dichter Gottfried Keller in einem Brief sein vernichtendes Urteil abgegeben:

Das knäbische Pamphlet des Herrn Nietzsche gegen Strauß habe ich auch zu lesen begonnen, bringe es aber kaum zu Ende wegen des gar zu monotonen Schimpfstils ohne alle positiven Leistungen und Oasen. Nietzsche soll ein junger Professor von kaum sechsundzwanzig Jahren sein, Schüler von Ritschl in Leipzig und Philologe, den aber eine gewisse Großmannssucht treibt, auf anderen Gebieten Aufsehen zu erregen.[51]

Doch wieder zurück zur *Zweiten Unzeitgemäßen Betrachtung*! Werner Ross dürfte sie mit den folgenden Worten in etwa zutreffend charakterisiert haben:

Diese neue „Unzeitgemäße" ist von allem Ressentiment, von Philologenkleinlichkeit und Zeitverdrossenheit befreit. Sie trifft ihre Unterscheidungen ... mit größer Gedankenklarheit und Gelassenheit, und sie macht der Zeit den Prozeß, ohne ihr ins Gesicht zu schlagen. Sie faßt die Ergebnisse in Thesen zusammen, die wie gemeißelt dastehen.[52]

Gerade in theologischer Hinsicht bringt die Historienschrift relevantere Aussagen als die Anti-Strauß-Schrift. Ihre Ausführungen über die Bedeutsamkeit und Nichtbedeutsamkeit der Geschichte sind für die biblische Denkweise von besonderem Interesse, da es im Alten wie im Neuen Testament essentiell auch um Geschichte geht, und zwar um die Geschichte Gottes zunächst mit seinem Volk, dann mit der ganzen Menschheit. Und es gibt noch einen weiteren Grund, der uns bewegen sollte, dieser provozierenden Arbeit des Basler Professors unsere besondere Aufmerksamkeit zu schenken. In ihr ist nämlich das wichtigste Wort das Wort *Leben*. Sie ist ein überaus emotionaler Appell an die Leser, unter allen Umständen dieses eine und nichts anderes als dieses eine zu wählen – das Leben! Wollte man der Schrift eine andere Überschrift geben als die von Nietzsche schließlich formulierte[53], so sollte man den emphatischen Imperativ *„Ihr sollt leben!"* wählen. Der Autor sieht das Leben bedroht, und zwar ausgerechnet durch die Historie. Hat er noch für Dionysos, wie wir aus *Die Geburt der Tragödie aus dem Geiste der Musik* wissen, die Maßlosigkeit gepriesen, so will er nun von solcher Maßlosigkeit nichts mehr wissen. Wer der Historie ein Zuviel zukommen läßt, der mache sie zur Zerstörerin des Lebens. Man müsse vergessen, müsse vergessen können, was uns eine übertreibende Geschichtswissenschaft aufgrund des Wahns einer anzustrebenden Vollständigkeit alles auftischen will. Ruft uns also Nietzsche „Ihr sollt leben! Verratet euer Leben nicht!" zu, so heißt das in seinem Sinne zugleich: *„Hütet euch vor den Historikern!"* Wo diese nämlich nichts vom Leben begriffen haben, da produzieren sie nur ihr zerstörerisches Werk – freilich ohne es zu wissen. Denn sie wissen nicht, was sie tun. Also: Wählt in der Historie aus, und zwar unter dem Postulat des Lebens! Lieber unhistorisch leben als historisch sterben!

Kommen uns aber nicht heutzutage angesichts derarti-

4.1 Zum Inhalt der Schrift

ger Parolen sofort schlimme Bedenken? Sind wir nicht aufgrund bösester Erfahrungen gegen sie immun geworden? Wir wissen doch im Rückblick auf das katastrophengehäufte zwanzigste Jahrhundert, das sich soeben von uns verabschiedet hat, zur Genüge, wie man durch Manipulation der Geschichte, durch Hinwegleugnen geschichtlicher Sachverhalte, durch Wegbruch bestimmter geschichtlicher Einsichten, wie man mittels perfider Auswahl von geschichtlichen Aspekten Menschen zu willfährigen Objekten menschenverachtender und menschenvernichtender Ideologien machen kann. Haben also sowohl linke als auch rechte Diktatoren, heißen sie nun Stalin, Hitler oder wie auch immer, nicht doch Nietzsches Programm in die Tat umgesetzt: Verheißung des Lebens, Reduzierung der Historie, weil Verdunklung im Blick auf die Vergangenheit? Ist nicht zumindest Nietzsches Programm für diktatorische Verbrecher manipulierbar, politisch verwendbar?

Zunächst jedoch noch keine Antwort auf diese bedrängenden, ja bedrückenden Fragen! Wie wir auf diese Schrift Nietzsches zu reagieren haben, wird sich schließlich von ihrer Gesamtintention her zeigen. Immerhin – und das sollten wir schon zu Beginn unserer Überlegungen über diese *Unzeitgemäße Betrachtung* sehr genau registrieren – heißt es nicht nur *Vom ... Nachtheil der Historie für das Leben*, sondern auch *Vom Nutzen ... der Historie für das Leben*! Schauen wir zunächst auf das 1. Kapitel! Es beginnt mit einer Idylle, mit dem Bild einer Tierherde. Nietzsche beneidet die Tiere (1,248):

Betrachte die Heerde, [so seine ersten Worte des Buches] die an dir vorüberweidet: sie weiss nicht was Gestern, was Heute ist, springt umher, frisst, ruht, verdaut, springt wieder, und so vom Morgen bis zur Nacht und von Tage zu Tage, kurz angebunden mit ihrer Lust und Unlust, nämlich an den Pflock des Augenblickes und deshalb weder schwermüthig noch überdrüssig.

Es wird bereits bei diesen ersten Worten klar: Es geht unserem Philosophen um die *Zeit*. Der Mensch weiß, daß er in der Zeit lebt und diese unerbittlich sein Leben fast bis zum Exzeß beherrscht. Das Tier weiß nichts davon. So ist die Reaktion des Menschen eigentümlich gespalten; er brüstet sich seines in die Zeit eingebundenen Menschentums vor dem Tier, blickt aber dennoch „eifersüchtig nach seinem Glück". Und so fragt er dann das Tier (1,248):

Warum redest du mir nicht von deinem Glücke und siehst mich nur an? Das Thier will auch antworten und sagen, das kommt daher dass ich immer gleich vergesse, was ich sagen wollte – da vergass es aber auch schon diese Antwort und schwieg: so dass der Mensch sich darob verwunderte.

Eine kurze Zwischenbemerkung: Hatte Nietzsche, als er den letzten Satz niederschrieb, Mt 27,14 im Ohr? [Luthertext z. Zt. Nietzsches]: „Und er antwortete ihm nicht auf *ein* Wort, also daß sich auch der Landpfleger sehr verwunderte." Doch wieder zurück zur *Zweiten Unzeitgemäßen Betrachtung*! Mehr noch verwundert sich der Mensch, der das Tier gefragt hat, darüber, daß *er* das Vergessen nicht lernen kann. Er beneidet daher das Tier. Und dann fällt das für Nietzsche so wichtige Wort, das er hernach im Blick auf den Menschen verwendet, jetzt aber, wo es zum ersten Mal genannt wird, im Blick auf das Tier (1,249):

So lebt das Thier *unhistorisch* [wohlgemerkt: das erste von Nietzsche im Druck hervorgehobene Wort dieser Schrift!]: denn es geht auf in der Gegenwart, ... es weiss sich nicht zu verstellen, verbirgt nichts und erscheint in jedem Momente ganz und gar als das was es ist, kann also gar nicht anders sein als ehrlich. Der Mensch hingegen stemmt sich gegen die grosse und immer grössere Last des Vergangenen: diese drückt ihn nieder oder beugt ihn seitwärts, diese beschwert seinen Gang als eine unsichtbare und dunkle Bürde, welche er zum Scheine einmal verläugnen kann, und welche er im Umgange mit seines Gleichen gar zu gern verläugnet: um ihren Neid zu wecken.

Das ist in den Augen Nietzsches das Schlimme für den Menschen: Es ist seine Last, daß er nicht vergessen kann und sein Nicht-Vergessen-Können ihn dazu führt, zum Lügner zu werden. Er ist verurteilt, überall ein Werden zu sehen. Und wo er nur noch das *Werden* sieht, da glaubt er nicht mehr an das *Sein*, nicht mehr an sein eigenes Sein. Er glaubt also nicht mehr an sich, er verliert sich im Strome des Werdens. So formuliert Nietzsche als Fazit dieser Überlegung (1,250; ganzer Satz von Nietzsche im Druck hervorgehoben; Kursive im folgenden Text durch mich):

Es giebt einen Grad von Schlaflosigkeit, von Wiederkäuen, von *historischem* Sinne, bei dem das *Lebendige* zu *Schaden* kommt, und zuletzt zu Grunde geht, sei es nun ein Mensch oder ein Volk oder eine Cultur.

Nietzsche will jedoch keineswegs einseitig, keineswegs extrem argumentieren. Deshalb unterscheidet er als Grundkategorien das *Unhistorische* und das *Historische*. Beides ist gleichermaßen für die Gesundheit eines einzelnen, eines Volkes oder einer Kultur nötig. Zum Menschen wird der Mensch erst durch seine *„Kraft, das Vergangene zum Leben zu gebrauchen und aus dem Geschehenen wieder Geschichte zu machen"* (1,253; Kursive durch mich). Das Kriterium für den Gebrauch der Geschichte ist also abermals das Leben. Aber es zeigt sich auch, daß das idyllische Bild der total vergeßlichen Viehherde zu Beginn der Ausführungen Nietzsches doch nicht ganz so ideal gemeint war, wie es uns im ersten Augenblick dünkte. Ganz ohne Erinnerung geht es also beim Menschen doch nicht! Es hängt eben alles davon ab, in welcher Grundeinstellung sich der Mensch seiner eigenen Vergangenheit erinnert bzw. wie er die Vergangenheit anderer rezipiert. Am *Wie* des sich Erinnerns und am *Wie* des Vergessens hängt sein Wohl und Wehe. Wird also der Mensch zum Menschen durch die Kraft des rechten Gebrauchs der Vergangenheit, so hört er allerdings in einem Übermaß von Historie in diesem seinem Mensch-*Werden* wieder auf.

Nun führt Nietzsche neben dem Unhistorischen und dem Historischen als dritten Begriff den des *Überhistorischen* ein. Der überhistorische Mensch ist derjenige, der nicht im Prozeß das Heil sieht – also kein Werden gelten läßt –, sondern für den „die Welt in jedem einzelnen Augenblicke fertig ist und ihr Ende erreicht". Und so läßt ihn Nietzsche sagen (1,255): „Was könnten zehn neue Jahre lehren, was die vergangenen zehn nicht zu lehren vermochten!" Und unser Philosoph durchschaut auch recht klar das Ungenügen dieser überhistorischen Einstellung: Vergangenheit und Gegenwart sind im Grunde eins, alles hat ewig gleiche Bedeutung, sei es die des Ekels am ewig Gleichen, sei es die des ewig durchdauernden Glücks. Nietzsche wird ironisch, geradezu sarkastisch (1,256):

Doch lassen wir den überhistorischen Menschen ihren Ekel und ihre Weisheit: heute wollen wir vielmehr einmal unserer Unweisheit von Herzen froh werden [hat Nietzsche 1 Kor 1,18 ff. vor Augen?] und uns als den Thätigen und Fortschreitenden, als den Verehrern des Prozesses, einen guten Tag machen.

Nietzsche rechnet sich also zu den Fortschreitenden; wir würden heute sagen: zu den *Fortschrittlichen*, zu denen also, die nicht reaktionär sind, sondern das Gebot der Stunde erkannt haben. Es war somit schon damals fortschrittlich, fortschrittlich zu sein! Wir können es mit unserem heutigen philosophischen Verständnis auch so sagen: Nietzsche verstand sich selbst, wenn er vom Prozeß, vom Fortschreiten in der Historie sprach, als *geschichtliches* Wesen. Er vertrat keine statische Anthropologie, er lehrte kein statisches Sein. Auch ohne Diltheys Philosophie des Lebens und der Geschichtlichkeit zu rezipieren, hat er Leben und Geschichtlichkeit zusammengebracht. Und als der geschichtlich denkende Philosoph hat er das Leben als Ziel des Daseins mit Vehemenz verfochten. Also will er, der nach dem letzten Zitat von Herzen froh werden will, nur dies eine immer besser lernen (1,256 f.): „Historie zum Zwecke des *Lebens* zu treiben!" Wieder einmal ein Nietzsche-Satz mit Ausrufungszeichen! Das ist seine eigentliche Absicht: *Historische Wissenschaft um des Lebens willen, nicht Wissenschaft um der Wissenschaft willen!* Und noch einmal der überlegen triumphierende Ton gegenüber den verachteten überhistorischen Menschen (1,257; Kursive durch mich):

Dann wollen wir den Ueberhistorischen gerne zugestehen, dass sie *mehr Weisheit* besitzen, als wir; falls wir nämlich nur sicher sein dürfen, *mehr Leben* als sie zu besitzen: denn so wird jedenfalls unsere Unweisheit mehr Zukunft haben, als ihre Weisheit.

Wir erinnern uns in diesem Zusammenhang an die Charakterisierung der Gegner des Dionysischen in *Die Geburt der Tragödie aus dem Geiste der Musik*. Es sind – so hörten wir damals – Menschen, die sich aus Mangel an Erfahrung oder aus Stumpfsinn von solchen Erscheinungen wie den Veitstänzern des Mittelalters spöttisch oder bedauernd im Gefühl der eigenen Gesundheit abwenden, jene Armen, die überhaupt nicht ahnen, wie leichenfarbig und gespenstisch ihre nur eingebildete Gesundheit sich ausnimmt (1,29). Doch genug der verachtenden Worte Nietzsches gegenüber dieser Gruppe von leichenblassen, lebensverneinenden Menschen, die sich in ihrer Übergeschichtlichkeit so lebendig vorkommen, aber in Wirklichkeit nur Vertreter des Todes sind. Es ist schon eigenartig: Nietzsche, der zeit seines Lebens ein kranker Mann ist, der deshalb vorzeitig in den Ruhestand gehen muß, dieser vor seiner Krankheit von einem Ort zum andern fliehende Mensch, ausgerechnet er geriert sich als der Anwalt derer, die nur so von Lebenskraft strotzen. Eine ungeheure Überkompensation, bei der man vermuten kann, daß er, der Kranke, sich nur deshalb als der Verkünder des Lebens gebärdet, weil er der Gesunde sein *will* – der kranke Verkünder des gesunden Lebens! Seine Verkündigung ist also eine Verkündigung der sich selbst vorgegaukelten Illusion, eine Verkündigung des Selbstbetrugs. Wir kennen solche Phänomene zur Genüge.

Verfolgen wir die Argumentationssequenz Nietzsches weiter. Wir finden nun in seinen Überlegungen eine *wissenschaftstheoretische* Wendung. Das bedeutet, daß er seine eigenen Überlegungen selbst wieder reflektiert und insofern auch ein gewisses Maß an selbstkritischer Arbeit vornimmt (obwohl ja sonst Selbstkritik nicht seine ureigene Wesensart ist!). Nietzsche spricht in diesem Zusammenhang davon, daß ein *historisches Phänomen* in ein *Erkenntnisphänomen* aufgelöst werde. Er reflektiert also über das Verhältnis von einem *Sein* in der Vergangenheit und einer *Erkenntnis* in der Gegenwart. Geben wir den Dingen innerhalb der philosophischen Topologie ihren Ort, so geht es um das Verhältnis von etwas Seiendem, also etwas Ontischem, in der *Ontologie* zum Objekt des Erkennens in der philosophischen *Erkenntnistheorie*. Nach dieser Verortung der beiden Aspekte in den philosophischen Unterdisziplinen dürfte folgender Satz Nietzsches verständlich sein (1,257; Kursive durch mich):

4.1 Zum Inhalt der Schrift

Ein *historisches Phänomen*, rein und vollständig erkannt und in ein *Erkenntnisphänomen* aufgelöst, ist für den, der es erkannt hat, todt:

Ist das aber nicht für die Erkenntnistheoretiker eine ungeheure Provokation? Diesen geht es doch um Erkenntnisphänomene, unter Umständen sogar um Erkenntnisse, die in reiner Erkenntnis fundiert sind (Kant!). Und das, was für gewisse Erkenntnistheoretiker geradezu ein Höchstes ist, das soll die Negation des Lebens sein, das soll der Tod sein? Ist das nicht die Disqualifikation des Denkens? So jedenfalls mußten es einige der Kollegen Nietzsches empfinden. Dieser aber begründet seinen so provokativen Satz, so daß er nicht nur Behauptung bleibt, sondern als Beweis vor Augen steht (1,257; unmittelbare Forsetzung des letzten Zitats):

denn er [Nietzsche meint den, der die reine und vollständige Erkenntnis vollzogen und die Auflösung des historischen Phänomens in ein Erkenntnisphänomen vorgenommen hat] hat in ihm den Wahn, die Ungerechtigkeit, die blinde Leidenschaft und überhaupt den ganzen irdisch umdunkelten Horizont jenes Phänomens und eben darin seine geschichtliche Macht erkannt.

Diese Macht ist nun für den Wissenden machtlos geworden. Das *bloße* Erkenntnisphänomen ist eben nicht Leben, es ist nichts für den Willen, der das eigentliche Sein des Menschen ausmacht, sondern es ist lediglich etwas für das bloße, das heißt *von der Wirklichkeit abstrahierte Denken*. Der Primat des Willens disqualifiziert das Denken. Es ist die typische Einstellung des *Voluntarismus*, hier des philosophischen Voluntarismus, diesmal in der zugespitzten Form der Verachtung des bloß Gedachten im Verstand des Denkenden. Den immer wieder in der Philosophiegeschichte zu registrierenden Wechsel vom Primat der Erkenntnis zum Primat des Willens und dann wieder vom Primat des

Willens zum Primat der Erkenntnis haben wir ja schon bedacht – eine Polarität, die auch in der Theologiegeschichte ihren Ort hat. Wertet also Nietzsche die reine und vollständige Erkenntnis eines historischen Phänomens derart ab, wie wir es soeben vernommen haben, so wird man an das Wort Shakespeares von „des Gedankens Blässe angekränkelt" erinnert. Keinesfalls ist es aber die totale Abwertung der historischen Erkenntnis, die Nietzsche hier propagiert, sondern nur die der *reinen* und vollständigen historischen Erkenntnis, wobei „rein" nicht im Sinne von Kants „reiner Vernunft" verstanden werden darf. „Rein" meint hier die nicht im Kontext des Lebens stehende Erkenntnis, sondern die von der Wirklichkeit gelöste Erkenntnis. Geschichte darf eben nicht *„als reine Wissenschaft gedacht"* werden. Geschichtliche Erkenntnis muß *perspektivisch* sein, das heißt, *Geschichte muß unter der Perspektive des Lebens erforscht und gesehen werden.* (Von *Perspektive* wird Nietzsche später sprechen, nämlich 1886 im Vorwort zu *Menschliches, Allzumenschliches,* von uns bereits im einführenden Kapitel als „hermeneutisches Manifest" interpretiert.) Und so fordert Nietzsche in aller Eindeutigkeit (1,257; Kursive durch mich):

Die historische Bildung ist vielmehr *nur* im Gefolge einer mächtigen neuen Lebensströmung, einer werdenden (!) Cultur zum Beispiel, etwas Heilsames und Zukunft-Verheissendes, also *nur dann*, wenn sie von einer höheren Kraft beherrscht und geführt wird und nicht selber herrscht und führt.

Steht also die Historie tatsächlich „im Dienst des Lebens", „im Dienst einer unhistorischen Macht", dann wird sie nie zur reinen Wissenschaft, dann ist sie vor solcher Entartung gefeit. Und so kann Nietzsche das 1. Kapitel seiner Schrift mit den Worten abschließen (1,257; Kursive durch mich):

4.1 Zum Inhalt der Schrift

> Die Frage aber, bis zu welchem Grade das Leben den Dienst der Historie überhaupt brauche, ist eine der höchsten Fragen und Sorgen in Betreff der Gesundheit eines Menschen, eines Volkes, einer Cultur. Denn bei einem gewissen *Uebermaas* derselben *zerbröckelt und entartet das Leben* und zuletzt auch wieder, durch diese Entartung, selbst *die Historie*.

Es könnte natürlich reizen, schon an dieser Stelle unserer Darlegung des Gedankengangs Nietzsches auf das Neue Testament zu schauen und nach Parallelen und Entsprechungen zu suchen. Aber wiederum möchte ich Sie bitten, nicht zu schnell nach dem Neuen Testament zu greifen. Es ist einfacher, wenn wir uns die jetzt behandelte Schrift Nietzsches zunächst als ganze vergegenwärtigen und gerade dadurch das inhaltliche Verhältnis dieser Schrift zum Neuen Testament in einer besseren Gesamtoptik verstehen. Geduld und – noch einmal sei es gesagt – langer Atem sind in der Wissenschaft unentbehrlich. Unnötige Eile verbaut nur ein tieferes Verstehen.

*

Die Grundlagen zum Verständnis der *Zweiten Unzeitgemäßen Betrachtung* haben wir mit der bisherigen Darstellung gelegt. So haben wir auch die Voraussetzungen geschaffen, besonders wichtige Begriffsbestimmungen Nietzsches im 2. Kapitel dieser Schrift mitzuvollziehen. In ihm unterscheidet er drei Arten der Historie, die drei Arten von Beziehungen entsprechen. Fast gehört es schon zum guten Ton des Vorgehens Nietzsches, daß er immer wieder den Refrain hören läßt: Das Leben braucht den Dienst der Historie, und das Übermaß der Historie schadet dem Lebendigen. Also vernehmen wir es noch einmal, kommen aber dann zur Sache.

In dreierlei Hinsicht gehört nach Nietzsche die Historie dem Lebendigen, gemeint ist: dem lebendigen Menschen: 1. dem *Tätigen und Strebenden*, 2. dem *Bewahrenden und Verehrenden* und 3. dem *Leidenden und dem der Befreiung Bedürftigen*. Dieser Dreiheit von Beziehungen – nämlich der jeweiligen Beziehung von Mensch und seinem Verhalten zur Historie – entspricht eine Dreiheit von Arten eben dieser Historie: 1. eine *monumentalische*, 2. eine *antiquarische* und 3. eine *kritische* Art der Historie (1,258).

Zur ersten Art der Geschichte, der *monumentalischen Art der Historie*: Die Geschichte gehört vor allem dem Tätigen und Mächtigen, also dem, der einen *großen* Kampf kämpft (das Wort „groß" begegnet in diesem Zusammenhang auffällig oft an betonter Stelle; Nietzsche scheint an diesem Wort sehr gelegen zu sein). Ein derartig Großer braucht nämlich Vorbilder, Lehrer, auch Tröster; doch in seiner Gegenwart vermag er sie nicht zu finden. Nietzsche setzt demnach voraus, daß es unter den jeweils gegenwärtig Existierenden kaum Große gibt! So lesen wir (1,258 f.):

Dass der Thätige mitten unter den schwächlichen und hoffnungslosen Müssiggängern, mitten unter den scheinbar thätigen, in Wahrheit nur aufgeregten und zappelnden Genossen nicht verzage und Ekel empfinde, blickt er hinter sich und unterbricht den Lauf zu seinem Ziele, um einmal aufzuathmen. Sein Ziel aber ist irgend ein Glück, vielleicht nicht sein eigenes, oft das eines Volkes oder das der Menschheit insgesammt; er flieht vor der Resignation zurück und gebraucht die Geschichte als Mittel gegen die Resignation ... Denn sein Gebot lautet: das was einmal vermochte, den Begriff „Mensch" weiter auszuspannen und schöner zu erfüllen, das muss auch ewig vorhanden sein, um dies ewig zu vermögen. Dass die grossen Momente im Kampfe der Einzelnen eine Kette bilden, dass in ihnen ein Höhenzug der Menschheit durch die Jahrtausende hin sich verbinde ... – das ist der Grundgedanke im Glauben an die Humanität, der sich in der Forderung einer *monumentalischen* Historie ausspricht.

4.1 Zum Inhalt der Schrift

Diese wenigen Sätze sprechen für sich; sie bedürfen nach dem, was wir schon von Nietzsches Denken wissen, keines Kommentars mehr. Beachten sollten wir aber auf jeden Fall, welch *pessimistisches Menschenbild* sich in diesen Zeilen offenbart. Der Masse der Menschen fehlt die Größe, die Masse der Menschen ist ein Konglomerat von Schwächlingen, von Hoffnungslosen, von Desperados, die Rede war von „nur aufgeregten und zappelten Genossen". Wer als Großer diese – mit Augustinus gesprochen – *massa perditionis* vor sich sieht, dem bleibt ja nun wahrlich nichts anderes übrig als in die Vergangenheit, in die Geschichte zurückzublicken, um dort wenigstens seinesgleichen zu sehen, um sich an ihnen zu erbauen! *Der Große braucht die Großen, um groß zu bleiben.* Monumentalische Geschichte ist also um dieser bedeutenden, aber leider singulären Menschen willen nötig.

Doch das ist für den Großen die furchtbare Wirklichkeit: Seine Forderung, daß das Große ewig sein solle, stößt auf den erbitterten Widerstand der Kleinen; Nietzsche spricht hier nahezu in dichterischer Diktion, er weiß sich ja nicht nur zum Denker, sondern auch zum Dichter berufen (1,259f.):

Die dumpfe Gewöhnung, das Kleine und Nichtige, alle Winkel der Welt erfüllend, als schwere Erdenluft um alles Grosse qualmend, wirft sich hemmend, täuschend, dämpfend, erstickend in den Weg, den das Grosse zur Unsterblichkeit zu gehen hat. Dieser Weg aber führt durch menschliche Gehirne! Durch die Gehirne geängstigter und kurzlebender Thiere, die immer wieder zu denselben Nöthen auftauchen und mit Mühe eine geringe Zeit das Verderben von sich abwehren. [Man beachte, daß Nietzsche hier mit den nur kurze Zeit lebenden Tieren keine tierische Spezies meint; im tierischen Vergleich geht es, wie der Zusammenhang zeigt, um Menschen, und zwar bedeutungslose, nämlich die eben erwähnten Kleinen.] Denn sie wollen zunächst nur Eines: leben um jeden Preis. Wer möchte bei ihnen jenen schwierigen Fackel-Wettlauf der monumentalen Historie vermuthen, durch den allein das Grosse weiterlebt! Und doch erwachen immer wieder Einige, die sich im Hinblick auf das vergangene Grosse und gestärkt durch seine Betrachtung so beseligt fühlen, als ob das Menschenleben eine herrliche Sache sei … Wenn der gemeine Mensch diese Spanne Zeit so trübsinnig ernst und begehrlich nimmt, wussten jene, [Nietzsche meint hier die Großen, zu denen er sich ja in seinem Selbstbewußtsein selbst rechnet] auf ihrem Wege zur Unsterblichkeit und zur monumentalen Historie, es zu einem olympischen Lachen oder mindestens zu einem erhabenen Hohne zu bringen; oft stiegen sie mit Ironie in ihr Grab – denn was war an ihnen zu begraben! … Aber Eines wird leben, das Monogramm ihres eigensten Wesens, ein Werk, eine That, eine seltene Erleuchtung, eine Schöpfung: es wird leben, weil keine Nachwelt es entbehren kann.

Das war bisher das längste Zitat aus Nietzsches Schriften in unserer Vorlesung. Bewußt habe ich es aber in dieser Länge zitiert, weil sich in diesen Sätzen Friedrich Nietzsche in unverwechselbarer Weise ausspricht. Hier haben wir wirklich den „Originalton" Nietzsches vor uns. Hier redet er dichterisch über die Großen – und somit dichterisch über sich selbst! Hier sagt er, was er unter dem wahren Menschen versteht, nämlich den großen, also den seltenen Menschen, den, der schließlich vom Olymp herab die Kleinen, die Erbärmlichen verlacht. Und doch, die monumentalische Geschichte allein tut's nicht! Sie ist nur eine unter den drei Arten der Geschichte. Und wenn auch Friedrich Nietzsche – freilich unausgesprochen – in ihr präsent ist, auf keinen Fall kann sie allein das ausmachen, was für ihn das Ideal der Geschichte ist. Wenn nämlich die beiden anderen Arten der Geschichte fehlen, so leidet die Vergangenheit Schaden; denn große Teile von ihr werden vergessen – also ist das Vergessen zuweilen auch ein Schaden, trotz der zu Beginn der Schrift so idyllisch geschilderten Tiere, die so herrlich vergessen können! –, werden sogar verachtet; sie „fliessen fort wie eine graue ununterbrochene Fluth, und nur einzelne geschmückte Facta heben sich als Inseln heraus" (1,262). Also heißt das Fazit (1,262f.):

Die monumentale Historie täuscht durch Analogien: sie reizt mit verführerischen Aehnlichkeiten den Muthigen zur Verwegenheit, den Begeisterten zum Fanatismus, und denkt man sich gar diese Historie in den Händen und Köpfen der begabten Egoisten und der schwärmerischen Bösewichter, so werden Reiche zerstört, Fürsten ermordet, Kriege und Revolutionen angestiftet ...

Und Nietzsche warnt:

Was wirkt sie [sc. die monumentale Geschichte] aber erst, wenn sich ihrer die Ohnmächtigen und Unthätigen bemächtigen und bedienen!

Zur zweiten Art von Geschichte, der *antiquarischen Art von Historie*! Die Geschichte gehört in dieser Hinsicht dem Bewahrenden und Verehrenden. Er schaut mit Treue und Liebe dorthin zurück, woher er kommt, worin er geworden ist. Wir würden heute vom traditionsgebundenen Menschen sprechen; boshafte Zungen würden ihn einen Reaktionär nennen. Nietzsche schildert ihn, wie der Besitz von Urväter-Hausrat seine Seele verändert; diese wird nämlich von solchem Besitz besessen. Nach dem, was wir bereits in anderem Zusammenhang gehört habe, dürfte für uns der Unterton in folgendem Satz klar heraushörbar sein (1,265):

Das Kleine, das Beschränkte, das Morsche und Veraltete erhält seine eigene Würde und Unantastbarkeit dadurch, dass die bewahrende und verehrende Seele des antiquarischen Menschen in diese Dinge übersiedelt und sich darin ein heimisches Nest bereitet. Die Geschichte seiner Stadt wird ihm zur Geschichte seiner selbst; er versteht die Mauer, das gethürmte Thor, die Rathsverordnung, das Volksfest wie ein ausgemaltes Tagebuch seiner Jugend und findet sich selbst in diesem Allen, seine Kraft, seinen Fleiss, seine Lust, sein Urtheil, seine Thorheit und Unart wieder.

Der Psychologe Friedrich Nietzsche hat erneut gut beobachtet und das Beobachtete mit feinen Pinselstrichen zutreffend gezeichnet. Der Kleinbürger steht ganz konkret vor uns; vielleicht erkennen wir uns sogar in dem einen oder anderen Detail wieder. Daß sich Nietzsche selbst nicht unter diese Kategorie Mensch einordnet, brauche ich Ihnen wohl kaum zu sagen. Es gehört ja nicht zu den Kleinen; er gehört, wie wir inzwischen zu genau wissen, zu den Großen! Was für Nietzsche an dieser Stelle seiner Darlegungen wichtig ist, ist die Beschränktheit des antiquarischen Historikers (1,267; Kursive durch mich):

Der antiquarische Sinn eines Menschen, einer Stadtgemeinde, eines ganzen Volkes hat immer ein *höchst beschränktes Gesichtsfeld*; das Allermeiste nimmt er gar nicht wahr, und das Wenige, was er sieht, sieht er viel zu nahe und isolirt; er kann es nicht messen und *nimmt deshalb alles als gleich wichtig* und *deshalb jedes Einzelne als zu wichtig*.

Aber das ist es ja, was Nietzsche so aufregt, was er leidenschaftlich ablehnt, nämlich die Unfähigkeit zu wägen, zu messen, in die richtigen Relationen zu bringen, vor allem Perspektiven *als* Perspektiven geistig zu erfassen. Es ist die Unsensibilität des Kleinen und Beschränkten, es ist die Stumpfheit dessen, der eine bloße Tradition mit wahrer Wertschätzung verwechselt.

Kommen wir schließlich zur dritten Art der Historie, zur *kritischen Art der Historie*! Hier schlägt natürlich Nietzsches Herz erheblich lebendiger als beim Traditionalisten. Kritik – das ist das Elixier seines Lebens! Diese kritische Historie, sie ist es, die im Dienst des Lebens steht! Der sie Betreibende muß die Kraft haben zu zerbrechen und aufzulösen. Der zum Zerstören Fähige ist es also, der nach Nietzsche leben kann. *Er kann die Vergangenheit verurteilen* – anders als der an die Vergangenheit gekettete Mensch der

Tradition. Er zieht sie vor sein Gericht. Jede Vergangenheit ist wert, daß sie verurteilt wird. Nicht die Vergangenheit herrscht über ihn; nein, er herrscht über die Vergangenheit! Diese innere Kraft ist ihm zu eigen. Er hängt nicht weinerlich am Überkommenen. Nietzsche zitiert sogar Goethes Mephisto, also den Teufel: „Denn Alles was entsteht, ist *werth*, dass es zu Grunde geht. Drum besser wär's, dass nichts entstünde." Freilich, es gibt für Nietzsche *auch* den Blick auf eine furchtbar belastende Vergangenheit. Und was er damals vor über einhundertfünfundzwanzig Jahren geschrieben hat, klingt geradezu prophetisch. Er redet zwar zunächst davon, daß man grausam über alle Pietäten hinwegschreitet. Es sei aber immer ein gefährlicher, nämlich für das Leben selbst gefährlicher Prozeß, daß Menschen und Zeiten auf diejenige Weise dem Leben dienten, daß sie eine Vergangenheit richteten und vernichteten; es seien gefährliche und gefährdete Menschen und Zeiten. Und dann kommen die beiden entscheidenden Sätze, die ich hier wörtlich zitiere (1,270; Kursive durch mich):

Denn da *wir* nun einmal die *Resultate früherer Geschlechter* sind, sind wir *auch die Resultate ihrer* Verirrungen, Leidenschaften und Irrthümer, ja *Verbrechen*; es ist nicht möglich sich ganz von dieser Kette zu lösen. Wenn wir jene Verirrungen verurteilen und uns ihrer für enthoben erachten, so ist die Thatsache nicht beseitigt, dass wir aus ihnen herstammen.

Ich denke, ein Kommentar dazu ist nicht erforderlich. Diese beiden Sätze ertragen noch nicht einmal einen Kommentar, weil sie dadurch um die Wucht ihrer Aussage gebracht würden. Manches darf einfach nicht kommentiert werden! Zum 2. Kapitel und somit zu den drei Arten der Historie sei nur noch gesagt, daß Nietzsche darauf besteht, daß alle drei zusammengehören. Nur in ihrer Zusammengehörigkeit habe jede der drei Arten ihr relatives Existenzrecht. Relativ aber bedeute, in den Relationen jeder Art zu den jeweils anderen.

*

Ich kann nicht in derselben Ausführlichkeit über die übrigen Kapitel sprechen. Ich springe deshalb jetzt zum 6. Kapitel und referiere und kommentiere aus diesem sehr wichtigen Teil des Buches. Es geht hier zunächst um die *historische „Objektivität"*. Daß Nietzsche an ihr Anstoß nimmt, versteht sich von selbst. Wahrheit in der Geschichte ist immer die ordnende und strafende Richterin, sie ist insofern Weltgericht. Streben nach Wahrheit hat deshalb seine Wurzeln in der Gerechtigkeit. Und so folgert er (1,287):

> Der Wahrheit dienen nur Wenige in Wahrheit, weil nur Wenige den reinen Willen haben gerecht zu sein und selbst von diesen wieder die Wenigsten die Kraft, gerecht sein zu können.

Und wieder kommt der Pessimist zu Wort, wenn er von der Existenz vieler gleichgültiger Wahrheiten redet. Gelingt es zuweilen einem Menschen, zu einem kalten Dämon der Erkenntnis zu werden, so gilt das „Trotzdem!" (1,288):

> Wenn selbst, in besonders begünstigten Zeiten, ganze Gelehrten- und Forscher-Cohorten in solche Dämonen umgewandelt werden [wohlgemerkt: Nietzsche spricht hier über seine Universitätskollegen!] – immerhin bleibt es leider möglich, dass eine solche Zeit an strenger und grosser Gerechtigkeit, kurz an dem edelsten Kerne des sogenannten Wahrheitstriebes Mangel leidet.

Die verbalen Attacken auf die Historiker werden fortgesetzt. Da redet er von einer weiteren „fürchterlichen Spe-

4.1 Zum Inhalt der Schrift

cies von Historikern"; sie seien tüchtige, strenge und ehrliche Charaktere, aber – und das ist das Entscheidende – enge Köpfe. Sie hätten zwar den guten Willen, gerecht zu sein, ebenso das Pathos des Richtertums, doch seien alle ihre Richtersprüche (über die Vergangenheit) falsch. Und Nietzsche ruft pathetisch aus (1,289): „Wie unwahrscheinlich ist also die Häufigkeit des historischen Talents!" Und in genau diesem Zusammenhang kommt er wieder auf die Frage nach der Möglichkeit von Objektivität zurück (1,289):

Jene naiven Historiker nennen „Objectivität" das Messen vergangener Meinungen und Thaten an den Allerwelts-Meinungen des Augenblicks: hier finden sie den Kanon aller Wahrheiten; ihre Arbeit ist, die Vergangenheit der zeitgemäßen Trivialität anzupassen.

Haben Wahrheit und Gerechtigkeit ihr notwendiges, sie zusammenhaltendes Band, so keinesfalls Objektivität und Gerechtigkeit! Es ist die Eitelkeit des Historikers, die ihn zur objektiv sich gebärdenden Gleichgültigkeit treibt. *Alles ist in gleicher Weise gültig.* Vom wahren Historiker gilt (1,293f.):

Nur aus der höchsten Kraft der Gegenwart dürft ihr das Vergangene deuten: nur in der stärksten Anspannung eurer edelsten Eigenschaften werdet ihr errathen, was in dem Vergangnen wissens- und bewahrenswürdig und gross ist ... der ächte Historiker muss die Kraft haben, das Allbekannte zum Niegehörten umzuprägen und das Allgemeine so einfach und tief zu verkünden (!), dass man die Einfachheit über der Tiefe und die Tiefe über der Einfachheit übersieht ... Also: Geschichte schreibt der Erfahrene und Ueberlegene. Wer nicht Einiges grösser und höher erlebt (!) hat als Alle, wird auch nichts Grosses und Hohes aus der Vergangenheit zu deuten wissen.

※

Wer rettet? Das sagt Nietzsche im 10. und letzten Kapitel. Es rettet die Jugend. Auf sie setzt er alle Hoffnung. Sie rettet aus der Tätigkeit der Historiker, die das Leben zerbröckeln und zerlegen, es mit *Begriffen wie mit Drachenzähnen* übersät haben. Sie existieren in einer „unlebendigen und doch unheimlich regsamen Begriffs- und Wort-Fabrik". Dort kann man vielleicht noch sagen *cogito, ergo sum*, nicht aber *vivo, ergo cogito*. In dieser Fabrik sei ihm wohl das leere „Sein", nicht aber das volle und grüne Leben gewährleistet. Er empfindet sich dort als ein *denkendes, nicht* aber als ein *lebendiges Wesen*, als kein *animal*, sondern ein *cogital* (1,329). Dann die laute, die schreiende Frage: „Wer wird ihnen dieses Leben schenken?" Die Antwort Nietzsches:

Kein Gott und kein Mensch: nur ihre eigene *Jugend*: entfesselt diese und ihr werdet mit ihr das Leben befreit haben.

Doch auch das entfesselte Leben bedarf der Heilung, es leidet nämlich an der *historischen Krankheit*. Die Arznei gegen diese Krankheit des Übermaßes des Historischen ist – wir kennen die Begriffe schon – das Unhistorische und das Überhistorische, natürlich nicht in ihrer jeweiligen Isoliertheit. Das Unhistorische ist die Kunst und Kraft vergessen zu können, das Überhistorische die Mächte, die den Blick vom Werden ablenken, hin zu dem, was dem Dasein den Charakter des Ewigen und Gleichbedeutenden gibt, nämlich zu Kunst und Religion.

Es bleiben Fragen an die Konzeption offen. Vielleicht haben Sie sogar Widersprüchliches vor Augen. Es ist im Blick auf unsere Aufgabe nicht erforderlich, eine Analyse des Ganzen der Historienschrift vorzunehmen. Was uns interessieren sollte, ist die Frage, ob es eine Strukturanalogie zwischen Nietzsches Denken in der *Zweiten Un-*

zeitgemäßen Betrachtung und dem theologischen Denken im Neuen Testament gibt. Trägt hierfür die Rede vom *Leben* etwas bei? Die Rede von der *Wahrheit*? Die Rede von der *Perspektivität* aller historischer Erkenntnis? Gibt es vielleicht eine vergleichbare *existentiale Interpretation* in der Deutung der Geschichte durch Nietzsche und der Deutung der Geschichte Gottes mit den Menschen in der Heiligen Schrift? Ist es vielleicht schon interessant zu sehen, daß sowohl Nietzsche als auch die neutestamentliche Wissenschaft ihr ureigenes Tun als *Interpretation*, als *Auslegung* verstehen? Kommen sich nicht Nietzsche und die Ausleger des Alten und Neuen Testaments darin nahe, daß sie in ihrem Geschäft der Interpretation sich selbst mit einbeziehen?

4.2 Die Historienschrift und das Neue Testament

Mit Nachdruck hat also Nietzsche in seiner Schrift *Vom Nutzen und Nachtheil der Historie für das Leben* jenen Umgang mit der Geschichte gegeißelt, in dem es um das *gleich*-gültige, um das somit in allem Vergangenen in gleicher Weise gültige Geschehen ging. Es gab für ihn nur ein einziges Kriterium, gemäß dem vergangene Geschichte studiert werden sollte: der Nutzen für das Leben. Alles andere war für ihn nur ein Wiederkäuen, nur ein solcher historischer Sinn, bei dem das Lebendige zu Schaden kommt (1,250). Die uns nun bestimmende Frage ist, ob der Umgang der biblischen Autoren mit der Geschichte, besonders der der neutestamentlichen Autoren, ein vergleichbares, zumindest ähnliches Kriterium kannte. Die Antwort ist schnell gegeben: In der Bibel finden wir keine Geschichtsdarstellungen und keine geschichtlichen Rückblicke, die nicht unter einer theologischen Perspektive verfaßt worden wären. Es gibt keinen Bezug auf Vergangenes, bei dem nicht die theologische Leitfrage dominierte. Das *Perspektivische* ist von wesenhafter Bedeutsamkeit, sei es bei Nietzsche unter dem Gesichtspunkt des irdischen Lebens, sei es im Alten oder im Neuen Testament unter dem Gesichtspunkt des gnadenhaft von Gott geschenkten und geleiteten Lebens. Entscheidend ist in der Heiligen Schrift, daß *wir – unter der Führung Gottes – als geschichtliche Wesen geschichtlich existieren* und, wenn auch erst in zweiter Linie, *wir als diese geschichtlichen Wesen unsere Geschichte*, zuweilen darüber hinaus auch noch *unsere Geschichtlichkeit re-flektieren*. Unerheblich ist für diesen „Sach"-Verhalt, daß sich die Worte „Geschichte" und „Geschichtlichkeit" nicht in den biblischen Büchern finden.

Von dieser zentralen Übereinstimmung her steht mit dem biblischem Denken auch diejenige Unterscheidung Nietzsches in Konkordanz, nach der er zwischen Unhistorischem und Historischem unterscheidet, um gleichermaßen das, was das Leben fördert, und das, was das Leben beeinträchtigt, für das historische Urteil zu berücksichtigen. Wir würden uns zwar in dieser Hinsicht für eine andere Terminologie entscheiden, aber es gibt an diesem Punkte durchaus eine nicht unerhebliche Übereinstimmung unsererseits mit der Intention Nietzsches. So sprach er ja von der *Kraft*, das Vergangene zum Leben zu gebrauchen und aus dem Geschehenen wieder Geschichte zu machen (1,253). Zu eben diesem Aspekt gehört die von uns sehr bewußt zur Kenntnis genommene und als wichtig beurteilte Unterscheidung Nietzsches von *historischem Phänomen* und *Erkenntnisphänomen* (1,257). Denn

4.2 Die Historienschrift und das Neue Testament

gerade sie ist von hoher Relevanz für das theologische Denken, sogar das theologische Denken des Neuen Testaments an zentraler Stelle. Diese Unterscheidung Nietzsches im Kontext der Rede von der Kraft, nämlich der Lebenskraft, macht sozusagen den *Kern der Affinität Nietzsches zum Neuen Testament* aus – wenn auch sicherlich gegen seine Intention, die eine solche Affinität von vornherein nicht gelten ließe. In diesem Zusammenhang sei noch einmal mit Nachdruck gesagt, daß es hier nicht um eine apologetische Vereinnahmung des christentumsfeindlichen Philosophen geht; denn eine solche Einstellung unsererseits wäre eine schwerwiegende Ungerechtigkeit ihm gegenüber und zugleich ein Armutszeugnis auf christlicher Seite, weil wir ihn dann ja gar nicht ernst nähmen.

Vergegenwärtigen wir uns noch einmal den soeben genannten Gedanken Nietzsches: Das zum bloßen Erkenntnisphänomen verkommene historische Phänomen ist *deshalb* eine Negierung der Vergangenheit und somit eine Negierung der Geschichte, weil „das rein und vollständig erkannte" historische Phänomen zum bloßen Gedanken und zum bloß Vorgestellten depraviert worden sei, nämlich durch seine *Loslösung von der Wirklichkeit der lebensfördernden Historie.* (Er selbst formuliert: „in ein Erkenntnisphänomen *aufgelöst*".) Es ist evident, wie bedeutsam gerade dieser Gedanke für Nietzsche war. Ist doch die Negierung der im Dienste des Lebens stehenden realen Historie die Negierung des Lebens selbst! Das von der Wirklichkeit, also vom Sein entfernte und entfremdete reine Vorstellungsgebilde ist kraftlos. Im Sinne der existentialen Philosophie Heideggers und der existentialen Theologie Bultmanns heißt das: Die von Nietzsche inkriminierten Historiker praktizieren die sogenannte *Subjekt-Objekt-Spaltung*;

damit ist gemeint, daß für sie das erkennende „Subjekt" überhaupt nicht mehr beim – ein-gebildeten! – „Objekt" ist.[54] Im Grunde hat Nietzsche die existentialphilosophische Konzeption Heideggers und Bultmanns der „Sache" nach vorweggenommen, wie schließlich andererseits Heidegger auch nicht ohne Grund immer wieder auf Nietzsche zurückgegriffen hat.[55] Dies ist noch im weiteren Verlauf der Vorlesung zu bedenken, vor allem beim Thema „Nihilismus".

Und das ist mit Nachdruck zu sagen: Auch in *theologischer Sicht* ist ein realitätsentfremdetes, ein von der Realität entferntes – und das heißt in der Sprache Nietzsches: „losgelöstes" – Erkenntnisphänomen ein Unding. Es sei an der theologischen Überschrift des Römerbriefs des Apostels Paulus aufgezeigt, an *Röm 1,16f.* Paulus expliziert in diesem Brief das *Verhältnis* von *Jesu Heilstat im Kreuzestod* und der *Verkündigung dieses Heilsereignisses im Evangelium*. Jesu Kreuzestod ist, um in der Terminologie Nietzsches zu bleiben, ein „historisches Phänomen". Ein historisches Phänomen ist aber in gleicher Weise die nachösterliche Verkündigung des historischen Phänomens der Kreuzigung Jesu. Wir haben demnach den Bezug zweier historischer Phänomene aufeinander zu bedenken, wobei in der neutestamentlichen Verkündigung das zuerst genannte historische Phänomen deshalb nicht zum bloßen Erkenntnisphänomen verkommen konnte, weil das an zweiter Stelle genannte als lebensspendende Verkündigung das erste zur Ver-*wirk*-lichung seiner innewohnenden *Wirk*lichkeit bringt, und zwar um seiner Lebenskraft willen. Wir nun, die wir heute leben, lesen den Römerbrief wiederum mit der Absicht, seiner Lebenskraft teilhaft zu werden. Wir bewegen uns also innerhalb der Intention des

Paulus. Und dieser schreibt uns, daß das von ihm verkündete Evangelium die Macht und Kraft Gottes sei, seine – im griechischen Urtext – *dynamis*. Die Verkündigung des zuerst genannten historischen Phänomens *ist* somit die im Wort des Evangeliums wirklich werdende *dynamis* Gottes. Im Wort ist der lebensschenkende Gott präsent. Als theologische Spitzenaussage formuliert: *Das Wort des Evangeliums ist in seinem Ausgesprochen-Werden der im Wort wirkende präsente Gott.* Ich versuche es theologisch noch etwas präziser, aber dadurch auch etwas umständlicher zu sagen: Das *Ereignis* des Zugesprochen-Werdens des Heils ist die *Re*-Präsentation des Heils-*Ereignisses* von Golgatha. Noch anders: Das *Ereignis* des soteriologischen Heils zum Leben in der *Vergangenheit ist* das *Ereignis* des kerygmatisch[56] bewirkten Heils zum Leben in der *Gegenwart*. *Vergangenheit wird Gegenwart*, Geschichte wird Gegenwart, vergangenes Leben wird gegenwärtiges Leben.

Mit diesen Überlegungen sind wir freilich weit über das von Nietzsche Gesagte und Intendierte hinausgegangen. Wir haben uns weit von seinem Denkhorizont entfernt. Und er, wäre er jetzt hier in unserem Hörsaal, würde wohl auch kaum das, was soeben über die Vergegenwärtigung des durch Christus gewirkten Heils dargelegt wurde, mit besonderer Freude gehört haben. Denn die hier vorgetragene Theologie widerspricht in kontradiktorischer Weise seinem emotionalen antichristlichen Affekt. *Dennoch*, die *Struktur* seines Geschichtsdenkens und die *Struktur* des neutestamentlichen, zumindest paulinischen Geschichtsdenkens entsprechen einander, und wohl nicht nur in rein formaler Hinsicht. Geschichte um des Lebens willen, Historie um des Lebens willen, *Vergangenheit um des Lebens willen* – darin treffen sich beide Seiten. Die Autoren des

Neuen Testaments werden nicht müde, immer wieder vom Leben, der *zoê*, zu reden; denn das Neue Testament ist das Buch des göttlichen und somit gottgeschenkten Lebens. Leben ist das Hauptsynonym für Heil. Das Leben, auch und gerade das *gegenwärtige Leben*, wird vor allem beim Evangelisten Johannes unter dem Begriff „ewiges Leben", *zoê aiônios*, ausgesagt, z. B. Joh 5,24. Zugegeben, Nietzsche verstand unter Leben nicht das, was das Neue Testament darunter versteht. Aber es wäre schon eine interessante Untersuchung (sie kann hier nicht geschehen), einmal herauszuarbeiten, inwiefern es *innerhalb* der Vorstellung Nietzsches vom Leben einerseits und *innerhalb* der Vorstellung des Neuen Testaments vom Leben andererseits sich annähernde Verstehens-*Komponenten* gibt.

Mit diesen Überlegungen sind wir beim Thema „*Objektivität*" und „*Wahrheit*" angelangt. Im Grunde ist mit der Reflexion der Perspektivität im Prinzip schon das Nötige zu allem geschichtlichen Erkennen und Verstehen gesagt. Daß es absolute Objektivität nicht gibt, geht bereits aus der Geschichtlichkeit des Menschen hervor. Denn dieser sieht notwendig alles immer nur aus seiner zeitgebundenen Sicht, aus der ihm eigenen geschichtlichen Situation, wobei „geschichtlich" hier weniger die jeweilige historische Konstellation meint als vielmehr den existentialen Begriff für die Geschichtlichkeit des jeweiligen Menschen (Dilthey, Heidegger, Bultmann, Gadamer). Sind wir geschichtliche Wesen, so ist unser ganzes Verstehen notwendig begrenzt, gerade auch *unser* Verstehen *anderer* Menschen in ihrer Geschichtlichkeit. Auch Friedrich Nietzsche können wir, wenn wir uns in diesem Semester ernsthaft mit ihm beschäftigen, nur in den Grenzen unserer eigenen Geschichtlichkeit verstehen! Das ist ja unser hermeneu-

4.2 Die Historienschrift und das Neue Testament

tisches Axiom: *Geschichtliches Dasein*[57] *versteht geschichtliches Dasein geschichtlich*. Zu diesem geschichtlichen Verstehen gehört auch das Verstehen von *Wahrheit*, die daher niemals etwas ist, was als bloß quantitativ Vollständiges begriffen werden könnte. Wahrheit hat wesensmäßig mit menschlicher Existenz zu tun. Wahrheit ist ein *existentialer Terminus* (existentialer *Begriff* wäre nicht ganz falsch; aber ich möchte nur ungern von Wahrheit mit ihren existentialen Implikationen als einem Begriff sprechen). *Wer von der Wahrheit als Existenzwahrheit spricht, spricht immer auch von sich selbst*. Das hat Nietzsche sehr klar erkannt. Das kommt z. B. dadurch zum Ausdruck, daß er die Wurzeln der Wahrheit in der Gerechtigkeit erblickt (1,287). Wir haben schon jene schöne Stelle zur Kenntnis genommen, die ich hier noch einmal zitieren möchte (1,287):

Der Wahrheit dienen Wenige in Wahrheit, weil nur Wenige den reinen Willen haben gerecht zu sein und selbst von diesen wieder die Wenigsten die Kraft, gerecht zu sein."

Nicht nur am Rande erwähnt: Auch Paulus spricht in Röm 1,16 f. in einem Atemzug von der *Kraft*, und zwar der eigentlichen, in Gott existenten und zugleich von ihm geschenkten Kraft, und der *Gerechtigkeit*. Wir erinnern uns: Wahrheit kann Nietzsche im eben aufgewiesenen Zusammenhang sogar mit dem Weltgericht gleichsetzen (1,286 f.). Weder Nietzsche noch das Neue Testament sehen sich also in der Lage, Wahrheit und Objektivität gleichzusetzen, und zwar Wahrheit im deformierten Sinne einer vorfindlichen Summe von Bausteinen. Beide sind zu solch primitivem Denken nicht in der Lage. Auch das verbindet sie trotz aller vehementen Gegensätze, die Nietzsche nur in emotionaler Weise auszusprechen vermag. Wenn er Wahrheit – Wahrheit im eigentlichen Sinne! –

und Gerechtigkeit in unlösbarem Band sieht, so läßt sich Analoges auch im Neuen Testament ohne Schwierigkeit als konstitutiver Grundgedanke nachweisen. Als Beispiel sei Joh 3,21 zitiert: „Wer die Wahrheit *tut* (!), kommt zum Licht, damit offenbar wird, daß seine Werke in Gott getan sind." Und bezeichnend ist es auch, daß die Wahrheit personal – man könnte auch sagen: existential – zum Ausdruck gebracht werden kann; denn Jesus sagt von sich selbst (Joh 14,6): „Ich bin der Weg, die Wahrheit und das Leben." So kann nur der, der aus der Wahrheit ist (*ho ôn ek tês alêtheías*), Jesu Stimme hören, Joh 18,37. Wer aber die Wahrheit erkennt, den wird sie freimachen, Joh 8,32. Auch hier ist wieder von der Wahrheit in personaler Sprache die Rede; denn sie wird wie eine aktiv handelnde Hypostase ausgesagt.

Die Schrift *Vom Nutzen und Nachtheil der Historie für das Leben* endet, wie wir vernommen haben, mit einer Apotheose der *Jugend*. Sie allein ist die Hoffnung Nietzsches, auf sie baut er. Sie ist der Garant des „vollen und grünen ‚Lebens'" (1,329). Sie allein kann die trostlose Gegenwart aus der Diktatur der Drachenzähne, also der toten und lebensverneinenden Begriffe, erretten. Daß die neutestamentliche Verkündigung keine Mitteilung von Drachenzähnen ist, daß sie nicht bloße Begriffe dem theoretischen Verstand zu rezipieren gibt, erhellt schon allein aus den Überlegungen, die wir soeben im Zusammenhang mit Röm 1,16f. angestellt haben. Das Neue Testament macht also aus dem Christen kein *cogital*, sie macht aus ihm, sofern er wirklich die Botschaft des Evangeliums verstehend hört, ein *animal*. Die Frage ist, ob Nietzsches Hoffnung auf die Jugend, also auf die *neu* kommenden Menschen, eine Entsprechung im Neuen Testament hat. Ich antworte indirekt: Ja, die Entsprechung ist gegeben. Sie meint jedoch, daß der *neu* gewordene Mensch, der sich der *neuen* Botschaft des Evangeliums öffnet, die Hoffnung Gottes ist. Hören wir als Beispiel Kol 3,9f.: „Ihr habt den alten Menschen mit seinen Werken ausgezogen und den neuen angezogen, der da erneuert wird zur Erkenntnis nach dem Ebenbilde dessen, der ihn erschaffen hat." Erinnert sei auch an das paulinische Wort von der „neuen Schöpfung", nämlich von dem von Gott neu geschaffenen Menschen (Gal 6,15; 2Kor 5,17).

Eine kurze Nachbemerkung noch zu dieser Schrift Nietzsches: In der Literatur wird immer wieder als zentral für sie seine Auseinandersetzung mit *Hegel* und dessen Philosophie genannt. In der Tat bekämpft er dessen Geschichtsphilosophie mit äußerster Polemik. Trotzdem bin ich in dieser Vorlesung nicht auf diese Auseinandersetzung eingegangen. Dazu hat mich zunächst der Sachverhalt bewogen, daß das inhaltliche Spezifikum der Historien-Schrift Nietzsches auch ohne Thematisierung der Philosophie Hegels hinreichend dargelegt werden kann. Zudem hat die eigentliche und tiefgreifendste Auseinandersetzung mit Hegel im 19. Jahrhundert Sören Kierkegaard mit Hilfe seiner Existenzphilosophie geführt, hinter der Nietzsches Auseinandersetzung weit zurückbleibt. Auch seine Auseinandersetzung mit *Eduard von Hartmann* spielt für unsere Thematik eine untergeordnete Rolle. Deshalb gehe ich auch auf sie hier nicht ein.

5. Menschliches, Allzumenschliches

5.1 Zum Inhalt der Schrift

1876 beginnt Nietzsche mit *Menschliches, Allzumenschliches*, bis 1879 arbeitet er am ersten Teil dieser Schrift (der zweite Teil *Der Wanderer und sein Schatten* entsteht erst 1880). Es ist ein Werk, das er kurz vor dem Ausscheiden aus seiner Basler Professur schreibt – wir erinnern uns: 1879 läßt er sich wegen seines immer schlechter werdenden Gesundheitszustandes vorzeitig aus dem Universitätsdienst entlassen –, ein Werk also, das er in einem erbärmlichen gesundheitlichen Zustand mühsam beendet, mit dem er aber eine neue Ära seines Lebens beginnt, ein Werk schließlich, das einen zunächst formalen, aber im Grunde mehr als einen formalen Einschnitt in sein literarisches Schaffen bringt. Denn von jetzt ab schreibt er kaum noch zusammenhängende Abhandlungen, sondern gibt seinen Gedanken die freiere Form des *Aphorismus*. Zwar ordnet er seine Aphorismen in thematischer Hinsicht; doch ist der Zusammenhang der einzelnen Aphorismen in unterschiedlicher Weise recht locker, trotz ihrer oft ausdrücklichen Zusammenstellung unter inhaltlichen Gesichtspunkten. Dieser Sachverhalt erfordert für unsere Vorlesung von nun an eine

5.1 Zum Inhalt der Schrift

veränderte Vorgehensweise. Bei den bisher vorgestellten und reflektierten Werken konnten wir Nietzsches Argumentationsduktus folgen und somit seine Darstellungsstrategie unserer eigenen Darstellung zugrunde legen. Das ist nun nicht mehr möglich. Es ist auch nicht mehr *ein* Thema, das zu erörtern und zu beurteilen wäre, sondern eine Fülle von zuweilen recht divergierenden Gedanken, Meinungen, Behauptungen, Thesen und dergleichen. Es leuchtet sicherlich ein, daß wir lediglich eine *Auswahl* von Aphorismen interpretieren können (s. Vorwort), wobei dieser unvermeidlich der Charakter des mehr oder weniger Willkürlichen eignet. Und folglich ist es weithin eine Ermessensfrage, worauf wir bei der Auswahl den Akzent legen. Ist schon eine Aphorismensammlung als solche naturgemäß etwas Fragmentarisches, so erst recht ihre Interpretation.

Nach welchem *Kriterium* oder welchen Kriterien sollen wir auswählen? Sollen wir unseren Blick auf besonders eindrückliche, besonders treffend formulierte, sprachlich besonders markante oder inhaltlich gewichtige Aphorismen richten? Nun haben wir ja unsere Vorlesung unter ein ganz bestimmtes Semesterthema gestellt. Wir lassen uns von einer inhaltlichen Frage leiten, nämlich der nach möglichen Entsprechungen von philosophischen Denkstrukturen bei Nietzsche und theologischen Denkstrukturen bei den neutestamentlichen Autoren. So sollten wir auch unter diesem Gesichtspunkt unsere Auswahl treffen. Gelang es uns bisher, interessante Affinitäten zwischen zentralen Denkstrukturen Nietzsches und denen im Neuen Testament aufzuweisen, vor allem bei zentralen soteriologischen und kerygmatischen Inhalten, so sollten wir auch weiterhin auf diejenigen Vorstellungen und Gedanken

Nietzsches achten, die geeignet sein könnten, erneut bei unserem Suchen fündig zu werden. So sollten wir auch fernerhin seinen Auseinandersetzungen mit wichtigen Denkern innerhalb der Philosophiegeschichte besondere Aufmerksamkeit schenken, also solchen Aphorismen, in denen philosophische Zentralprobleme diskutiert werden, in denen Kant und andere Philosophen Gegenstand seiner Reflexion oder Polemik sind, in denen Grundfragen der Metaphysik oder Erkenntnistheorie erörtert werden, da sie theologische Implikationen haben dürften. Besondere Aufmerksamkeit soll vor allem den Aphorismen geschenkt werden, in denen Nietzsche die christliche Moral einer erbarmungslosen Kritik unterzieht. Es wird sich dabei zeigen, wie hilfreich es gewesen sein dürfte, daß wir bei der Darstellung der *Geburt der Tragödie* einen philosophischen Exkurs eingeschoben haben, in dem wir Grundzüge der Philosophie Kants und Schopenhauers zur Kenntnis nahmen. Denn der dort bedachte philosophische Horizont ist, wie sich schon mehrfach zeigte, für unsere Thematik unverzichtbar. Schauen wir also, was Nietzsche in *Menschliches, Allzumenschliches* über Wahrheit und Wahrheiten, über fundamentale Einstellungen und Haltungen von großen und kleinen Menschen sagt. Versuchen wir, hier Nietzsche zu verstehen – wieder das Wort „verstehen" im hermeneutischen Ursinn! –, und versuchen wir auf solche Weise, ihm verstehend gerecht zu werden; versuchen wir, ihm als Denker, als fühlendem Menschen, als Menschen überhaupt nahe zu kommen. Auch wenn wir immer wieder zu Nietzsches Atheismus ein deutliches Nein sagen müssen, so wird es doch zweifelsohne ein durch sein Denken bereichertes Nein sein.

Menschliches, Allzumenschliches hat den verräterischen

Untertitel *Ein Buch für freie Geister*. Betrachten wir uns also als solch freie Geister! Ist uns doch in wichtigen Schriften des Neuen Testaments gesagt, daß wir frei sind. Nach Joh 8,32 macht uns die Wahrheit frei; und nach dem Gal ist es der Glaubende, dem die Freiheit wesenhaft zukommt.

Die Schrift enthält zwei Bücher, das erste eingeteilt in Vorrede, neun Hauptstücke und ein Nachspiel, das zweite eingeteilt in Vorrede und zwei Abteilungen. Dem Ganzen ist ein Nachwort zugefügt. Ich nenne die Hauptstücke des ersten Buches:

1. Von den ersten und letzten Dingen
2. Zur Geschichte der moralischen Empfindungen
3. Das religiöse Leben
4. Aus der Seele der Künstler und Schriftsteller
5. Anzeichen höherer und niederer Cultur
6. Der Mensch im Verkehr
7. Weib und Kind
8. Ein Blick auf den Staat
9. Der Mensch mit sich selbst allein
   Das Nachspiel: Unter Freunden

Das zweite Buch von *Menschliches, Allzumenschliches*, überschrieben *Der Wanderer und sein Schatten*, behandle ich in dieser Vorlesung nicht. Zu Ihrer Information jedoch die Überschriften zu den zwei Abteilungen:

1. Vermischte Meinungen und Sprüche
2. Der Wanderer und sein Schatten

Wir wählen für unsere Überlegungen vor allem das erste Hauptstück des ersten Buches aus, weil sich hier wieder Fundamentales für unsere Thematik findet. Wenn ich im folgenden auf das zweite und dritte Hauptstück nicht näher eingehe, obwohl es dem jeweiligen Inhalt gemäß naheläge, so allein deshalb, weil das darin Gesagte in späteren

Schriften Nietzsches prägnanter und zugespitzter gesagt ist.

Also zum ersten Hauptstück des ersten Buches: *Von den ersten und letzten Dingen*! Diese Überschrift klingt wie eine Kapitelüberschrift innerhalb eines dogmatischen Traktats. Vor allem in älteren Dogmatiken, zu denen ich auch die des 19. Jahrhunderts zähle, lautete die Überschrift zur eschatologischen Thematik – also zu Themen wie Auferstehung der Toten, Weltgericht u.s.w. – *Von den letzten Dingen*, auf lateinisch *De novissimis*. Nietzsche dürfte seine so bezeichnende Überschrift über das erste Hauptstücks sehr bewußt an die theologische Überschrift des genannten dogmatischen Traktats angeglichen hat: Zu *Beginn* bereits: Von den *letzten* Dingen! Zugleich aber zu Beginn auch: Von den *ersten* Dingen!

Aphorismus 1 ist überschrieben *Chemie der Begriffe und Empfindungen* – ein eigenartiger Titel! Man sollte sich aber vor Augen halten, daß sich Nietzsche bereits seit Jahren, damals jedoch schon Professor in Basel, bemühte, seine vor allem humanistische Bildung aus Schulpforta in *naturwissenschaftlicher* Hinsicht zu ergänzen. Auch chemische Bücher hat er sich eigens zu diesem Zweck aus der Universitätsbibliothek ausgeliehen. Er hatte das ihn bedrängende und auch wohl richtige Gefühl, ihm sei während seiner Schulzeit durch den Ausfall der Naturwissenschaften ein gehöriges Stück Wirklichkeit entgangen. Das will er nun nachholen. Und das hat er auch gründlich und intensiv getan! Es geschah sicherlich nicht ohne Absicht, daß das erste Wort in der Überschrift über dem ersten Aphorismus- von *Menschliches, Allzumenschliches* das Wort „Chemie" ist. Nietzsche will suggerieren, daß er die Begriffe, in seiner Sicht bloße Gebilde des Intellekts ohne

Substrat in der materiellen Wirklichkeit, durch die Anbindung an die naturwissenschaftliche Wirklichkeit in die ihnen entsprechende Realität hineinholt und so seinen Lesern wirkliche, reale Verbindungen vermittelt, genau wie ihrerseits die Chemie chemische Substanzen miteinder verbindet und auf diese Weise neue Wirklichkeit schafft. In dieser Intention fragt er auch sofort im Blick auf die Geburt des philosophischen Denkens bei den Vorsokratikern, wie etwas aus seinem Gegensatz entstehen kann. Er nennt aber nicht die von den Vorsokratikern postulierten Substanzen wie Wasser, Feuer oder Luft, sondern zählt Gegensätze auf wie „zum Beispiel Vernünftiges aus Vernunftlosem, Empfindendes aus Todtem, Logik aus Unlogik, interesseloses Anschauen aus begehrlichem Wollen, Leben für Andere aus Egoismus, Wahrheit aus Irrthümern" (2,23). Er verweist dann auf die *„metaphysische Philosophie"* – wir werden gleich noch sehen, daß sie in seinen Augen ein fundamentaler Irrweg war und er ihr deshalb eine ganz andere Philosophie entgegensetzen wird –, die sich einfach dadurch über diese Schwierigkeit hinwegsetzte, daß sie die Entstehung des einen aus dem anderen leugnete. Sie nahm vielmehr für die höher gewerteten Dinge einen *Wunder-Ursprung* an – man beachte: schon jetzt auf der ersten Seite der bissige Affront gegen das Wunder, und zwar unter der naturwissenschaftlichen Überschrift „Chemie": *Chemie statt Theologie!* Und damit auch Kant schon zu Beginn des Buches eine schallende Ohrfeige erhält, wird der Wunder-Ursprung so formuliert (2,23): „unmittelbar aus dem Kern und Wesen des ‚Dinges an sich' heraus."

Der „metaphysischen Philosophie" setzt Nietzsche die *„historische Philosophie"* entgegen (2,23). Es ist überaus bezeichnend, daß er sofort hinzufügt „welche gar nicht mehr getrennt von der *Naturwissenschaft*[58] zu denken ist". Wäre Nietzsche damals für Schulen und Hochschulen zuständiger Minister gewesen, er hätte alles getan, damit die akademische Jugend naturwissenschaftlich und technisch qualifiziert würde. Er war zwar in Schulpforta ein äußerst schlechter Mathematiker. Aber er hat später erkannt, daß mathematisch-naturwissenschaftliche Defizite unverantwortlich sind. So fordert er nun (2,24):

Alles, was wir brauchen und was erst bei der gegenwärtigen Höhe der einzelnen Wissenschaften uns gegeben werden kann, ist eine *Chemie* der moralischen, religiösen, ästhetischen Vorstellungen und Empfindungen, ebenso aller jener Regungen, welche wir im Gross- und Kleinverkehr der Cultur und Gesellschaft, ja in der Einsamkeit an uns erleben:

Er fordert also eine Rundumerneuerung, eine Erneuerung der gesamten Einstellung, eine Erneuerung von der Kultur bis hin zu den Wissenschaften, die Naturwissenschaften selbstredend eingeschlossen! Und er schließt sofort die provozierende Frage an:

wie, wenn diese Chemie mit dem Ergebnis abschlösse, dass auch auf diesem Gebiete die herrlichsten Farben aus niedrigen, ja verachteten Stoffen gewonnen sind?

Die Frage hat es in sich; sie enthält revolutionäre Gedanken, deren Ausmaß und Gewicht erst später einsichtig werden. Wir halten jetzt nur in unserer Erinnerung: Die herrlichsten Farben aus verachteten Stoffen! Aber irgendwie ahnen wir schon: Die Umkehrung von Bestehendem ist angekündigt. Dieser Mann will keinen Stein auf dem andern lassen. Aber dafür fordert er die höchste Qualifikation der Verantwortlichen. Er hätte auch nie die Abschaffung geistiger Eliten gefordert! Übrigens hat er in Basel nicht nur an der Universität unterrichtet, sondern auch am Pädagogikum, in unserer Terminologie: am

Gymnasium. Und der hochbegabte, pädagogisch überaus interessierte und engagierte Friedrich Nietzsche wußte seine Schüler derart zu begeistern, daß sie Außergewöhnliches leisteten und sich noch lange nach dem Verlassen ihrer Schule an ihren Lehrer dankbar und gern erinnerten! Nietzsche gehörte also zu den Lehrern, die ihre Schüler fordern und sie damit fördern. Am Rande sei auf seine Basler Vorträge *Ueber die Zukunft unserer Bildungsanstalten* aufmerksam gemacht (1,641–752). Sie sind allerdings recht eigenwillig konzipiert.

Aphorismus 2, überschrieben *Erbfehler der Philosophen*, wird schon konkreter in der Diagnose der geistigen Defizite (2,24f.). Daß er seine philosophischen Kollegen diffamiert, ist für uns nichts Neues. Wir brauchen ja nur an die Diffamierung der Historiker in der Schrift über die Historie zu denken. *Alle* Philosophen – wohlgemerkt: alle! (natürlich außer Nietzsche selber!) – begehen den gleichen Fehler: Sie gehen vom gegenwärtigen Menschen aus. Sie haben ihn als *aeterna veritas* vor Augen, als die ewig gleiche Spezies von Mensch; sie betrachten ihn als ein Gleichbleibendes in allem Strudel. Aber in ihrer Beschränktheit urteilen sie in Wirklichkeit nur über den *Menschen eines sehr beschränkten Zeitraums*. Nietzsche weiß um die anthropogenetische Forschung; er weiß, daß der Mensch nicht erst viertausend Jahre existiert, wie dies die biblische Chronologie vorgibt. Zwölf Jahre war Nietzsche alt, als der Elberfelder Gymnasiallehrer Prof. Fuhlrott den Neandertaler in einer Höhle im Neandertal bei Düsseldorf entdeckte. Die naturwissenschaftliche Annahme, daß er etwa 100.000 Jahre älter sein sollte, als die Bibel Adam und Eva sein läßt, wurde bekanntlich damals als blasphemische Provokation der kirchlichen Lehre empfunden. Nietzsche ist über das hohe Alter des Menschengeschlechtes vor allem durch die Lektüre von *Charles Darwins* Hauptwerk informiert, das damals so umstrittenen Werk „The Descent of Man" (deutsch: Die Abstammung des Menschen), 1871 in 1. Auflage erschienen. Darwin ist für ihn naturwissenschaftliche Autorität, jedenfalls noch zur Zeit der Niederschrift von *Menschliches, Allzumenschliches* (später wird er zum entschiedenen Feind des Darwinismus, z. B. *Nachgelassene Fragmente*, 13,315–317 = Fragment 14 [133]; bei Friedrich, 295–298). Und also macht er auch in *Menschliches, Allzumenschliches* die kirchliche Inspirationslehre mit kaum verkennbarem Hohn lächerlich, diesmal aus naturwissenschaftlicher Sicht: Alles Wesentliche der menschlichen Entwicklung ist in Urzeiten vor sich gegangen, „lange vor jenen viertausend Jahren, die wir ungefähr kennen" (2,25). Natürlich, wenn die wissenschaftlich so kurzsichtigen Philosophieprofessoren nur eine solch kurze Zeitspanne überblicken, dann mag man ihnen gern zugeben, daß sich der Mensch in dieser Minizeit nicht verändert hat! Dann kann auch ein ignoranter Philosoph vom Menschen der letzten viertausend Jahre als einem ewigen, als einem sich stets gleichbleibenden Menschen reden. *Aber der Mensch ist geworden!* Er hat sich in langen Jahrzehntausenden langsam und allmählich zu dem entwickelt, was er heute ist! Und so schließt Aphorismus 2 mit einer philosophischen These, die alle *philosophia aeterna* über den Haufen wirft (2,25):

Alles aber ist geworden; es giebt *keine ewigen Thatsachen*: sowie es keine absoluten Wahrheiten giebt. – Demnach ist das *historische Philosophiren* von jetzt ab nöthig und mit ihm die Tugend der Bescheidung.

Nietzsche fordert also eine historische Philosophie aufgrund einer *naturwissenschaftlichen* Erkenntnis. Ist doch das hohe Alter des Menschen, der sich allmählich entwickelt hatte, ein Faktum. Und es gilt unverbrüchlich der alte Satz: *Contra facta non valent argumenta*. Gegen naturwissenschaftliche Fakten gelten keine Argumente der metaphysischen Philosophie! Mit dem Hinweis auf das naturwissenschaftliche Faktum der 100.000 Jahre langen Geschichte des Menschen hat Nietzsche, wie er überzeugt ist, mit sozusagen einem Federstrich das kirchliche Dogma beseitigt. Die Naturwissenschaft hat die Lehre der Kirche widerlegt! Nur Ignoranten können jetzt noch an die christliche Lehre glauben! Das naturwissenschaftliche Faktum hat aber *erkenntnistheoretische Konsequenzen*. Denn unsere Erkenntnis von der Veränderung des Menschen durch 100.000 Jahre hindurch, die Erkenntnis also von seinem allmählichen Gewordensein und somit auch vom historischen Gewordensein seines Erkenntnisvermögens läßt nur die eine Schlußfolgerung zu: Die Wahrheiten, die wir heute erkennen, waren nicht die Wahrheiten früherer Menschengeschlechter. Wir erfassen nicht die ganze Wirklichkeit, wenn wir nur vom Heute her urteilen, nicht aber zugleich von der faktischen Vergangenheit und der Zukunft mit ihren unvorhersehbaren Veränderungen her. *Alle Erkenntnis ist relativ, weil historisch.* Die Philosophie, will sie tatsächlich die die Wirklichkeit bedenkende Philosophie sein, muß diese Relativität aller menschlichen Erkenntnis in Anschlag bringen. Sie muß die je neue Erkenntnismöglichkeit von uns Menschen einkalkulieren. Sie muß also *historisch philosophieren*. Gibt es aber keine ewigen Tatsachen, so gibt es auch keine ewige Philosophie. Es ist genau dieser Tatbestand, den Nietzsche dann auch im Blick auf die *Moral* entwickelt. Es kann, historisch gesehen, keine ewigen Moralvorschriften geben. Was gestern geboten war, vor allem aufgrund angemaßter Autorität der Religion, ist heute noch lange nicht geboten. Und was heute geboten ist, ist es morgen noch lange nicht. Der Kampf Nietzsches mit der Religion, speziell der christlichen Religion, ist weitesthin ein Kampf mit den moralischen Geboten der Religion.

Halten wir fest: Es ist der *naturwissenschaftliche Ansatzpunkt*, von dem aus Nietzsche die *historische Philosophie* fordert. Indem jedoch diese die Gewordenheit des Menschen einschließlich der Gewordenheit seines Erkenntnisvermögens darlegt, ist auch die Erkenntnis unserer heutigen Gegenwart nur ein relative und folglich substantiell beschränkte. Bestreitet man aber dementsprechend die Existenz einer ewigen Wahrheit, so ist dadurch auch der *Begriff der Wahrheit als solcher relativiert*. Nichts, aber auch gar nichts ist absolut sicher. Wir befinden uns also in *Menschliches, Allzumenschliches* schon auf dem Wege zur – wenn auch noch nicht ganz eingestandenen – Verzweiflung des tollen Menschen aus der *Fröhlichen Wissenschaft*, der sich anklagt, mit seinem Mord an Gott den eigenen Horizont ausgewischt zu haben, so daß es für ihn kein Oben und kein Unten mehr gibt. Ohne ewige Wahrheit ist der Mensch orientierungslos geworden. Das kann man zunächst als *Feststellung* formulieren. Doch wäre das entschieden zuwenig. Denn wer sagt, er habe keinen Horizont für sein Leben mehr, sagt etwas Gravierendes über sein *Selbstverständnis*. Der Mensch ohne Horizont – das ist der, der sich als den versteht, der sich selbst verloren hat. Er resigniert ob seiner Aussichtslosigkeit, oder er verhärtet sich im Trotz gegen alle Relativität. Wie sich aber solche Reaktionen auswirken, mag man sich in der Phantasie ausmalen.

Aphorismus 3 schließt inhaltlich unmittelbar an den

zuvorgehenden an. Seine Überschrift (2,25): *Schätzung der unscheinbaren Wahrheiten*. In Aphorismus 2 hatte es noch geheißen, es gebe keine absoluten Wahrheiten. Man registriere den Plural: absolute Wahrheiten! Und jetzt also in Aphorismus 3 der andere Plural: *unscheinbare Wahrheiten*! Den in ihrer Existenz bestrittenen absoluten Wahrheiten setzt Nietzsche die unscheinbaren Wahrheiten entgegen, deren Existenz er bejaht. Es sind die *kleinen* Wahrheiten; doch sie sind höher zu schätzen als die beglückenden und blendenden Irrtümer, die metaphysischen und künstlerischen Zeitaltern entstammen. Der Philosoph muß sich also bescheiden; seine alte Großspurigkeit, mit der er die *aeternae veritates* vollmundig proklamierte, ist entlarvt. Wer somit heute in der geforderten Bescheidenheit die kleinen, die unscheinbaren Wahrheiten verkündet, der macht uns bewußt, daß unsere Erkenntnis äußerst begrenzt ist. Ist in der historischen Philosophie die Erkenntnis gereift, daß nur Fragmente erkannt werden können, so impliziert dies, daß das Erkennen selbst ein äußerst fragmentarisches Geschehen ist. Wer es wagt, das Kleine, das Begrenzte, sozusagen die *Mikrowahrheit*, als *das wirkliche und eigentliche Wahre* zu bekennen, der allein ist der Philosoph der höheren Kultur. Das im Kleinen mühsam Errungene, das auf diese Weise Gewisse und Dauernde, *das* ist das Höhere, *das* ist männlich, *das* zeigt Tapferkeit, Schlichtheit und Enthaltsamkeit an. Nur der bescheidene Philosoph ist der wahre Philosoph. Nietzsche verheißt, daß allmählich – wohlgemerkt: allmählich, nicht mit einem Schlage! – die gesamte Menschheit zu dieser Männlichkeit emporgehoben werde. Allmählich nur kommt es zu solch eschatologischem Heil. Aber dieses Heil kommt! *Nietzsche verheißt das Eschaton!*

Was ist das aber für ein Mensch, der sich so ganz und gar mit dem Kleinen begnügen muß? Es ist zunächst der Mensch, der eine gewisse intellektuelle Erkenntnis gewonnen hat, nämlich die *Erkenntnis der Kleinheit der Erkenntnis*, also eine Art Meta-Erkenntnis. Aber das ist ja eben das Große an der Erkenntnis über die Erkenntnis, daß alle Erkenntnis wesenhaft klein ist. Damit sind wir bei dem von uns schon ausgesprochenen Gedanken, der auf jeden Fall festzuhalten ist: Der Erkennende, der bereit ist, die Begrenztheit seiner eigenen Erkenntnis zu erkennen, ist zugleich der Mensch eines bestimmten *Selbstverständnisses*, eines Selbstverständnisses allerdings, das nicht allein eine intellektuelle Sache ist, sondern auch, mehr oder weniger, eine Sache der *Emotion*, der bewußten oder auch – um so gefährlicher! – der unbewußten. Und Nietzsche war nun wahrlich ein von Emotionen bestimmter Mann. Auch sein Selbstbewußtsein war im erheblichen Ausmaß emotional bedingt, zumal wenn es wohl zuweilen von nicht ganz eingestandener Angst mitbedingt war. Dies ist das Wahrheitsmoment der nicht ganz unproblematischen Nietzsche-Biographie *Der ängstliche Adler* von Werner Ross. Nietzsche will groß sein, will aber zugleich das Klein-Sein des Menschen aufzeigen, um es diesem aufzuzwingen. Er fordert die Erkenntnis der Eingegrenztheit der menschlichen Erkenntnis, er fordert, sich die Erkenntnis der zufälligen Geworfenheit der je eigenen Existenz zum Bewußtsein zu bringen, er fordert die Bescheidenheit des ach so kleinen Menschen. Doch wie verträgt sich das – *groß sein wollen* und *klein sein sollen*? Sah er seine Größe darin, sein Klein-Sein ertragen zu können? Wollte er, mit seinem Aphorismus 3 gesprochen, im tapferen Aushalten der eigenen Kleinheit seine „Männlichkeit" demonstrieren?

5.1 Zum Inhalt der Schrift

Vielleicht liegen wir mit dieser Vermutung nicht völlig falsch.

Wichtiger als diese Überlegungen zur Befindlichkeit Friedrich Nietzsches ist sein Umgang mit dem Wort *Wahrheit*. In seiner Schrift *Vom Nutzen und Nachtheil der Historie für das Leben* hat er im pathetischen Ton die existentielle Bedeutsamkeit der Wahrheit vorgestellt, ihre Verwurzelung in der Gerechtigkeit, das unbedingte Verpflichtet-Sein ihr gegenüber. Die Wahrheit sah er, trotz all ihrer existenzbedingten Perspektivität, in ihrer Hoheit und Größe. Jetzt aber wird sie, die zuvor im hehren Singular ausgesagt war, *in kleine und winzige Wahrheiten* pluralisiert, relativiert, minimiert, geradezu *atomisiert*. In bezug auf den Terminus „Wahrheit" findet sich also in *Menschliches, Allzumenschliches* ein schon recht eigentümlicher Bruch, den wir nicht übersehen dürfen. Bei der Schrift über die Historie konnten wir sogar neutestamentliche Parallelen zur Veranschaulichung der von Nietzsche zur Sprache gebrachten Bedeutsamkeit der Wahrheit schlechthin zitieren. Und jetzt – ein Kursverfall dieses Wortes, der uns überraschen muß!

Um diese Abwertung der Wahrheit möglichst adäquat zu erfassen, bedarf es des Rückblicks auf eine sehr kleine, erst posthum publizierte Schrift Nietzsches, nämlich die schon im Sommer 1873 wegen seiner erheblichen Augenschwäche seinem Freund von Gersdorff diktierte Abhandlung *Über Wahrheit und Lüge im aussermoralischen Sinne* (1,873–890). Sie nimmt eine Schlüsselstellung unter seinen Publikationen ein. Diese Schrift ist zunächst einmal eine Abrechnung mit denen, die wirklichkeitsfern mit Begriffen jonglieren. Der Begriff, so betont Nietzsche, – ein uns inzwischen bekanntes Thema! – sei nichts anderes als ein Übersehen des Individuellen, des Singulären, des Wirklichen. Der Intellekt des Menschen bilde Worte zu Begriffen, indem er für zahllose, mehr oder weniger *ähnliche, niemals aber gleiche Fälle* ein und denselben Begriff verwendet. Was zunächst Bilder, Metaphern seien, werde zu Begriffen verfestigt. Was ist aber dann Wahrheit? Nietzsche antwortet (1,880 f.; Kursive durch mich):

Ein bewegliches Heer von Metaphern, Metonymien, Anthropomorphismen kurz eine Summe von menschlichen Relationen, die, poetisch und rhetorisch gesteigert, übertragen, geschmückt wurden, und die nach langem Gebrauche einem Volk fest, canonisch und verbindlich dünken:

Und dann kommt es noch ärger, die Wahrheit wird nun noch mehr diskriminiert, sie wird die immer weniger wahrhaftige Wahrheit:

die Wahrheiten sind Illusionen, von denen man vergessen hat, dass sie welche sind, Metaphern, die abgenutzt und sinnlich kraftlos geworden sind, Münzen, die ihr Bild verloren haben und nun als Metall, nicht mehr als Münzen in Betracht kommen.

Was also Nietzsche an den Begriffen tadelt, ist, daß *Bilder in Begriffe aufgelöst* würden. Der Mensch habe bei all seiner Begriffsbildung übersehen, daß seine Begriffe die Wirklichkeit eben nicht als Wirklichkeit wiedergeben. So sind auch und gerade die *Begriffe der Wissenschaft* Illusion, weil sie vorspiegeln, sie würden die Wirklichkeit *realiter* aussagen. Die Wissenschaftler hätten völlig übersehen, daß Begriffe, notwendig in *anthropomorpher* Weise ausgesagt, nur die beschränkte menschliche Erkenntnisweise zum Ausdruck bringen können, da der Mensch nur eine Zufallsverwirklichung unter vielen sei. Und so spricht Nietzsche, wiederum recht drastisch, vom Ergebnis der wissenschaftlichen Arbeit als einem Taubenschlag der Begriffe. Im Zusammenhang lesen wir (1,886):

5.1 Zum Inhalt der Schrift

An dem Bau der Begriffe arbeitet ursprünglich ... die *Sprache*, in späteren Zeiten die *Wissenschaft*. Wie die Biene zugleich an den Zellen baut und die Zellen mit Honig füllt, so arbeitet die Wissenschaft unaufhaltsam an jenem grossen Columbarium der Begriffe, der Begräbnisstätte der Anschauung, baut immer neue und höhere Stockwerke, stützt, reinigt, erneut die alten Zellen, und ist vor allem bemüht, jenes in's Ungeheure aufgethürmte Fachwerk zu füllen und die ganze empirische Welt d.h. die *anthropomorphische Welt*[59] hineinzuordnen.

Also ein Babylonischer Turm, nur diesmal aus Begriffen und nicht aus Ziegeln erbaut. So produzieren wir in unserer anthropomorphen Gebundenheit unsere Zeit- und Raumvorstellungen. Wir tun es in gleicher Weise anthropomorph, wie die Spinne mit Notwendigkeit in ihrer Spinnenform spinnt (1,885). Oder um ein anderes Diktum aus dieser Schrift heranzuziehen, in dem es ebenfalls um ein Insekt geht (1,875; Kursive durch mich):

Könnten wir uns aber mit der Mücke verständigen, so würden wir vernehmen, dass auch sie mit diesem Pathos [Nietzsche meint das Pathos, mit dem der Mensch seinen Intellekt pathetisch preist] durch die Luft schwimmt (sic!) und in sich das *fliegende Centrum dieser Welt* fühlt.

Der Mensch geriert sich also anthropomorph, die Mücke in ihrer Gebundenheit an ihr Mücke-Sein mückisch, die Spinne in ihrer Gebundenheit an ihr Spinne-Sein spinnisch u.s.w. Wir Menschen sind also wahrlich nicht der Mittelpunkt der Welt, noch nicht einmal der Mittelpunkt unseres Planeten Erde! Wir sehen alles durch die Brille unserer menschlichen Zufälligkeit, wie das Insekt alles durch die Brille seiner insektenhaften Zufälligkeit erfährt. Wie kann sich der Mensch nur einbilden, er sei mehr als dieses oder jenes Tier! Auch in dieser Schrift diktiert der Primat der Naturwissenschaft das Denken Nietzsches, jedenfalls so, wie *er* Naturwissenschaft versteht; wieder steht Charles Darwin im Hintergrund, obwohl gerade dieser keine antireligiösen Ambitionen verfolgte. Bereits 1873 diktierte also das naturwissenschaftliche Denken – noch einmal: so, wie Nietzsche es sah – sein philosophisches Denken. Es diktierte sein *erkenntnistheoretisches* Denken, aber auch sein *ontologisches*. Denn was er über das Sein des Menschen aussagt, stellt er ja in seine Gesamtsicht des Seins der ganzen Welt. Erkenntnistheorie und Ontologie sind somit Funktionen der in seinen Augen dominierenden Naturwissenschaft. Daß er dabei eine recht verengte Vorstellung von Naturwissenschaft hat, war ihm nicht bewußt. Er, dessen Hermeneutik wir anfangs so sehr bewunderten, hätte sich sicher gewundert, wenn er sich heutzutage etwa mit Heisenbergs philosophischer Deutung des naturwissenschaftlichen Erkennens vertraut machen könnte und von diesem Naturwissenschaftler zur Kenntnis nehmen müßte, daß die Reflexion naturwissenschaftlichen Verstehens von Wirklichkeit mit hermeneutischer Kompetenz geschieht. Er, der ja in *Die Geburt der Tragödie* die Interpretation über den historistischen Positivismus stellte, stand *nun in der Gefahr*, aufgrund eines zu engen Verständnisses von Naturwissenschaft *selber etwas vom Geist des Positivismus zu inhalieren* und dabei der Wissenschaft, als Wissenschaft der Begriffe verstanden, den unerbittlichen Kampf anzusagen. Diese Wandlung Nietzsches im Verständnis dessen, was Wahrheit ist, also deren so unglückliche Abwertung, läßt uns heute ein wenig von jener Tragik verstehen, die das Schicksal Nietzsches mitbestimmte.

Um aber zugleich auch das in aller Klarheit zu sagen: Nietzsche ist keinesfalls das Opfer eines *totalen* Positivismus geworden. Wir werden im weiteren Verlauf unserer Vorlesung noch sehen, wie er trotz so manchen Zu-kurz-Denkens der große Denker blieb, der sich in Verantwortung wissende Denker. Aber gerade dieser Zwiespalt zwischen positivistischen Aspekten und tiefem Existenzdenken macht das Bemerkenswerte seiner tragischen Existenz aus.

*

Zurück zu *Menschliches, Allzumenschliches*! Allmählich haben wir unsere so theoretische, teils recht abstrakte Darlegung der Philosophie Nietzsches in dieser Schrift zu einem gewissen Abschluß gebracht. Was wir im Blick auf sie keinesfalls unterlassen sollten, ist zu bedenken, was Nietzsche zur *metaphysischen Welt*, zur *Metaphysik* schlechthin sagt und wie er das nun neu bestimmte *Verhältnis* von *Wissenschaft* und *Kunst* sieht.

Was ist, so fragen wir zunächst, der *Ursprung* der Metaphysik? Nietzsche verweist zur Beantwortung dieser Frage auf den *Traum*. Geträumt haben wir alle schon im Schlafe. Und wenn es auch einerseits Menschen gibt, die sich recht gut und recht genau an ihre nächtlichen Träume erinnern, und andererseits Menschen, die vorgeben, dies nicht zu vermögen, so wird es doch wohl kaum jemanden geben, der oder die nicht irgendwann und irgendwie Erfahrungen mit Träumen gemacht hat. Wenn wir also verstehen wollen, wie Nietzsche im Zusammenhang mit dem Ursprung der Metaphysik vom Traum spricht, brauchen wir also nur unsere eigenen Traumerfahrungen in unsere Überlegungen einzubringen.

Schauen wir auf Aphorismus 5 (2,27)! Er ist überschrieben: *Missverständnis des Traumes*. Im Traum, so meint Nietzsche, habe „der Mensch in den Zeitaltern roher uranfänglicher Cultur" geglaubt, „eine *zweite reale Welt* kennenzulernen". Dieser Mensch am Anfang der Zeit der Menschheit habe also diese sogenannte zweite reale Welt, wenn er sie im Traum erfahren hatte, für genau so real gehalten wie die im wachen Zustand erlebte Welt. Nietzsche urteilt an dieser Stelle *monokausal*. Denn er behauptet in aller Eindeutigkeit, daß man ohne den Traum keinen Anlaß zu einer Scheidung zweier Welten gehabt hätte, nämlich in die Welt des irdischen Lebens und in die Welt jenseits des irdischen Lebens, wie immer man sie sich auch gedacht haben mag. *Nur* der Traum ist es nach diesem Aphorismus, der eine jenseits der irdischen Welt existierende Welt in der Vorstellung der Menschen produziert hat. Mit dieser Überzeugung vom Bestehen der im Traum erfahrenen zweiten realen Welt hänge auch die Annahme der „Zerlegung [sc. des Menschen] in Seele und Leib" zusammen, ebenso „die Herkunft alles Geisterglaubens, und wahrscheinlich auch des Götterglaubens". Eine gewisse Vorsicht läßt Nietzsche hier insofern walten, als er die Entstehung des Glaubens an Götter (und somit doch wohl auch an den einen Gott) nur als „wahrscheinlich" annimmt. Doch wird in seiner weiteren Argumentation wenig davon spürbar, daß er diese Vorsicht wirklich ernst nähme. Wir dürfen also diesem einen Wort nicht allzuviel Gewicht beimessen. Wir registrieren trotzdem sein Vorkommen. Worauf Nietzsche in Aphorismus 5 den Akzent setzt, ist der in ihm für Jahrtausende angenommene Schluß: „Der Todte lebt fort; *denn* er erscheint dem Lebenden im Traume." Wenn Nietzsche im folgenden die Annahme einer metaphysischen Welt – so auch im gleich noch zu behandelnden Aphorismus 9 – auf „die allerschlechtesten Methoden der Erkenntnisse" (2,29) zurückführt, so hat er allem Anschein nach diese Traum-Argumentation als Methode vor Augen.

Was aber ist nun die *metaphysische Welt*? Zuvor muß jedoch die Frage gestellt werden, was überhaupt *Metaphysik* ist. Wenn, wie es in Aphorismus 5 heißt, die Annahme einer zweiten realen Welt der Ursprung aller Metaphysik sei, so liegt es nahe, Metaphysik im Verständnis Nietzsches als diejenige Philosophie, diejenige Denkweise über die Gesamtwelt – können wir sie Weltanschauung nennen? – zu begreifen, die das Denken der Welt als das Doppel von zwei Welten ermöglicht. Metaphysik wäre dann die Lehre von derjenigen Vorstellung, nach der die Struktur der Welt als das Bestimmtsein von der einen Welt durch die andere gedacht ist. Daß nach dieser Philosophie die irdische Welt von der jenseitigen Welt bestimmt, wenn nicht sogar ins Leben gerufen ist, dürfte schon allein im Argumentationszug der wenigen bisher bedachten Aphorismen begründet sein. Metaphysik denkt also unsere zwei Welten als Einheit, wie immer auch deren Zusammengehörigkeit vorgestellt oder gedacht ist. Nach dem also, was Aphorismus 9 bereits zu Beginn sagt, kennt die Metaphysik eine irdische und eine durch sie konstruierte metaphysische Welt.

Es ist bemerkenswert, daß Nietzsche ausdrücklich sagt, die „absolute Möglichkeit" der Existenz einer „metaphysischen Welt" sei kaum zu bekämpfen. Es sei wahr, daß es eine metaphysische Welt geben *könnte*! Die Begründung zu diesem eigentlich für Nietzsche verwunderlichen Agnostizismus, also der Lehre, daß die Existenz Gottes weder beweisbar noch widerlegbar sei und deshalb die Frage nach seiner Existenz offenbleiben müsse, sollte von uns aufmerksam zur Kenntnis genommen werden. Diese Begründung liegt durchaus auf der Linie von solchen

Denkelementen bei Nietzsche, die wir bereits kennen: Es gibt ja für ihn keine absolute Wahrheit; also – so dürfen *wir* auf der Grundlage seines Denkens schließen – ist auch die Wahrheit der Nichtexistenz der zunächst nur im Traum erfahrenen zweiten realen Welt, der Traumwelt, nicht erweisbar. Insofern ist Nietzsche durchaus in seinem Denken konsequent. Solche Konsequenz mag uns erstaunen; aber sie ist Ausdruck der Vorsicht Nietzsches bei seinem im Grunde doch so radikalen Denken. Wir lernen: *Es können* auch so *radikale Denker* wie Friedrich Nietzsche *vorsichtige und behutsame Denker sein*! Normalerweise denkt man sich die Radikalen als Heißsporne, welche die Gegenargumente ihrer Gegner einfach ignorieren. Aber Nietzsche hat oft genug erklärt, er sei ein Feind des Fanatismus. Und so sagt er im Argumentationszusammenhang des Aphorismus 9 (2,29), daß wir ja „alle Dinge durch den Menschenkopf" ansehen – also nicht durch das Empfindungsorgan einer Mücke oder Spinne – und daß wir diesen Menschenkopf nicht abschneiden könnten. Es bleibe die Frage übrig, „was von der Welt noch da wäre, wenn man ihn doch abgeschnitten hätte". Nietzsche spielt dann zwar diese Frage herunter, aber wir sollten sie dennoch bedenken; denn sie ist typisch genug für sein Denken! Er meint natürlich, wenn man *jeglichen* Menschenkopf abschnitte. Überlegen Sie bitte: Unser Weltbild ist nach Nietzsche einzig dadurch zustande gekommen, daß wir Menschen durch unseren „Menschenkopf" dieses Weltbild konstituierten. Und würden wir die ganze Menschheit enthaupten, so gäbe es *per consequentiam* keine Vorstellung mehr von der Welt, wie ein Mensch sie sich vorstellt und sie bedenkt. Keine Mücke und keine Spinne, kein Kamel und kein Elefant oder welch anderes Tier oder Wesen man auch immer nehme, würden die Welt so sehen wie wir Menschen. Einen Gott läßt Nietzsche ja nicht gelten, der zumindest aufgrund seiner Allmacht das menschliche Weltbild denken könnte. Gehen wir mit Nietzsche noch einmal in jene Zeiten zurück, als es auf dieser Erde noch gar kein Leben gab – was gab es da für ein Weltbild? Überhaupt keins! Kein Stein, keine glühende Lava, kein Gas im ganzen Weltall hatte auch nur die geringste Vorstellung von irgend etwas oder gar von sich selbst. Man mache sich einmal diese Konsequenz des Atheismus ganz klar! Eine völlig leblose, von keinerlei Sensibilität berührte Materie hat durch eigenartigsten (Superlativ!) Zufall ein Leben aus sich herausgesetzt, das in der Lage ist, die Welt und sich selbst denkend und fühlend wahrzunehmen! Aber wiederholen wir die Frage Nietzsches: Was wäre von der Welt noch da, wenn man den Menschenkopf abgeschnitten hätte? Es ist die Frage an den denkenden Menschen, wie er sich vorstellen könnte, daß er nicht existiere. Eine philosophisch zunächst sinnvoll erscheinende Frage, da ein jeder von uns das eigene Dasein nur der geschichtlichen Zufälligkeit seiner Zeugung und Geburt verdankt! Niemand von uns existierte, wenn seine Eltern sich nicht kennengelernt hätten! Aber diese uns zunächst so sinnvoll dünkende Frage ist letztlich eine völlig sinnlose, eine völlig unlogische Frage, da sich kein denkender Mensch als nichtexistent und folglich sich nicht als nichtdenkend denken kann! Nietzsche nimmt aber seiner Frage nach der Konsequenz der Enthauptung der ganzen Menschheit den Ernst, wenn er sie dadurch um ihre Aussagekraft bringt, daß er erklärt, es sei nur „ein rein wissenschaftliches Problem und nicht sehr geeignet, den Menschen Sorgen zu machen". Mit diesem Argument kann er diese Frage nicht so leicht abtun. Aber da er seine eigene Frage, die Menschen umtreiben kann, selber nicht ernst nimmt, nehmen wir um so ernster, worum es ihm eigentlich geht. Beachten wir seine eigentliche Sorge (2,29):

> Aber Alles, was ihnen [Nietzsche meint die Menschen] bisher metaphysische Annahmen *werthvoll, schreckenvoll, lustvoll* gemacht, was sie erzeugt hat, ist Leidenschaft, Irrthum und Selbstbetrug; die allerschlechtesten Methoden der Erkenntnis, nicht die allerbesten, haben daran glauben lehren. Wenn man diese Methoden, als das Fundament aller vorhandenen Religionen und Metaphysiken, aufgedeckt hat, hat man sie widerlegt.

Woran also Nietzsche liegt, ist die *Wirkung der Metaphysik* mit ihrer Annahme einer metaphysischen Welt. Metaphysische Annahmen haben den Menschen etwas vorgemacht, haben ihnen zwar Wertvolles, aber auch Schreckenvolles, zutiefst Erschreckendes vorgegaukelt. Sagte Rudolf Otto vom Heiligen[60], es sei *mysterium tremendum* und *mysterium fascinosum*, so sagte das zuvor schon – freilich in negierender Weise – Friedrich Nietzsche: Die Welt des Heiligen ist etwas, was die Menschen in unheilige Leidenschaft, in Fanatismus treibt, ist etwas, was sie dem Irrtum und dem Selbstbetrug preisgibt, was sie also um ihr Mensch-Sein bringt! Mit anderen Worten: Die Metaphysik mit ihrer metaphysischen Welt ist etwas im höchsten Maße Bedrohendes, etwas den Menschen letzten Endes Vernichtendes. Also muß er, Friedrich Nietzsche, als der Prophet des Atheismus später als Prophet der Verkündigung des Mordes an Gott zum unbedingt verpflichtenden Kreuzzug gegen alle Metaphysik und Religion aufrufen!

Noch einem weiteren Gedanken dieses Aphorismus müssen wir unsere Aufmerksamkeit schenken. Erneut gibt Nietzsche, wenn auch nur rein theoretisch, zu, daß man die Möglichkeit der Existenz einer metaphysischen Welt nicht stringent leugnen könne. Zwar könnte man mit einer solchen Möglichkeit nichts anfangen, da man von der metaphysischen Welt nichts aussagen könnte außer ihrem „uns unzugänglichen, unbegreiflichen Anderssein"; sie wäre also lediglich „ein Ding mit negativen Eigenschaften" (2,29). Was Nietzsche hier als völlige Belanglosigkeit abtut, ist allerdings diejenige Denkweise innerhalb der Theologie, die wir terminologisch als *theologia negativa* fassen. Er diskriminiert sie mit folgenden Worten (2,29 f.):

Wäre die Existenz einer solchen Welt noch so gut bewiesen, so stünde doch fest, dass die gleichgültigste aller Erkenntnisse eben ihre Erkenntniss wäre: noch gleichgültiger als dem Schiffer in Sturmesgefahr die Erkenntniss von der chemischen Analysis des Wassers sein muss.

Die *Aussageabsicht* des Aphorismus 9 ist dann aber gar *nicht so sehr die Widerlegung der Metaphysik und der metaphysischen Welt*; es geht Nietzsche *vielmehr* darum, *ihre Belanglosigkeit aufzuweisen*, falls sie wider alle Wahrscheinlichkeit doch existierte. Allerdings sollten wir trotz dieser geradezu absoluten Abwertung einer für ihn ärgerlichen Möglichkeit in Erinnerung halten: Nietzsche ist vorsichtiger als so mancher Positivist und Historist in unseren Tagen, der in kurzschlüssigster Gedankenlosigkeit die Unmöglichkeit eines empirischen Nachweises schon für den zwingenden Nachweis einer Nichtexistenz hält.

Nachdem Nietzsche also in Aphorismus 9 einige grundsätzliche Aussagen zur metaphysischen Welt vorgelegt hat, wirkt sein Aphorismus 10 (2,30) wie eine Art Nachtrag. Er ist überschrieben *Harmlosigkeit der Metaphysik in der Zukunft*. Es ist ein Abschnitt, der aber gar nicht so harmlos ist. Denn hat Nietzsche schon in Aphorismus 9 die Belanglosigkeit einer metaphysischen Welt für den Fall ihrer so unwahrscheinlichen Existenz in höhnischer Sprache betont, so macht er sie mit seiner Rede von der Harmlosigkeit erst recht lächerlich. Er versteht in rhetorischer Bravour mit der Sprache umzugehen. Er beherrscht alle Nuancen, die das Geschriebene oder Gesagte so effektvoll machen. Eigentlich, so ist deutlich zwischen den Zeilen zu lesen, brauchte ich, Friedrich Nietzsche, wegen der elenden Sinnlosigkeit eines dummen Aberglaubens an eine metaphysische Gegebenheit, besser: an eine metaphysische Nichtgegebenheit, kein einziges Wort zu verlieren. Aber wegen derjenigen, die in ihrer Dummheit an Dummes glauben, muß ich's halt doch tun. Also tu ich's! Der für uns wichtige Aspekt ist jedoch gar nicht sosehr dieser Hohn und Spott, obwohl wir ihn schon um des Atmosphärischen willen vernehmen sollten, sondern die nun von ihm mit Bedacht genannte Trias *Religion, Kunst* und *Moral*. Vielleicht ist diese in einem Atemzug genannte Dreiheit für einige verblüffend: Die Kunst hat Nietzsche doch bisher so hoch geschätzt! Wir erinnern uns an *Die Geburt der Tragödie aus dem Geiste der Musik*. Und jetzt nennt derselbe Autor die von ihm so verabscheute Religion unmittelbar neben der von ihm früher so sehr geschätzten Kunst! Wie reimt sich das zusammen? Nietzsche hebt auf die Entstehung von allen dreien ab; für ihn ist entscheidend, daß man sich ihre Entstehung vollständig erklären kann, und zwar ohne „zur Annahme *metaphysischer Eingriffe* am Beginn und im Verlaufe der Bahn seine Zuflucht zu nehmen" (2,30). Damit will er sagen, daß Religion, Kunst und Moral ihr Dasein keinem Eingriff eines jenseitigen Wesens verdanken. Ist aber nach seiner Erklärung die Religion aus träumerischem Gespinst erwachsen, so läßt der Zusammenhang dieses Aphorismus erwarten, daß für ihn inzwischen gleiches auch für die Kunst gilt. Achten wir auf die

5.1 Zum Inhalt der Schrift

Folgerung Nietzsches aus seiner Behauptung, daß die Existenz der Trias eine natürliche Erklärung habe! Wenn, so argumentiert er, für ihre Entstehung keine Annahme eines metaphysischen Eingriffs nötig sei, dann höre auch das stärkste Interesse an dem rein theoretischen Problem vom „Ding an sich" und der „Erscheinung" auf. Kants Philosophie der *Kritik der reinen Vernunft* ist damit als verzichtbar behauptet, als *quantité négligeable*. Auch dies verwundert; denn Nietzsche hat zwar Kant nie in seiner originalen Konzeption gelten lassen, wohl aber in der durch Schopenhauer vorgenommenen Modifikation, wonach das „Ding an sich" mit dem Willen gleichgesetzt wird. Wir haben dies im Zusammenhang mit Nietzsches Darlegung des Dionysischen in der *Geburt der Tragödie* gesehen. Wieso also jetzt das so konsternierende Beiseitetun der kritischen Philosophie Kants? Was soll *diese* Kritik der *Kritik der reinen Vernunft*? Nietzsche begründet die Bedeutungslosigkeit des „Dings an sich": Mit Religion, Kunst und Moral rührten wir nicht an das „Wesen der Welt an sich", also nicht an das „Ding an sich"; vielmehr seien wir hier im Bereich der Vorstellung, und keine „Ahnung" könne uns weitertreiben. Indem er aber das Gegenüber von „Vorstellung" und „Wesen an sich" nennt, ist er doch wohl *der Sache nach* bei Kant geblieben. Man wird es vielleicht so sehen können: Was sich uns als erklärbare Welt manifestiert, ist *lediglich* der Bereich der Vorstellung. Vom Willen ist aber in diesem Aphorismus keine Rede.

*

Haben wir nun bereits Entscheidendes über Nietzsches Stellung zur Metaphysik bedacht – zu derjenigen Art von Metaphysik, was *er* darunter versteht! –, so sollten wir jetzt zum nächsten Thema kommen, das jedoch organisch aus dem zuletzt Dargelegten erwächst, nämlich zu seinem neuen Verständnis des *Verhältnisses* von *Kunst* und *Wissenschaft*. Es erwächst aus unserer Frage nach dem Grund des Nebeneinanders von der früher so hoch gepriesenen, jetzt aber etwas abgewerteten Kunst – noch steht allerdings Nietzsche in freundschaftlichem Kontakt mit Richard Wagner, dem er im Mai 1878 *Menschliches, Allzumenschliches* zusendet! – und der nun überaus kritisch behandelten Wissenschaft. Klären wir aber sein Wissenschaftsverständnis zunächst unabhängig von der Frage nach der Kunst, indem wir dabei an bereits Bedachtes anknüpfen, nämlich erneut an sein Verständnis des Verhältnisses von *Erscheinung* und *Ding an sich*, also an Aphorismus 10. Für diesen Zweck müssen wir den ziemlich ausführlichen Aphorismus 16 interpretieren, der die programmatische, zumindest die programmatisch klingende Überschrift *Erscheinung und Ding an sich* trägt. Die Überschrift könnte demnach auch lauten: Immanuel Kant. Es ist einer der wichtigsten Aphorismen in *Menschliches, Allzumenschliches*. Wieder sind es die Philosophen, die die beißende Polemik Nietzsches zu spüren bekommen. Was tun diese Leute? Sie pflegen sich vor das Leben und die Erfahrung zu stellen – schon eine verräterische Formulierung: *Sie stehen vor ihrem Leben, als sei es etwas anderes als sie selbst.* Sogar die Erfahrungen, die sie in dem von sich selbst distanzierten Leben gemacht haben, sind etwas, was sie von sich selbst trennen können. Also erneut: Subjekt-Objekt-Spaltung! Erneut *ein um ein halbes Jahrhundert vorweggenommener Heidegger*! Da stehen also

5.1 Zum Inhalt der Schrift

unsere Herren Philosophen vor ihrem Leben samt ihren Erfahrungen; sie haben sich davor wie vor ein Gemälde gestellt. Ein recht eindrückliches Bild! Denn damit wird ja zum Ausdruck gebracht: Ihr Leben ist nicht *ihr* Leben! Ihre Erfahrungen sind nicht *ihre* Erfahrungen! Wir sehen wieder, wie *konkret* Nietzsche denkt. Ihr Leben und ihre Erfahrungen, das ist das, was sie, so Nietzsche, die Welt der Erscheinung (Singular!) nennen. Ein Gemälde ist aber etwas Starres, etwas Unbewegliches. Ein Gemälde hat nichts mit dem Werden zu tun. Dafür wäre ja der Film zuständig. Aber den gab es bekanntlich damals noch nicht. So liegt nun vor den philosophischen Kollegen des Professors Nietzsche das ein für alle Mal entrollte Bild, das einen Vorgang zeigt – also doch etwas Mobiles, aber gerade nicht in seiner Mobilität bedacht! Die Philosophieprofessoren meinen, man müsse das Bild ausdeuten. Wir würden heute statt dessen eher sagen: interpretieren. Nun ist jedoch eine Interpretation etwas, was auch unsere moderne Hermeneutik will. Denn die wissenschaftliche Exegese des Neuen Testaments ist ebenfalls ihrem Wesen nach Interpretationswissenschaft und gerade nicht nur die Sammlung von Detailkenntnissen der Vergangenheit, also nicht etwas bloß Museales, etwas bloß Antiquarisches, etwas Veraltetes! Nietzsche müßte demnach eigentlich froh sein, daß seine Kollegen interpretieren wollen. Aber Interpretation ist nicht gleich Interpretation. Der Kernfehler der Interpretation jener Philosophen ist offensichtlich: Sie haben ihr so bewegtes und somit *werdendes* Leben zum Stillstand gebracht. Das und nichts anderes will Nietzsches Vergleich mit einem Bild, also mit einer Momentaufnahme, besagen. Und so erklärt er auch, daß sie (wie andererseits die strengen Logiker aus einer anderen Sicht;

doch diese übergehen wir hier) „die Möglichkeit übersehen, dass jenes Gemälde – Das, was jetzt uns Menschen Leben und Erfahrung heisst – allmählich *geworden* ist, ja noch völlig im *Werden* ist und desshalb nicht als feste Grösse betrachtet werden soll" (2,36). Und dann begegnet wieder das Thema der Moral, Ästhetik (also Kunst) und Religion. Ich zitiere den ganzen Passus ausführlich, der keiner Interpretation unsererseits mehr bedarf, weil er nach dem, was soeben ausgeführt wurde, aus sich selbst verständlich ist (2,36 f.):

> Dadurch, dass wir seit Jahrtausenden mit moralischen, ästhetischen, religiösen Ansprüchen, mit blinder Neigung, Leidenschaft oder Furcht in die Welt geblickt und uns in den Unarten des unlogischen Denkens recht ausgeschwelgt haben, ist diese Welt allmählich so wundersam bunt, schrecklich, bedeutungstief, seelenvoll *geworden*, sie hat Farbe bekommen, – aber wir sind die Coloristen gewesen: der menschliche Intellekt hat die Erscheinung erscheinen lassen und seine irrthümlichen Grundauffassungen in die Dinge hineingetragen. Spät, sehr spät – besinnt er sich: und jetzt scheinen ihm die Welt der Erfahrung und das Ding an sich so ausserordentlich verschieden und getrennt, dass er den Schluss von jener auf dieses ablehnt – oder auf eine schauerlich geheimnisvolle Weise zum *Aufgeben* unseres Intellectes, unseres persönlichen Willens auffordert: um *dadurch* zum Wesenhaften zu kommen, dass man *wesenhaft werde*.

Was ist zu tun? Wer muß etwas tun? Die *Wissenschaft* ist es, die das Ihre tun muß! Aus dem Dilemma muß ihr Prozeß dadurch herausführen, daß dieser nach seinem höchstem Triumph „in einer *Entstehungsgeschichte des Denkens*" zu einem eigentlich deprimierenden Resultat führt (2,37 f.). (Anscheinend aber nicht für Nietzsche selbst. Er kennt natürlich schon das Resultat, das erst zu erarbeiten er die Wissenschaft auffordert, auch wenn er das Wörtchen „vielleicht" hinzufügt!). Dieses Resultat lautet: Was wir jetzt die *Welt* nennen, ist das *Resultat einer Menge von Irrtümern und Phantasien*, die in der Gesamtentwicklung der organi-

5.1 Zum Inhalt der Schrift

schen Wesens allmählich entstanden sind. Es sind Irrtümer und Phantasien, die *uns als angesammelter Schatz der ganzen Vergangenheit vererbt* wurden. Die so strenge Wissenschaft vermag uns tatsächlich nur im geringen Maße von dieser vererbten Welt der Vorstellung zu lösen, sie vermag nicht wesentlich die Gewalt uralter Gewohnheiten der Empfindung zu brechen. Aber sie kann die Geschichte der Entstehung jener Welt als Vorstellung ganz allmählich und schrittweise aufhellen. Und das heißt doch, sie *kann* zu einem gewissen Teil *Vorstellungen als Illusionen bewußt machen.* Kann sie auch kaum sagen, was ist, so kann sie doch in Grenzen sagen, was nicht ist. Das „Ding an sich" – es ist für uns bedeutungsleer. Und wenn es bedeutungsleer ist, dann ist es eines homerischen Gelächters wert! Homer lacht über Kant! Der griechische Dichter damals am Anfang der literarischen Welt, er lacht den Philosophen aus. Und Nietzsche, er ergötzt sich an diesem Gelächter und lacht aus voller Seele mit! Philosophie also – zum Lachen!

Die *Wissenschaft* hat also einen immerhin *partiell positiven* Auftrag, wenn sie dem Menschen in einem gewissen Umfang bewußt macht, daß er in Illusionen lebt, in Illusionen denkt, in Illusionen befangen und gefangen bleibt. Der *Mensch* bleibt auch nach diesem Dienst der Wissenschaft an ihm unumgänglich ein im Prinzip illusionäres Wesen – aber immerhin, und das ist nicht wenig, ein *Wesen, das weiß, daß es illusionär ist,* und das *um die eine Illusion ärmer* ist, nämlich *illusionslos zu leben.*

Zurück zur *Kunst!* Über sie schreibt Nietzsche jetzt nicht mehr so begeistert und pathetisch wie früher. Daran hat auch der sich anbahnende, aber noch nicht vollzogene Bruch mit Richard Wagner einen nicht geringen Anteil.

Er sieht in Wagners musikalischem Schaffen mehr und mehr einen Irrweg, eine Sackgasse. Seine Opern vermögen die Erlösung nicht zu bringen. Es wird auf die Dauer nicht nur ein Bruch in Sachen Musik, es kommt auch zur persönlichen Entfremdung. Und so findet sich in *Menschliches, Allzumenschliches* keine Metaphysik des Künstlers mehr, keine Hoffnung, daß die Kunst aus der Dekadenz herauszuführen vermöchte.[61] Nietzsche nennt in Aphorismus 147 die Kunst eine Totenbeschwörerin; sie habe die Aufgabe zu konservieren, sei also der Vergangenheit zugewandt (2,142f.). Heute hieße es: Der Künstler ist ein Reaktionär. Ihm, so Nietzsche, müsse man nachsehen, wenn er nicht in den vordersten Reihen der Aufklärung und der fortschreitenden Vermännlichung der Menschheit stehe; zeitlebens bleibe er ein Kind oder ein Jüngling. Der Aphorismus endet mit den Worten:

Unwillkürlich wird es zu seiner Aufgabe, die Menschheit zu verkindlichen; diess ist sein Ruhm und seine Begränztheit.

5.2 Menschliches, Allzumenschliches und Gottes und der Menschen Ich im Neuen Testament

Der erste Eindruck von *Menschliches, Allzumenschliches* könnte der des Verlustes an hermeneutischem Niveau sein. Und in der Tat vermissen wir in dieser Schrift einiges von dem, was uns vor allem in *Die Geburt der Tragödie aus dem Geiste der Musik* beeindruckt hat. Hat sich nicht, so könnte man fragen, einiges vom Geiste des Positivismus in „Menschliches, Allzumenschliches" eingenistet – oder schon zuvor auf dem Wege dorthin? Die Frage läßt sich nicht ganz verneinen. Lassen wir sie aber an dieser Stelle unserer Überlegungen einmal auf sich beruhen. Denn wahrscheinlich ist ein anderer Aspekt noch wichtiger als die soeben gestellte Frage. Wenn wir nämlich zur Kenntnis nehmen, daß es in dieser Schrift Nietzsches darum geht, die Begrenztheit der menschlichen Erkenntnis möglichst drastisch herauszustellen, so wird bei ihrer Lektüre der von der Heiligen Schrift Alten und Neuen Testaments her Kommende recht schnell daran erinnert, daß auch in der Bibel das menschliche Erkenntnisvermögen nicht sonderlich hoch eingeschätzt wird. Da ist der bekannte Gottesspruch aus dem Zweiten Jesaja (Jes 55,8 f.):

Denn meine Gedanken sind nicht eure Gedanken, und eure Wege sind nicht meine Wege, spricht der Herr. Sondern soviel der Himmel höher ist als die Erde, so sind auch meine Wege höher als eure Wege und meine Gedanken als eure Gedanken.

Hier wird die Erkenntnisfähigkeit des Menschen zwar nicht wie bei Nietzsche im irdischen Bereich minimiert. Aber durch die betonte Hervorhebung des Unterschieds von Himmel und Erde, von der Welt Gottes und der des Menschen, wird dessen Erkenntnisvermögen als äußerst gering ausgesagt. Nietzsche liegt hingegen unbedingt daran, daß des Menschen Erkenntnisfähigkeit *innerhalb der irdischen Welt* erheblich relativiert ist. Und in dieser Hinsicht sind seine Argumente und der Gottesspruch des Zweiten Jesaja in der Tat nicht miteinander vergleichbar. Nietzsche würde energisch einwenden, der Gottesspruch argumentiere ja gar nicht mit der Intention einer notwendigen Negation der metaphysischen Welt, sondern bleibe Ausdruck eben dieser metaphysischen Welt. Und aus seiner Sicht hätte er durchaus recht! Man muß jedoch bedenken, daß es ihm bei seiner Leugnung der Existenz einer metaphysischen Welt gerade *nicht* so sehr um die *theoretische Diskussion ontologischer Sachverhalte* ging, sondern in erster Linie um die entscheidende Grundeinstellung des Menschen. Dieser schätze nämlich in seiner elenden Erkenntnisbeschränktheit die eigene Erkenntnisfähigkeit nur deshalb so hoch ein, weil er nicht in der Lage sei, die Wirklichkeit so zu erfassen, wie sie tatsächlich ist. Insofern ist aber eine gewisse *Nähe der Intention* Nietzsches zu der des Zweiten Jesaja gegeben, als es beide Male darum geht, die eitle Selbstgefälligkeit und die maßlose Selbstüberheblichkeit des Menschen zu entlarven. In beiden Fällen soll die Absicht des Menschen zerstört werden, sich übermütig als den zu gebärden, der alles erkennen und verstehen kann. Des Menschen Erkenntnisstolz wollen in gleicher Weise Gott und Nietzsche „vom Sockel herunterholen". In beiden Fällen soll der sich töricht überschätzende Mensch gedemütigt werden. Die Intentions-*Richtung* Gottes und die Nietzsches gehen somit auf ein jeweils gleiches Ziel zu. Der Intentions-*Ursprung* ist aber ein jeweils anderer.

Und es gibt eine weitere Affinität beider Intentionen, der göttlichen im Buche des Zweiten Jesaja und der menschlichen bei Friedrich Nietzsche. Dieser betont mit seiner Forderung nach einer „historischen Philosophie" die geschichtliche Bedingtheit und die damit gegebene Begrenztheit des Menschen, in unserer Diktion: die *Geschichtlichkeit des Daseins*. Das Alte Testament kennt zwar noch nicht den Begriff der Geschichtlichkeit als Existential, d. h. als grundsätzliche Daseinsbestimmung des Menschen. Aber es geht in Jes 55,8f. insofern um genau diese Geschichtlichkeit, als es ein Wort Gottes in die Geschichte hinein ist, in die geschichtliche Situation seines Volkes; es ist ein Wort des Gottes, der in diese Geschichte auch eingreift und somit zugleich in die Geschichte eines jeden einzelnen. Von Gottes Plänen ist die Rede. Diese Pläne sind aber in der Verkündigung des Zweiten Jesaja die *Geschichtspläne* Gottes für sein Volk Israel. Dessen mangelnde Erkenntnisfähigkeit ist in diesem Sinne das mangelnde Verständnis für Gottes Wirken in seiner, also des Volkes Geschichte. Auch wenn es im Alten Testament noch keine Reflexion der Geschichte als solcher gibt, so ist doch auch ohne unsere heutige Terminologie des geschichtlichen Seins das Denken der alttestamentlichen Autoren und gerade das der alttestamentlichen Propheten aus einem wachen Bewußtsein für geschichtliches Sein erwachsen. Der Mensch war, ist und wird immer ein geschichtliches Wesen sein. Geschichtlichkeit war damals konstitutiv für den alttestamentlichen Menschen, sie ist es in der Gegenwart für alle jetzt lebenden Menschen, und sie wird es für alle Menschheit immerdar sein. So ist unsere Thematisierung der Geschichtlichkeit in der gegenwärtigen hermeneutischen Philosophie nichts anderes als eine Reflexion des im Grunde schon immer anzutreffendes geschichtlichen Denkens in der Menschheit, auch wenn sie es damals nicht *als* ein solches reflektierte. Anders gesagt: Unser *thematisches* geschichtliches Denken ist die Reflexion des *unthematischen* geschichtlichen Denkens seit jeher, unser thematisches Denken ist also ein Denken auf der Meta-Ebene des Geschichtlichen. Sagt die heutige Hermeneutik, daß die Geschichtlichkeit des Menschen in grundsätzlicher Weise ein für alle zutreffendes Existential ist, so impliziert dies, daß der Mensch immer schon ein geschichtliches Wesen war. Somit registrieren wir in der Geschichte des menschlichen Denkens das Bewußt-*Werden* eines vorher schon bestehenden, aber noch nicht explizierten Bewußt-*Seins* der eigenen Geschichtlichkeit. Die Kritik des Zweiten Jesaja an dem seine Geschichte verkennenden Volk Israel und die Kritik Nietzsches an den ihre Geschichte verkennenden Philosophen haben also *beide Male* den Menschen in seiner *Ignoranz gegenüber seiner Geschichtlichkeit* vor Augen. Diese Parallele bleibt unberührt von aller Bejahung oder Bestreitung der Existenz Gottes.

Wir haben während unseres Nachdenkens über *Menschliches, Allzumenschliches* auf Nietzsches Schrift *Ueber Wahrheit und Lüge im aussermoralischen Sinne* zurückgegriffen, auf eine Schrift also, die er schon 1873 geschrieben hat, also im selben Jahr wie *Vom Nutzen und Nachtheil der Historie für das Leben*. In beiden Schriften attackiert er scharf den Umgang mit *Begriffen*. Wir haben noch die Rede von den Begriffen als Drachenzähnen im Ohr, mit denen er die Historienschrift abschloß. Und in Erinnerung haben wir auch noch die Disqualifizierung der Begriffe als verfestigte Metaphern. In *Menschliches, Allzumenschliches* bringt er dann in Aphorismus 11 (2,30f.) – ihn haben wir im vergangenen Kapitel noch nicht bedacht – Sprache und Begriffe im Kontext von Kultur und „einer eigenen Welt", die der Mensch neben „die andere" stellte. Die ihm eigene Welt meint die metaphysische Welt aus Aphorismus 9, es ist, wie er in Aphorismus 11 sagt, die Welt der „Begriffe und Namen der Dinge", die Welt also der vom Menschen fabrizierten *aeternae veritates*, die Welt der ewigen Wahrheiten. Hat nämlich *der Mensch* die jenseitige Welt als gedankliches Konstrukt geschaffen, so folgt daraus, daß die aus der Perspektive eben dieser jenseitigen Welt gedachten Begriffe ihrem Schöpfer, dem Menschen nämlich, begreifbar sind. Von dieser ihm eigenen Welt will der Mensch dann „die übrige Welt aus den Angeln heben und sich zum

5.2 Gottes und des Menschen Ich im Neuen Testament 149

Herrn derselben machen" (2,30). Er will also mit Hilfe der von ihm lediglich in Begriffen erdachten Welt die in Nietzsches Augen einzig existente Welt unterjochen. So dominiert die nur begrifflich konstruierte metaphysische Welt die tatsächliche Welt. Man könnte es auch so sagen: Der Mensch erfindet sich eine nur in seinen Gedanken existierende Welt, um seine wirkliche, seine Lebenswelt zu versklaven. *Der tote Gedanke siegt über das Leben!*

Konzediert nun Nietzsche das *mögliche* Sein einer metaphysischen Welt, weil es nicht widerlegbar sei, negiert er aber dann im selben Atemzug ihre mögliche Bedeutsamkeit, so müssen wir nach den *Motiven* dieses Vorgehens fragen. Er wertet sie, wie wir sahen, als belanglos und harmlos ab und begründet dies – jetzt einmal in unserer theologischen Terminologie gesprochen – mit dem Argument, daß eine möglicherweise doch bestehende metaphysische Welt, weil Welt einer *theologia negativa*, völlig gleichgültig sei. Diesem Urteil Nietzsches ermangelt es aber an Evidenz. Was es uns so schwer macht, seine Argumentation an dieser Stelle zu begreifen, ist, daß er einerseits Gott als (nicht unbedingt notwendiges) Konstrukt einer metaphysischen Welt vorstellt, also als ein Wesen, das nach seinem Verständnis von Metaphysik personalen Charakter hat, daß er aber andererseits von vornherein diesen personalen Gott als Wesen ohne jegliche Bedeutsamkeit behauptet. Dieses Vorgehen läßt uns allerdings fragen, ob nicht der Grund für sein Urteil in einem *defizienten Verständnis von Person*, von personaler Begegnung, liegen könnte. Hat Nietzsche möglicherweise keinen wirklichen Zugang zu dem, was „Ich" meint und was „Du" meint – und das trotz der ihn bereichernden Freundschaften, wenn auch nur seitens weniger Menschen? Wie versteht er also das menschliche *Ich*? Wie das menschliche *Du*? Schauen wir hier auf Aphorismus 57, überschrieben mit *Moral als Selbstzertheilung des Menschen*, der uns einen interessanten Einblick in Nietzsches Denken hinsichtlich dieser Frage gibt (2,76)!

Mit diesem Aphorismus ist wieder eine Thematik genannt, die gerade in späteren Schriften Nietzsches die Kernthematik seines Philosophierens sein wird: die *Moral*. Und es geht zugleich um die Frage nach der *Einheit der Person*, des Ichs, des Individuums. Um den Aphorismus 57 in seiner entscheidenden Aussage verstehen zu können, zunächst ein kurzer Blick auf den unmittelbar zuvorstehenden Aphorismus 56 (2,75), überschrieben *Sieg der Erkenntnis über das radicale Böse*. Er steht in einer Reihe von Aphorismen, in denen Nietzsche über die Moral spricht. In Aphorismus 56 geht es um die Bestreitung der Existenz eines „gründlich bösen und verderbten Menschen". Es gibt keinen solchen Menschen, wie es auch keine Sünden und keine Tugenden im metaphysischen Sinne gibt – also keinen bösen Menschen, weil es keine Bosheit gibt! Dies sagt Nietzsche auch im Blick auf das Begreifen unserer selbst. In der Fortsetzung dieses Gedankens kommt er dann in Aphorismus 57 auf die Moral als *Selbstzerteilung* des Menschen zu sprechen. Um zu veranschaulichen, was er damit meint, bringt er einige Beispiele. Hier nur folgende (2,76):

Das liebende Mädchen wünscht, dass sie die hingebende Treue ihrer Liebe an der Untreue des Geliebten bewähren könne. Der Soldat wünscht, dass er für sein siegreiches Vaterland auf dem Schlachtfeld falle: denn in dem Siege seines Vaterlandes siegt sein höchstes Wünschen mit.

Mit diesen Beispielen will Nietzsche zeigen, daß der Mensch *etwas von sich* von *etwas anderem von sich* unterschei-

5.2 Gottes und des Menschen Ich im Neuen Testament

den kann. Das eine von sich, von seiner Person also, liebt er mehr als das andere von sich. Der Mensch scheint demnach keine personale Einheit, keine existentielle Einheit zu sein, er läßt sich, wie Nietzsche ausdrüchlich sagt, buchstäblich „zerteilen". Wollten wir diese Möglichkeit mit einem griechischen Fachausdruck bezeichnen, so läge das Wort „Schizophrenie" nahe. Wir kennen diese Krankheit leider zur Genüge. Für Nietzsche ist die Zerteilung des Ego des Menschen aber keine krankhafte Ausnahmeerscheinung, sondern eine Notwendigkeit im Zeitalter des metaphysischen Denkens. Nach dieser Analyse sind wir alle so lange schizophren, wie wir nicht Nietzsches Überwindung der Metaphysik zu unserer eigenen Überwindung gemacht haben. Also entweder Gefolgsmann Nietzsches oder schizophren! Das Fazit: „In der Moral behandelt sich der Mensch nicht als *individuum*, sondern als *dividuum*." Anders formuliert: Ich bin kein Individuum, ich bin eine Zusammenwürfelung von *dividua*. Müssen wir aber nicht eine solche Auffassung als Zerstörung des Menschen, als Zerstörung seines Personseins, seiner personalen Würde beurteilen? Nochmals: *Bedeutet nicht eine solche Negierung der Person und somit auch in der Konsequenz die Negierung der personalen Begegnung von Mensch zu Mensch die Voraussetzung für Nietzsches Auffassung, daß eine metaphysische Welt mit einem hypothetisch angenommenen Gott, der personale Züge trägt, für uns völlig uninteressant sei?* Gibt uns nicht dieser Aphorismus 57 den Schlüssel für Nietzsches so herablassende Ablehnung jeglicher Bedeutsamkeit einer jenseitigen Welt? Ist die hier ausgesprochene Negierung des Ich und die darin implizierte Negierung des Du die Erklärung für Nietzsches Unfähigkeit und Unwilligkeit, den Gedanken eines für den Menschen bedeutsamen Gottes zu denken, der Ich sagt und ihn mit Du anspricht,? Ist nicht gerade dieser Aphorismus die energische Kampfansage an den *biblischen Gottesglauben*, weil dieser den *personalen Gedanken* im Blick auf *Gott* und den *Menschen* besonders klar ausspricht? Geht hier nicht ungeheuer viel von dem verloren, was unter anderem Martin Buber als das dialogische Prinzip herausgearbeitet hat? Gerade er hat ja mit Tiefgang bedacht, was Ich und Du bedeuten.[62] Macht uns an diesem Punkte nicht Nietzsche sehr arm? Und ist er nicht, *weil* er so denkt, selber ein armer Mann? War es der eine Teil seines Ich, der die Freundschaft mit Erich Rohde, Peter Gast oder Malwida von Meysenbug pflegte, und der andere Teil seines Ich, der den menschenscheuen und menschenfeindlichen Trieben folgte? Die Frage an Nietzsche so zu formulieren ist sicherlich nicht ganz fair. Und so gestehe ich auch sofort, daß ich sie nicht mit letzter Ernsthaftigkeit gestellt habe, sondern nur, um das Absurde dieser Vorstellung zu verdeutlichen. Doch noch einmal sei in allem Ernst gefragt: Ist nicht das klare und erhebende personale Denken der Heiligen Schrift beider Testamente ein den Menschen in seiner personalen Würde ernst nehmendes Denken – im Gegensatz zur Zersplitterung der Person durch Nietzsche?

Die Frage steht also im Raum. Sie scheint sich mit Evidenz zu beantworten: Natürlich ist die Person nicht atomisierbar! Doch vom *Neuen Testament* her stellt sich sofort die Gegenfrage: Ist das, was Nietzsche in Aphorismus 57 gesagt hat, wirklich so unbiblisch, so unchristlich? Und die vielleicht viele verblüffende Antwort lautet: Die Heilige Schrift kennt die – mit Nietzsche gesprochen – Zerteilung des Menschen durchaus. Kein Geringerer als der Völkerapostel *Paulus* hat diese Vorstellung an einer

5.2 Gottes und des Menschen Ich im Neuen Testament

der umstrittensten Stellen aus dem Römerbrief zur Darstellung seines Verständnisses des jüdischen Gesetzes in Anspruch genommen. Ich meine die berühmte Stelle *Röm 7,14–25* (ich lese die Stelle nach der Übersetzung von Ernst Käsemann[63]):

Wir wissen freilich, daß das Gesetz geistlich ist. Ich dagegen bin fleischlich, unter die Sündenmacht verkauft. Denn nicht erkenne ich, was ich vollbringe. Ich tue eben nicht, was ich will, sondern das tue ich, was ich hasse. Wenn ich nun gerade das, was ich nicht will, tue, gestehe ich (damit) dem Gesetz zu, daß es gut ist. Dann wirke jedoch nicht ich es mehr, sondern die in mir wohnende Sünde. Denn ich weiß, daß in mir, also in meinem Fleische, das Gute nicht wohnt. Liegt mir nämlich das Wollen nahe, so nicht, das Gute zu wirken. Denn nicht das Gute, das ich will, tue ich, sondern das Böse tue ich, das ich nicht will. Wenn ich aber gerade das tue, was ich nicht will, dann wirke nicht mehr ich es, sondern die in mir wohnende Sünde. Ich stelle also für mich, der ich das Gute tun will, das Gesetz fest, daß das Böse mir anhängt. Denn nach dem inneren Menschen habe ich Freude an dem Gesetz Gottes. Ein anderes Gesetz gewahre ich aber in meinen Gliedern. Das liegt im Streit mit dem Gesetz meiner Vernunft und nimmt mich im Gesetz der Sünde gefangen, das in meinen Gliedern ist. Ich armseliger Mensch! Wer wird mich diesem Todesleib entreißen? Dank sei Gott durch Jesus Christus, unsern Herrn! So diene ich also mit meiner Vernunft dem Gesetz Gottes, mit dem Fleisch jedoch dem Gesetz der Sünde.

Hier haben wir also einen neutestamentlichen Text, in dem das Ich des Menschen gespalten erscheint. Man wird vielleicht an Goethes Faust erinnert: „Zwei Seelen wohnen, ach! in meiner Brust." Was sind das also für eigenartige Ichs, die Paulus in Röm 7 als antagonistische Ichs in seiner (?) Brust sich bekämpfen sieht? Der exegetische und theologische Streit ging und geht auch heute noch vor allem darum, ob es der Christ Paulus ist, der auch nach seiner Berufung in seinem innersten Ich – paradox formuliert – zwei Ichs gegeneinander kämpfen spürt, der also in sich schmerzhaft zerrissen ist. Das eine Ich des Christen will das von Gottes gutem Gesetz Gebotene tun, doch das andere Ich desselben Menschen bringt das erste Ich dazu, das Böse zu tun. Das erste, bewußt christliche Ich ist danach vom zweiten Ich, das unter der Herrschaft der Sünde und des Fleisches steht, besessen. Der Christ ist es also, der im Kampf gegen das Böse unterliegt – so auch Martin Luther. Die andere Auffassung, vor allem durch Werner Kümmel[64] vertreten und nach ihm von den meisten, zumindest deutschen Exegeten, sieht in Röm 7 Paulus in der Weise sprechen, daß er im Rückblick auf seine vorchristliche Existenz diese so schildert, wie sie ihm aus der Verstehensmöglichkeit des Glaubenden erscheint. Obwohl sich aber Kümmels Deutung von Röm 7 weithin durchgesetzt hat, vertreten immer noch einige Exegeten, vor allem außerhalb Deutscchlands, die zuerst genannte Auffassung, z. B. der Engländer C. E. B. Cranfield[65] und der Finne Timo Laato[66].

Daß es biblische Entsprechungen zu dem von Nietzsche Gesagten gibt, kann also keinesfalls bestritten werden. Man könnte über beide Auffassungen das zitierte Faust-Wort als Überschrift setzen. Der Zwiespalt im Inneren ist schließlich eine Erfahrung, die Menschen immer wieder im Laufe ihres Lebens machen, zuweilen schmerzlich machen müssen. Und es ist oft ein Zwiespalt, der an den Kern der Persönlichkeit geht. Eine Entscheidung nach dieser oder nach jener Seite hin berührt so oder so die Existenz. Was auch immer dem einen oder dem anderen „Teil" in der eigenen Seele zugemutet wird – der Mensch geht oft verändert aus einer solchen Situation heraus. Nietzsche hat auch insofern etwas Richtiges gesehen, als diese unterschiedlichen „Teile" im Menschen uns dann um so plastischer erscheinen, wenn im Rahmen einer „historischen

5.2 Gottes und des Menschen Ich im Neuen Testament   155

Philosophie" das historische, also zeitliche Raster im angemessenen Umfang berücksichtigt wird. Ferner trifft es unleugbar zu, daß es Einflüsse von außen auf den Menschen sind, die ihn in Bewegung setzen, und zwar allzuoft in Bewegung gegen sich selbst.

Die Psychologie Nietzsches kann somit Beachtung fordern. Die allerdings noch zu beantwortende Frage ist, ob wirklich mit der von ihm herausgestellten „Selbstzertheilung" des Menschen das Ich in der Weise paralysiert wird, wie es nach Aphorismus 57 den Anschein hat. Ist das Ich wirklich in realer Weise auseinanderdividiert? Oder gibt es nicht doch ein primäres Ego, das von einer solchen Zerteilung gerade nicht tangiert wird, mehr noch: nicht zerstört wird. Ist es nicht eine bloße Behauptung, wenn aufgrund der „historischen Philosophie" gut und böse hinwegargumentiert werden? Ließe sich nicht sogar an der Terminologie Nietzsches selbst aufweisen, wie auch und gerade bei ihm Reste einer von ihm nicht durchschauten Moralität auffindbar sind, die aber dann in seiner Rhetorik untergehen? Daß sich in die Entscheidungen von Menschen, die in verbrecherischen Diktaturen dahinvegetieren, laufend Überzeugungen einnisten, die sie nicht durchschauen, sondern als ethische Verpflichtungen in ihr Gewissenspotential hineinnehmen, ist zur Genüge bekannt. Es ist oft genug gerade nicht ein opportunistisches Heulen mit den Wölfen, sondern der Respekt vor dem verehrten Wolfsethos. So ist es eine der ganz großen Verpflichtungen der Schulen und der Universitäten, junge Menschen dazu zu befähigen, scheinbar einleuchtende Parolen in ihrer Gemeinheit und Verlogenheit zu durchschauen und mit Klugheit einer sich brutal gebärdenden Macht die Stirn zu bieten. Wenn aber Nietzsche in seinen weiteren Ausführungen des Aphorismus 56 darlegt, daß Höhersteigende diejenigen Vorstellungen erkennen, mit denen wurzelhaft Menschen infiziert werden, so geht es ihm allerdings nicht darum, diese Vorstellungen aus deren Wirkungskreis zu entfernen, sondern darum, daß die in die Höhe steigenden Menschen kraft ihrer Erkenntnis kühl bleiben und bei Worten wie Höllenstrafen, Sündhaftigkeit oder Unfähigkeit zum Guten nichts empfinden. Wer zu ihnen gehört, „erkennt darin nur die verschwebenden Schattenbilder falscher Welt- und Lebensbetrachtungen" (2,75). Er soll begreifen, daß es, wie wir schon hörten, im metaphysischen Bereich keine Sünden und Tugenden gibt.

Nietzsche kann uns also ein Stück weit mit diesen beiden Aphorismen führen. Er kann uns für so manches die Augen öffnen. Das aber sollten wir gegen ihn festhalten: Der Mensch, so sehr er auch ein verführtes und in die Blindheit hinein gestoßenes Wesen ist, er ist und bleibt der vor sich und anderen verantwortliche Mensch, als Glaubender zudem der vor Gott verantwortliche Mensch, der zwar in seinem ethischen Urteilsvermögen geblendet werden, dessen Personkern aber niemals zerstört werden kann. An dieser Stelle kann es keine Übereinstimmung mit Nietzsche geben

Und unsere Vermutung, daß Nietzsche gerade aufgrund dieser „Zerteilungs"Anthropologie zu seinem totalen Desinteresse an Gott verleitet wurde, ist sie *plausibel? Beweisen* können wir an dieser Stelle natürlich nichts. Aber eine gewisse Wahrscheinlichkeit will sich doch wohl aus den von uns bedachten Aspekten herausbilden. Wer die Person, wer das Ich des Menschen derart ins Nichts auflöst, daß er am Ende nur noch pseudo-moralische Überzeugungspartikel in der Hand hat, dem dürfte auch das

Sensorium für die biblische Botschaft von Gott fehlen, von dem Gott nämlich, der zum Menschen „Ich" sagt und hinter dessen Ich der göttliche Wille einer göttlichen Liebe, also das göttliche „Du" steht. Das ist Nietzsches Tragik. Da aber, wo der Mensch von sich selbst das Ich auszusagen vermag, wo er sich selbst als das mit dem Du kommunizierende Ich versteht, da – und meines Erachtens nur da – ist *fundamentaltheologisch* der hermeneutische Zugang zum Ich Gottes möglich geworden. Allein dieses personale Denken, dieses *Denken von der Existenz des Menschen her*, von der eigenen Existenz her, *vermittelt theologisch* den *Zugang zum Verstehen des Daseins Gottes für den Menschen*, reformatorisch-theologisch gesprochen: den Zugang zum Verstehen des *deus pro nobis*. Dieser hier vorgetragene Gedanke ist allerdings kein Gottesbeweis im strengen Sinne wie die *quinque viae* des Thomas von Aquin. Aber nicht die Strenge eines *ratiocinari* macht die Überzeugungskraft eines Zugangs zu Gott aus, sondern ein Denken aus der tiefsten personalen Mitte des Menschen, der eben deshalb Gott als personales Gegenüber verstehen kann. Die beiden hier bedachten Aphorismen sind überaus verräterisch in ihrem unausgesprochenen Aussageimpuls. Aber gerade das Unausgesprochene ist ja nur allzuoft das eigentlich treibende Moment zum Verstehen. Und sicherlich würde Nietzsche diesem Satz dann wieder zustimmen. Er, der *Die fröhliche Wissenschaft* geschrieben hat, würde ihm wohl fröhlich zustimmen.

Es ist also ein *Grundmotiv* von *Menschliches, Allzumenschliches*, das uns, wenn wir es theologisch bedenken, präziser noch: wenn wir uns in theologischer Hermeneutik auf es einlassen, zur Mitte der Frage nach Gott führt. Gegen seine Absicht hat uns Friedrich Nietzsche dahin geführt. Und dafür sollten wir ihm dankbar sein. Der alte Spruch, daß Gott auch auf krummen Linien gerade schreibt, bewahrheitet sich hier erneut.

6. Morgenröthe.
Gedanken über die moralischen Vorurtheile

Wir kommen dem Höhepunkt des Schaffens Friedrich Nietzsches immer näher. 1881 erscheint seine *Morgenröthe*, ein Buch, ganz in der Kontinuität von *Menschliches, Allzumenschliches* her gedacht und verfaßt. Nietzsche hat es 1880 nach seinem gesundheitlichen Tiefpunkt Ende 1879 an verschiedenen Orten geschrieben, zunächst in Venedig, dann wegen der Hitze dort ab Ende Juni im Engadin und nach einigen Reisen schließlich in Genua. Im Untertitel dieses neuen Buches ist ausdrücklich die Moral genannt, recht bezeichnend mit negativem Zungenschlag: *Gedanken über die moralischen Vorurtheile*. Diese will Nietzsche entlarven. Wir wissen ja schon zur Genüge, daß er vom missionarischen Drang zum Entlarven geradezu besessen war. Ihn teilt er mit Karl Marx, ihn teilt er mit Sigmund Freud. Diese drei werden bekanntlich immer wieder als die Trias der Entlarver gesehen. Ehe wir jedoch auf die für Nietzsche so überaus wichtige Frage nach dem Wesen der Moral zu sprechen kommen, soll uns beschäftigen, was er zu Paulus sagt. Damit haben wir aber schon ein wichtiges Fundament für unser Verständnis seiner Ausführungen über die christliche Moral gelegt.

Nietzsche hat *Paulus* den Aphorismus 68 gewidmet,

einen im Verhältnis zu anderen Aphorismen ziemlich langen Text. Er bewegt sich darin auf einer Linie, die für die Sicht Jesu von Nazareth im 19. Jahrhundert typisch war. Jesus habe das einfache Evangelium verkündet; er, der Verkünder der frohen Botschaft, sei alles andere als ein theologischer Denker gewesen. Man lese zur Information nur Albert Schweitzers glänzend geschriebene *Geschichte der Leben-Jesu-Forschung*![67] Damals sah man einen substantiellen Gegensatz zwischen Jesus und Paulus. Dieser habe erst die triste Kreuzes- und Erlösungstheologie geschaffen; er als ehemaliger Pharisäer und studierter Torahfanatiker habe von dem, was Jesus als *frohe* Botschaft froh den Menschen gesagt habe, nichts stehenlassen, anscheinend aber auch nichts davon begriffen. Er habe statt dessen ein theologisch konstruiertes System geschaffen und damit die Kirche zu einer auf dem Dogma fundierten Gesellschaft gemacht.

Also gibt Nietzsche seinem Paulus-Aphorismus folgerichtig die Überschrift *Der erste Christ*. In ihm finden wir in der Tat vieles wieder, was damals Exegeten über den Apostel geschrieben haben. Nietzsche beginnt mit der Polemik gegen die Inspirationslehre, gegen die sich ja auch leicht polemisieren läßt. So lauten seine ersten Worte (3,64):

Alle Welt glaubt noch immer an die Schriftstellerei des „heiligen Geistes" oder steht unter der Nachwirkung dieses Glaubens: wenn man die Bibel aufmacht, so geschieht es, um sich zu „erbauen", um in seiner eigenen, persönlichen grossen oder kleinen Noth einen Fingerzeig des Trostes zu finden, – kurz, man liest sich hinein und sich heraus.

Doch schon schreitet er zur Attacke gegen Paulus (3,64f.):

Dass in ihr auch die Geschichte einer der ehrgeizigsten und aufdringlichsten Seelen und eines ebenso abergläubischen als verschlagenen Kopfes beschrieben steht, die Geschichte des Apostels Paulus, – wer weiss das, einige Gelehrte abgerechnet? Ohne diese merkwürdige Geschichte aber, ohne die Verwirrungen und Stürme eines solchen Kopfes, einer solchen Seele, gäbe es keine Christenheit; kaum würden wir von einer kleinen jüdischen Secte erfahren haben, deren Meister am Kreuz starb.

Und jetzt kommt die Trauer Nietzsches, seine Wehklage darüber, daß dieser Paulus all das Elend mit dem von ihm geschaffenen Christentum verursacht habe. Hätte es ihn doch nie gegeben! Hätte er doch zumindest keinen Erfolg gehabt! Hören wir also Nietzsches Paulus-Text weiter (3,65):

> Freilich: hätte man eben diese Geschichte zur rechten Zeit begriffen, hätte man die Schriften des Paulus nicht als die Offenbarungen des „heiligen Geistes", sondern mit einem redlichen und freien eigenen Geist, und ohne an alle unsere persönliche Noth dabei zu denken, gelesen, *wirklich gelesen* – es gab anderthalb Jahrtausend keinen solchen Leser –, so würde es auch mit dem Christenthum längst vorbei sein.

Nietzsche sieht Paulus als „einen sehr gequälten, sehr bemitleidenswerthen, sehr unangenehmen und sich selber unangenehmen Menschen". Warum war er aber ein so schwieriger Zeitgenosse? Nietzsche erkennt klar, daß die *Gesetzesfrage* für ihn die eigentlich theologische Frage war (3,65):

> Er litt an einer fixen Idee, oder deutlicher: an einer *fixen*, stets gegenwärtigen, nie zur Ruhe kommenden *Frage*: welche Bewandtniss es mit dem jüdischen *Gesetze* habe? und zwar mit der *Erfüllung dieses Gesetzes*?

Der Psychologe Friedrich Nietzsche gibt die psychologische Antwort: In seiner Jugend war Paulus zunächst der fanatische Verteidiger und Ehrenwächter des so heiligen jüdischen Gottes und seines Gesetzes. Er erfuhr aber dann schmerzhaft, daß er bei all seinem Fanatismus für dieses Gesetz es nicht erfüllen konnte. Nietzsche vergleicht ihn mit Luther, beide hätten wohl in gleicher Weise empfunden, daß der vollkommene Mensch des geistlichen Ideals scheitern müsse. Geben wir noch einmal Nietzsche selbst das Wort (3,66f.):

> Und endlich leuchtete ihm der rettende Gedanke auf, zugleich mit einer Vision, wie es bei diesem Epileptiker nicht anders zugehen konnte: ihm, dem wüthenden Eiferer des Gesetzes, der innerlich dessen todtmüde war, erschien auf einsamer Strasse jener Christus, den Lichtglanz Gottes auf seinem Gesichte, und Paulus hörte die Worte: „warum verfolgst du *mich*?" Das Wesentliche, was da geschah, ist aber diess: sein *Kopf* war auf einmal hell geworden; „es ist *unvernünftig*, hatte er sich gesagt, gerade diesen Christus zu verfolgen! Hier ist ja der Ausweg, hier ist ja die vollkommene Rache, hier und nirgends sonst habe und halte ich ja den *Vernichter des Gesetzes*! ... Die ungeheuren Folgen dieses Einfalls, dieser Räthsellösung wirbeln vor seinem Blicke, er wird mit Einem Male der glücklichste Mensch, – das Schicksal der Juden, nein, aller Menschen scheint ihm an diesen Einfall, an diese Secunde seines plötzlichen Aufleuchtens gebunden, er hat den Gedanken der Gedanken, den Schlüssel aller Schlüssel, das Licht aller Lichter; um ihn selber dreht sich fürderhin die Geschichte! Denn er ist von jetzt ab der Lehrer der *Vernichtung des Gesetzes*!

Die Geburt des Christentum – ein epileptischer Anfall! Wäre der Fanatiker des Gesetzes nicht am Gesetz gescheitert, hätte der Fanatiker des Gesetzes nicht in einem epileptischen Anfall eine theologisch zündende Idee gehabt – es hätte nach Nietzsche nie ein Christentum gegeben! Diese Theorie hat nur einige kleine Schönheitsfehler. Daß Paulus Epileptiker war, ist eine immer wieder geäußerte Vermutung, die sich leicht anbietet, wenn man unbedingt eine psychologische Erklärung für das Damaskuserlebnis des Paulus sucht. Aber die von Paulus mehrfach in seinen Briefen offen ausgesprochene Krankheit kann man kaum diagnostizieren. Man hat es immer wieder von neuem versucht, auch mit der Hypothese der Epilepsie – aber keiner kann sagen, wie es wirklich war. Für Epilepsie läßt sich aus den Briefen des Paulus kein auch nur einigermaßen sicheres Indiz finden.[68] Und außerdem wird die früher vertretene Sicht, Paulus sei vor seiner Bekehrung mit dem Gesetz nicht zu Rande gekommen, in der neueren exegetischen Forschung so gut wie nicht mehr vertreten.[69] Zu Lebzeiten Nietzsches allerdings war diese Auffassung verbreitet. Auch hier ist er, wie in der Jesus-Frage, das Opfer damals geäußerter, aber heute längst überholter neutestamentlicher Hypothesen. Entscheidend für unsere weiteren Überlegungen ist seine Überzeugung, Paulus habe bei seinem epileptischen Anfall eine *Vision* gehabt. Visionen sind zwar nicht gerade besondere Kennzeichen epileptischer Anfälle. Aber das soll im Augenblick nicht unser Problem sein. Alles hängt für Nietzsche an der Tatsächlichkeit dieser Vision. Denn Visionen stehen für ihn am Ursprung der Religionen. Und so ist es bezeichnend, daß Aphorismus 62 *Vom Ursprung der Religionen*, kurz vor dem Paulus-Aphorismus 68, seinen Ort hat.

Auch dieser Aphorismus verrät wieder den psychologisch Denkenden. Das zeigt schon der erste Satz (3,62): „Wie kann Einer seine eigene Meinung über die Dinge als eine Offenbarung empfinden?" Dies sei, so Nietzsche, das Problem von der Entstehung aller (!) Religionen. Die Frage lautet nicht, wie einer seine eigene Meinung als Offenbarung interpretieren oder verstehen, sondern *empfinden* könne. Und laufend ist im Aphorismus von fühlen und Gefühl die Rede. Es geht also nicht um die Darlegung eines rationalen Prozesses, sondern um die Entstehung eines Gefühls, eines Empfindens, in dem jede Religion ihre Genese habe. Als Voraussetzung eines solchen Empfindens nennt Nietzsche den schon vorgängigen (!; doch schon eine Genese vor der Genese?) Glauben an die Möglichkeit von Offenbarungen. Da gibt es also einen

Menschen, der gewinnt plötzlich seinen eigenen Gedanken, nämlich seine eigene große Hypothese, die die Welt und sein eigenes Dasein umspannt – ein beseligender Gedanke! Diesser ist aber nach dem Gefühl des betreffenden Menschen zu groß, als daß er ein bloß menschlicher Gedanke sein könnte. So wagt er es nicht, sich als dessen Schöpfer zu fühlen. Deshalb führt er alles auf *Gott* zurück; es ist Gottes Offenbarung. Denn was *Gott* offenbart, das ist ein großer, ein grandioser *Gedanke*. Nach Nietzsche ist der aus dem Denken gedachte Gedanke der Inhalt der Offenbarung. Somit haben wir zu registrieren, daß für ihn dem *Begriff der Offenbarung* wesenhaft ein *intellektuelles Moment* eignet. Es ist schon ein eigentümliches Zusammentreffen: Der Mensch denkt einen großen, einen erhabenen Gedanken; aber sein Denken hält es nicht aus, den eigenen Gedanken als das Eigene zu sehen! So braucht der Mensch in seinem intellektuellen Sein notwendig das Gefühl. Das Denken ist auf das Gefühl angewiesen. Und folglich schafft sich der Mensch aus dem Gefühl der Selbsterniedrigung seinen Gott. So macht man aber zugleich auch seinen menschlichen Gedanken heilig, man macht ihn göttlich. *Erniedrigung* und *Erhöhung* vereinigen sich in einem sehr spezifischen Gefühl. Also: Der Mensch erniedrigt sich durch sein eigenes Gedankengebilde, nämlich den von ihm gedanklich produzierten Gott, zugleich aber erhöht er sich, weil er durch die von ihm selbst geschaffene Göttlichkeit seines Gedankens, jetzt verstanden als göttliche Offenbarung, gewürdigt wird. *Der Mensch erschafft sich seinen Gott, um selber göttlich zu werden!* Eine grandiose Selbstvergöttlichung, von der man aber nur nicht weiß, daß man sie vollbracht hat. Nietzsche formuliert das auf folgende Weise (3,62f.):

So erniedrigt man sich zwar selber zum Organon, aber unser Gedanke siegt zuletzt als Gottesgedanke, – dieses Gefühl, damit am Ende Sieger zu bleiben, erringt die Oberhand über jenes Gefühl der Erniedrigung. Auch ein anderes Gefühl spielt im Hintergrunde: wenn man sein *Erzeugniss* über sich selber erhebt und scheinbar (!) vom eigenen Werthe absieht, so giebt es doch dabei ein Frohlocken von Vaterliebe und Vaterstolz, das Alles ausgleicht und mehr als ausgleicht.

Mit dieser Theorie der Entstehung der Religion im Gefühl des Menschen hat sich Nietzsche die *theoretische Basis* geschaffen, um seinerseits über die *Religion* bis in ihre Genese hinein intellektuell zu verfügen, und das meint in seinem Sinne, sie psychologisch zu *erklären*. Zum Verständnis der in ihrem tiefsten Wesen gerade nicht intellektuellen Religion genügt der Intellekt. Um Gott zu entgöttlichen, brauchen wir also keine jenseitige Dimension des Verstehens. Die *Hermeneutik des Diesseits* reicht für Nietzsche völlig aus. Wie das den Gott kreierende Gefühl funktioniert, genau das sagt mir mein Verstand. Trotzdem: Wir werden noch anderes dazu aus Nietzsches Mund hören!

Belassen wir es aber einstweilen für das Thema „Gott und Religion" bei dem soeben Ausgeführten. Beim Thema „Moral" werden wir erneut auf diese Problematik zurückkommen müssen. Schauen wir nun zunächst einmal auf das *Menschenbild*, das sich uns in der *Morgenröthe* bietet! Von da aus kommt dann auch das Doppelthema „Moral und Religion" um so besser in unser Blickfeld. Halten wir dabei in Erinnerung, daß es ein recht *pessimistisches* Menschenbild ist, das Nietzsches Denken über den Menschen bestimmt.

Bereits wenige Aphorismen können uns einen guten Einblick in Nietzsches Denken über den Menschen geben. Der Mensch ist *verlogen*, sogar sich selbst gegenüber! Erneut ist es die Psychologie Nietzsches, die ihn in Aphorismus 279 – wir befinden uns im vierten Buch der *Morgenröthe* – zu einem solchen Ergebnis kommen läßt. Seine Überschrift: *Worin wir Künstler werden*. Wiederum Nietzsches Philosophie im Kontext der Kunst! Wir kennen ja diesen Grundzug seiner Philosophie inzwischen zur Genüge. Daß dabei von Kunst und Künstler in einem recht weiten Sinn gesprochen wird, ist uns auch schon vertraut. Da lesen wir nun (3,216):

Wer Jemanden zu seinem Abgott macht, versucht, sich vor sich selbst zu rechtfertigen, indem er ihn in's Ideal erhebt; er wird zum Künstler daran, um ein gutes Gewissen zu haben.

Hier begegnen wir einem *fundamentalen Existential* der menschlichen Existenz: Der Mensch will *gerechtfertigt* werden und gerechtfertigt sein, vor welcher Instanz auch immer. Er kann ohne Rechtfertigung nicht existieren, und zwar vor derjenigen Instanz, die er nach seine innersten Überzeugung als die für ihn geltende Instanz anerkennt. Hat er aber sein Ideal zum Abgott, zum Idol gemacht, so hat er in die für ihn zuständige Rechtfertigungsinstanz sein Ideal projiziert. Vor diesem Ideal kann er bestehen, weil dieses in der genau derjenigen Weise urteilt, wie er es als urteilende Instanz selber geschaffen hat. Auf diese Weise hat sich der Mensch seinen Richter nach eigenem Gusto geschaffen. Der Richter urteilt also über ihn so, wie der es will, über den geurteilt wird. So ist der Mensch im Grunde sein eigener Richter; er kann im Gericht überhaupt nicht versagen, weil der Richter gar nicht anders richten kann, als der zu Richtende es zuvor bestimmt hat. Sein Künstlertum besteht somit darin, sich einen Richter, einen ihn rechtfertigenden Richter zu formen, der ihm als dem Künstler das nötige rechtfertigende, und das heißt freisprechende Urteil spricht. Diese Kunst des Menschen verschafft dem Künstler das gute Gewissen; das Gewissen, das ihn eigentlich anklagen müßte, wird nun durch ein Gewissen *made by himself* ersetzt! Und so kann Nietzsche einen solchen Menschen in seinem Selbstbetrug, in seiner von ihm selbst hergestellten Illusion über das eigene Sein entlarven (3,216):

Wenn er leidet, so leidet er nicht am *Nichtwissen*, sondern am *Sich-belügen*[70], als ob er nicht wüsste. – Die innere Noth und Lust eines solchen Menschen – und alle leidenschaftlich Liebenden gehören dazu – ist mit gewöhnlichen Eimern nicht auszuschöpfen.

Ist aber von *allen* leidenschaftlich Liebenden die Rede, so geht es gar nicht allein um jene bewußt Selbstsüchtigen, die sich selber in überlegter Bosheit belügen – eigentlich ein Unding; wir wissen aber aus Erfahrung zur Genüge, daß es die Strategie eines solchen Selbstbetrugs gibt! –, sondern auch um jene, die unwissend und unbewußt das tun, was andere sehr bewußt praktizieren. Liebespaare und Vergötterer ihrer Lehrer oder wer sonst noch in diese Kategorie von Menschen einzuordnen ist – sie alle sind der anschauliche Beweis für das *in jedem Menschen angelegte Streben nach selbstgemachter Rechtfertigung durch einen anderen*. Eigentlich ein Widerspruch in sich selbst! Aber der Mensch ist eben im tiefsten seines Seins ein derart verlogenes Wesen, daß, oft ohne sein Wissen, selbst die schönsten Begegnungen unter den Menschen durch dieses Gift vergiftet sind.

Rechtfertigung, das ist also etwas, worauf jeder Mensch aus ist. Einem jeden geht es darum, vor derjenigen Instanz als gerecht, gerechtfertigt dazustehen, die er als die für ihn zuständige Instanz gelten läßt. Insofern es dem Menschen *grundsätzlich* um seine Rechtfertigung geht – und sei es selbst die Rechtfertigung des Kaders durch seinen würdelosen Kotau vor der allmächtigen Partei oder die Rechtfertigung des Verbrechers vor der kriminellen Gang seiner Konsorten –, ist der *Mensch* ein *wesenhaft forensisches Wesen*, ist er ein des Forums bedürftiges Wesen; existentialphilosophisch formuliert: Das *Aus-Sein des Menschen auf Rechtfertigung* ist ein *Existential*, eine grundsätzliche Seinsbestimmung eines jeden Menschen. Doch gerade dieses grundsätzliche Sein des Menschen auf Rechtfertigung hin ist in seiner Entstellung dem einzelnen nur allzuoft verborgen. Genau das hat aber Nietzsche klar erkannt! Und – das ist der für unsere Überlegungen so wichtige Punkt – diese Polemik gegen die Selbstrechtfertigung ist in gleicher Weise auch zentrale Aussage des Neuen Testaments. Das gilt für die Predigt Jesu, das gilt für die Theologie des Paulus, das gilt für die theologische Konzeption des Evangelisten Johannes.[71]

Wir stehen demnach vor dem verblüffenden Tatbestand, daß die Stoßrichtung der Entlarvung der Selbstgerechtigkeit, wie sie im Neuen Testament zum Ausdruck kommt, ihr Echo bei Nietzsche findet – freilich wieder unter atheistischem Vorzeichen. Wenn der matthäische Jesus in Mt 23 von Heuchlern und Pharisäern spricht, vom Nattern- und Otterngezücht, wenn Paulus diejenigen anklagt, die, statt sich der Gerechtigkeit Gottes zu unterwerfen, ihre eigene Gerechtigkeit „hinstellen", sie *pro-stituieren* (Röm 10,3), und wenn der johanneische Jesus die, die zu sehen glauben, als blind demaskiert (Joh 9,39–41), so ist das im Prinzip das gleiche wie Nietzsches Entlarvung der sich selbst Rechtfertigenden als diejenigen, die sich selbst belügen. Wir stehen also vor dem bemerkenswerten Tatbestand, daß eine *zentrale theologische Aussage* des Neuen Testaments, deren Bezug zum Gottesglauben entweder konstitutiv ist oder die zumindest undiskutiert als gegeben vorausgesetzt wird, atheistisch ausgesagt werden kann. Gerade in der Kennzeichnung des Menschen als ein in illusorischer Weise sich durch Selbstrechtfertigung selbst betrügendes Wesen sehen wir ein *tertium commune* von Neuem Testament und Nietzsche! Dieser, obwohl Leugner eines metaphysischen Bösen, stellt den Selbstbetrug durch Selbstrechtfertigung als böse hin. Und: Im Vergleich zu jenen Zeiten der Kirchengeschichte, in denen der Kampf des Paulus gegen alle gottlose und gotteslästerliche Selbstrechtfertigung weithin im theologischen Tiefschlaf lag, kommt man um das Urteil nicht herum, daß Nietzsches so vehementer und emotionaler Kampf gegen alle Selbstrechtfertigung wie ein Weckruf wirkt. Was Nietzsche aber über Paulus hinaus auszeichnet, ist die enorme psychologische Klarsicht seiner Anklage – oder sollte man um seiner Intention willen nicht lieber sagen: seiner Analyse? –, also die aus seiner subtilen Klarsicht geborenen Fähigkeit der Veranschaulichung, die dem Apostel in dieser Weise abging.

Hat Nietzsche den Menschen in Aphorismus 279 als wurzelhaft verlogen gezeichnet, so stellte er ihn in anderen Aphorismen als *habsüchtig* hin. Aphorismus 281 ist überschrieben *Das Ich will Alles haben*. Haben wir eben für seine glasklare psychologische Sicht und die dieser entsprechenden Analyse das Prädikat „subtil" benutzt, so ist dieses Adjektiv auch hier passend. Denn das Verhalten des Menschen wird in diesem Aphorismus sogar im Blick auf seine Vergangenheit, im Blick auf das, was er in seiner *memoria* gespeichert hat, als habsüchtig geschildert. In der Diktion der Grundsätzlichkeit formuliert Nietzsche (3,216): „Es scheint, dass der Mensch überhaupt nur handelt, *um* zu zu besitzen." *Jedes* Handeln eines *jeden* Menschen ist danach ein von Besitzgier dominiertes Handeln. Nietzsche will das mit Hilfe der Sprache begründen. Denn die Sprachen würden ja diesen Gedanken nahelegen, wenn sie sagen „ich *habe* gesprochen, gekämpft, gesiegt"; also sei ich „nun im Besitz meines Spruches, meines Kampfes, meines Sieges". Dieses Sprachargument mag sicherlich nicht unbedingt überzeugen. Aber vielleicht verdient doch das folgende Argument etwas mehr Aufmerksamkeit: Wie habsüchtig nimmt sich doch der Mensch aus, wenn er sich selbst die Vergangenheit nicht entwinden lassen will. Gerade sie wolle er auch noch *haben*!

In diese Richtung geht auch Aphorismus 285 *Wo hört das Ich auf?* (3,217). Vom Ich war ja bereits die Rede, als es um dessen sogenannte Spaltung ging. Auch da griffen wir auf Paulus zurück, auf Röm 7. Jetzt geht es um das *Wissen*. Die meisten nähmen eine Sache, die sie wissen, unter ihre Protektion, *als ob* sie ihr Wissen zu ihrem Eigentum machten. In diesem Zusammenhang mit dem Wissen des Menschen spricht Nietzsche von der „Aneignungslust des Ichgefühls", das keine Grenzen habe. Redeten doch die großen Männer so, als stände die ganze Zeit hinter ihnen. Er zitiert ein italienisches Sprichwort: *Chi non ha, non è*. Auf deutsch: „Wer nichts hat, ist nichts."

Zitiert sei ohne Kommentar noch Aphorismus 287 *Zwei Freunde*, der wegen seiner konkreten Aussage keiner besonderen Erklärung mehr bedarf (3,218):

Es waren zwei Freunde, aber sie haben aufgehört, es zu sein, und sie knüpften von beiden Seiten zugleich ihre Freundschaft los, der Eine, weil er sich zu sehr verkannt glaubte, der Andere, weil er sich zu sehr erkannt glaubte – und Beide haben sich dabei getäuscht! – denn Jeder von ihnen kannte sich selber nicht genug.

Die Analyse des Menschen, die seine Selbstgerechtigkeit und Habsucht aufgewiesen hat, läßt uns jedoch fragen, wie sich diese von Nietzsche so scharf getadelten Verhaltensweisen damit vertragen, daß er, wie wir schon zur Kenntnis nahmen, in *Menschliches, Allzumenschliches* in Aphorismus 56 *Sieg der Erkenntniss über das radicale Böse* ausdrücklich herausstellt, „die Vorstellung vom gründlich bösen und verderbten Menschen" sei falsch; es gebe „keine Sünden im metaphysischen Sinne ... aber, im gleichen Sinne, auch keine Tugenden" (2,75). Wir entsinnen uns, daß die metaphysische Welt im Verständnis Nietzsches die jenseitige, also die nichtexistente Welt ist. Deshalb hat auch kein Handeln des Menschen mit Gott etwas zu tun. Er existiert ja nicht! Doch auch unabhängig von einer jenseitigen Phantomwelt Gottes kann im Sinne Nietzsches von einem „gründlich", also grundsätzlich bösen und verderbten Menschen gesprochen werden. Und daß nach den eben bedachten Aphorismen die Selbstgerechtigkeit und die Habsucht den Menschen in seiner ganzen Existenz erfassen, daß sie ihn – auch wenn Nietzsche hier dieses Wort nicht gebraucht – „verderben", geht aus dem Argumentationsduktus deutlich hervor. Hat er also in der *Morgenröthe* den in Aphorismus 56 von *Menschliches, Allzumenschliches* ausgesprochenen Gedanken aufgegeben, und das, obwohl die *Morgenröthe* in der Fortsetzung von *Menschliches, Allzumenschliches* steht?

Die Antwort auf diese Frage dürfte z. B. durch Aphorismus 210 des Vierten Buches von der *Morgenröthe* nahegelegt werden. Wieder einmal ärgert sich Nietzsche über das „an sich". Und so lautet auch die Überschrift bezeichnenderweise *Das „an sich"*. Hat er schon, wie wir ausführlich bedachten, in *Die Geburt der Tragödie* mit Schopenhauer die kantische Unterscheidung von „Erscheinung" und „Ding an sich" in „Vorstellung" und „Wille" modifiziert, so gibt es bei ihm jetzt keine solche doppelte Welt mehr. So sollte man, meint er, heute nicht mehr fragen, was das Lächerliche sei, sondern, was das Lachen sei. Das Lächerliche wäre ja, so dürfen wir ergänzen, fast so etwas wie die platonische Idee des Lachens, also das Lachen in der jenseitigen Welt. Und das wird auch durch die Fortsetzung des Textes bestätigt. Dort lesen wir nämlich (3,189 f.):

Man hat sich besonnen und endlich festgestellt, dass es nichts Gutes, nichts Schönes, nichts Erhabenes, nichts Böses an sich giebt, wohl aber Seelenzustände, in denen wir die Dinge ausser und in uns mit solchen Worten belegen. Wir haben die Prädicate der Dinge wieder *zurückgenommen*, oder wenigstens uns daran erinnert, dass wir sie ihnen *geliehen* haben.

Es sind also *unsere* Seelenzustände, die nach Nietzsche den Dingen das Urteil gut, erhaben oder böse zusprechen. Weil wir in unseren Empfindungen etwas als *für uns* gut und nützlich oder *für uns* böse und schädlich erfahren, bekommt dieses Etwas das Prädikat gut oder böse. Zu den Seelenzuständen gehört aber notwendig die *Stimmung*. Sie hat unausweichlich Auswirkungen auf die, mit denen wir zusammen sind. Doch auch diese sind in ihrer jeweiligen Stimmung. Stimmungen sind dementsprechend ein sozialer Faktor.[72] So heißt es in Aphorismus 283, überschrieben *Hausfrieden und Seelenfrieden*, recht präzise (3,217):

Unsere gewöhnliche Stimmung hängt von der Stimmung ab, in der wir unsere Umgebung zu erhalten wissen.

Übrigens ist dieser Aphorismus nicht ganz ohne Brisanz, familiäre Brisanz nämlich. Die Atmosphäre im Hause Nietzsche war immer wieder gespannt; die „Chemie" zwischen Bruder und Schwester stimmte oft nicht, zuweilen auch nicht die zwischen Mutter und Sohn. Friedrich Nietzsche ging allerdings im mütterlichen Hause in Naumburg oft den unteren Weg – keine Spur von Übermensch, den er später proklamierte! Sogar der briefliche Verkehr wurde für einige Zeit unterbrochen; das allerdings erst nach dem Erscheinen der *Morgenröthe*. Und ganz verhärtete sich die Beziehung zwischen Mutter und Sohn, als sie alles daransetzte, ihm Lou von Salomé zu entfremden. Wer also die Biographie Friedrich Nietzsches kennt, wird in den Aphorismen manches recht konkret auch im Blick auf ihren Verfasser vor Augen haben.

Worum es Nietzsche also ging, war, gut und böse aus der *Relation* der Menschen verstehbar zu machen und somit zu *relativieren*. Moral will konkret verstanden werden; moralisches Verhalten, das wirklich moralisch ist, kann nicht aus ewigen Ideen abgeleitet werden. Dann aber kann es für ihn ein absolutes Gutes nicht geben kann, ebensowenig ein absolutes Böses. Dieser Gedanke wird in Aphorismus 213 *Die Menschen des verfehlten Lebens* weitergeführt. In ihm geht es darum, die Reaktion des einzelnen auf die Gesellschaft – auch Nietzsche sprach schon von Gesellschaft – zu beschreiben. Da ist die Rede vom dem, was dem einzelnen als verfehltes und mißratenes Leben *erscheint*. Darauf also kommt es wieder an, auf das, was uns erscheint, auf die Weise also, wie wir etwas empfinden, wie es bei uns ankommt. Und zwar gerade nicht als ein solches, was es objektiv ist. Was soll eine solche Frage nach einer Objektivität, die es doch *per definitionem* nicht gibt! Wie allergisch Nietzsche auf eine sogenannte „objektive Wahrheit" reagiert, wissen wir schon: Alles, was wir geistig aufnehmen, geschieht einzig und allein durch den Filter unseres spezifischen Erkenntnisvermögens. Demnach ist auch unsere Reaktion auf unsere Empfindungen, soweit sie mit der *Gesellschaft* zu tun haben, ihr gegenüber dann negativ, wenn wir diese Empfindungen als uns belastend, also als böse, erfahren. Und so heißt es (3,191):

> Denn Alles, was dem Einzelnen als verfehltes, missrathenes Leben erscheint, seine ganze Bürde von Missmuth, Lähmung, Erkrankung, Reizbarkeit, Begehrlichkeit, wirft er auf die Gesellschaft zurück – und so bildet sich um sie eine schlechte dumpfe Luft und, im günstigsten Falle, eine Gewitterwolke.

Wie sehr es das eigene Verhalten ist, die eigene Einstellung, das eigene Auge, das auf die Umgebung schaut, wie sehr also die je eigene Optik alles bestimmt, sagt Nietzsche in Aphorismus 214, überschrieben *Was Nachsicht!* Gerade dieser Aphorismus bringt noch einmal in besonders eindrücklicher Art Nietzsches *Hermeneutik der Relationalität*. Er beginnt mit einem scharfen Tadel (3,191):

> Ihr leidet, und verlangt, dass wir nachsichtig gegen euch sind, wenn ihr im Leiden den Dingen und Menschen Unrecht thut!

Nietzsche fährt diese sich in ihrem Leiden so weinerlich Gebenden an:

> Das ist eine schöne Art, sich für sein Leiden so zu entschädigen, dass man noch dazu *sein Urtheil schädigt*! Auf euch selber fällt eure eigne Rache zurück, wenn ihr Etwas verunglimpft; ihr trübt damit *euer* Auge, nicht das der Anderen: ihr gewöhnt euch an das *Falsch- und Schief-Sehen*!

Da haben wir sie wieder, die Rede vom Auge, vom nicht richtig sehenden Auge, vom Auge des falschen Sehens. Und vielleicht fällt Ihnen ein, daß Sie eine solche Rede auch aus dem Neuen Testament kennen. Von Jesus selbst wird berichtet, er habe den Menschen vom Auge her bestimmt. Der Ausspruch der Bergpredigt ist bekannt (Mt 6,22 f.):

Das Auge ist des Leibes Leuchte. Wenn dein Auge lauter ist, so wird dein ganzer Leib licht sein. Wenn aber dein Auge böse ist, so wird dein ganzer Leib finster sein. Wenn nun das Licht, das in dir ist, Finsternis ist, wie groß wird dann die Finsternis sein!

Nicht nur Nietzsche vertritt die *Hermeneutik des Auges*, die Hermeneutik der Sicht auf den anderen. Auch die Bergpredigt des Neuen Testaments bringt sie also zur Sprache. Wie einer den anderen sieht, ob mit wohlwollendem oder mit haßerfülltem Auge – das bewirkt, was er, der Sehende, für ein Mensch ist! *Wie das Auge, so der Mensch!* Haben wir im Blick auf Nietzsche von der Hermeneutik der Relation gesprochen, so können wir das mit gleichem Recht auch von Jesu Augenspruch in der Bergpredigt sagen. *Die Hermeneutik der Relation ist die Hermeneutik des Auges.* Nietzsche und der matthäische Jesus sprechen von dem Menschen, der in der konkreten Begegnung mit seinen Mitmenschen steht. In der lebendigen Beziehung – und Relation heißt ja Beziehung – zum Mitmenschen ist der Mensch erst wirklich und wahrhaftig Mensch. Außerhalb dieser Beziehung mag er sich zwar mit Kompetenz über technische oder andere Fragen äußern können, keinesfalls aber, wenn es um seine eigene Existenz und somit, weil jeder in sozialen Bezügen existiert, um die Existenz, um das Wohl und Wehe seiner Mitmenschen geht. Die Ethik Jesu – oder wenn man so will: die Moral Jesu – ist die der konkreten Begegnung, die der konkreten Beziehung zu den Menschen, für die man in der Nähe oder in der Ferne in irgendeiner Weise Verantwortung trägt. Warnt uns Nietzsche vor dem Falsch- und Schiefsehen, so ist das eine direkte Parallele zu Mt 6,22 f. Erinnert wird man auch an Sören Kierkegaards schönen Satz, den er seiner Schrift *Die Krankheit zum Tode* vorangestellt hat:

> Herr, gib mir blöde Augen
> Für Dinge, die nicht taugen,
> Und Augen voller Klarheit
> Für alle deine Wahrheit.

Inzwischen haben wir uns durch einige Aphorismen, die Nietzsches pessimistische Sicht des Menschen zum Ausdruck bringen, zur Frage der *Religion* vorgetastet. Ihr hatten wir uns schon im Anschluß an den Paulus-Aphorismus zugewandt, als wir sein Visionsverständnis thematisierten. Jetzt soll uns Aphorismus 215 – also der Aphorismus unmittelbar nach dem Augen-Aphorismus! – noch tiefer in die Problematik der Moral und in einem damit der Religion hineinführen. Der Aphorismus ist überschrieben *Moral der Opferthiere*. Es geht Nietzsche darum, die heuchlerische Überheblichkeit derer zu entlarven – wieder einmal: entlarven! –, „die sich selber [Gott] zum Opfer bringen". Wer so etwas tut, der kann ja, wie diese sich Opfernden glauben, nur die Höchststufe der Moral erklommen haben. Aber Nietzsche läßt das nicht gelten. Zunächst sagt er zwar, er glaube schon, daß sie es ehrlich meinten. Aber dann zeigt er ihre wahren, ihre eigentlichen Motive auf (3,192):

Nur kenne ich euch besser, als ihr euch kennt, wenn eure „Ehrlichkeit" mit einer solchen Moral Arm in Arm zu gehen vermag. Ihr seht von der Höhe derselben herab auf jene andere nüchterne Moral, welche Selbstbeherrschung, Strenge, Gehorsam fordert, ihr nennt sie wohl gar egoistisch, und gewiss! – ihr *seid* ehrlich gegen euch, wenn sie euch missfällt, – sie *muss* euch missfallen! Denn indem ihr euch begeistert hingebt und aus euch ein Opfer macht, geniesst ihr jenen Rausch des Gedankens, nunmehr eins zu sein mit dem Mächtigen, sei es ein Gott oder ein Mensch, dem ihr euch weiht: ihr schwelgt in dem Gefühle seiner Macht, die eben wieder durch ein Opfer bezeugt ist. In Wahrheit *scheint* [Achten Sie bitte auf das Wort „scheint"! Sie wissen ja, was damit ausgesagt ist!] ihr euch nur zu opfern, ihr wandelt euch vielmehr in Gedanken zu Göttern um und geniesst euch als solche.

Achten Sie bitte auch darauf, daß Nietzsche hier tadelnd vom Rausch spricht; wenige Zeilen danach rügt er die von ihm Angesprochenen, sie wollten den Rausch und das Übermaß, sie höben den Finger auf gegen Rausch und Übermaß. Wir erinnern uns an Nietzsches *Die Geburt der Tragödie aus dem Geiste der Musik*. Darin hat er das Apollinische vom Dionysischen unterschieden und offen seine Sympathie für das Dionysische zum Ausdruck gebracht! Und gerade Dionysos wollte als der Gott des Weins den Rausch, wollte gegen Apollos Maß das Maßlose! Und jetzt nach etwa einem Jahrzehnt das Nein zum Rausch, das Nein zum Übermaß! Es ist zugleich das *Nein zu Schopenhauer*, das *Nein zu Richard Wagner*, das *Nein zur Musik als dem einzigen Mittel der Erlösung*. Auch nehmen wir zur Kenntnis, daß Nietzsche immer mehr *seine* Moral der christlichen Moral entgegensetzt. Wir hörten es eben: Er spricht von der nüchternen Moral der Selbstbeherrschung, der Strenge, des Gehorsams. Heftigst lehnt er aber eine Moral der Nächstenliebe, eine Moral der Schwachen ab. Vom Übermenschen kündet Nietzsche hier noch nicht, die Philosophie des Willens zur Macht klingt nur leise an.

Die *Morgenröthe* führt unmerklich zur nächsten Schrift Nietzsches über, der die schöne Überschrift „Die fröhliche Wissenschaft" eignet. Um Sie ein wenig auf die Fröhlichkeit einzustimmen, funktioniere ich die Vorlesung einen Augenblick zur Dichterlesung um. Denn zwischen der *Morgenröthe* und der *Fröhlichen Wissenschaft* hat Nietzsche die *Idyllen aus Messina* gedichtet. Ich lese Ihnen eine vor:

> Die kleine Hexe
>
> So lang noch hübsch mein Leibchen,
> Lohnt sichs schon, fromm zu sein.
> Man weiss, Gott liebt die Weibchen,

Die hübschen obendrein.
Er wird's dem art'gen Mönchlein
Gewisslich gern verzeihn,
Dass er, gleich manchem Mönchlein,
So gern will bei mir sein.

Kein grauer Kirchenvater!
Nein, jung noch und oft roth,
Oft gleich dem grausten Kater
Voll Eifersucht und Noth!
Ich liebe nicht die Greise,
Er liebt die Alten nicht:
Wie wunderlich und weise
Hat Gott dies eingericht!

Die Kirche weiss zu leben,
Sie prüft Herz und Gesicht.
Stäts will sie mir vergeben: –
Ja wer vergibt mir nicht!
Man lispelt mit dem Mündchen,
Man knixt und geht hinaus
Und mit dem neuen Sündchen
Löscht man das alte aus.

Gelobt sei Gott auf Erden,
Der hübsche Mädchen liebt
Und derlei Herzbeschwerden
Sich selber gern vergiebt!
So lang noch hübsch mein Leibchen,
Lohnt sich's schon, fromm zu sein:
Als altes Wackelweibchen
Mag mich der Teufel frein!

7. Die fröhliche Wissenschaft
(„la gaya scienza")

Wir sind wieder da angekommen, wo wir unsere Vorlesung begonnen hatten, bei der *Fröhlichen Wissenschaft*. Aus ihr hatten wir damals den Aphorismus 125 *Der tolle Mensch* als Einstieg in unsere Beschäftigung mit Nietzsche genommen – immerhin eine Schlüsselpassage im Gesamtwerk dieses Mannes. Erneut soll uns dieser Aphorismus als Einstieg dienen, jetzt aber nicht als Einstieg in sein Gesamtwerk, sondern in die Problematik des Themas „Nietzsche und Gott", „Nietzsche und die Religion", genauer: „Nietzsche und die christliche Religion". *Die fröhliche Wissenschaft* wollen wir also daraufhin abhorchen, was sie über Nietzsches Atheismus sagt. Es wird der Auftakt für unsere Beschäftigung mit *Also sprach Zarathustra* und den *Nachgelassenen Fragmenten* sein, mit den Schriften also, in denen, wie schon anfangsweise in der *Fröhlichen Wissenschaft*, das Gottesproblem im Kontext der Themen Nihilismus, Übermensch und ewige Wiederkehr des Gleichen unsere Aufmerksamkeit erfordert. Es geht also auf den thematischen Höhenpunkt unserer Vorlesung zu. Nietzsches erlittener Atheismus wird unseren Blick für die Gottesfrage schärfen. Wir werden erneut erfahren, daß diese Frage für ihn kein rein intellektuelles Problem war; wir werden erneut erfahren, daß wir den intellektuell so überaus Begabten in seinem intellektuellen Genie nur dann recht und gerecht erfassen können, wenn wir ihn zugleich als ganzen Menschen sehen, auch und gerade mit seiner so widersprüchlichen Emotionalität – also als das *individuum ineffabile* Friedrich Nietzsche.

Zuvor müssen wir uns aber noch den *anthropologischen* Aussagen in dieser Schrift zuwenden, und zwar im einleitenden Aphorismus des Ersten Buches. Einmal abgesehen von dieser speziellen Thematik – es hat sich schon mehrfach ausgezahlt, gerade den programmatischen Aphorismen zu Beginn einer Nietzsche-Schrift besondere Aufmerksamkeit zu schenken, da sich uns in ihnen der jeweilige Horizont des ganzen Buches besonders gut erschließt. Aphorismus 1 der *Fröhlichen Wissenschaft* ist überschrieben *Die Lehrer vom Zwecke des Daseins*. Nietzsche behauptet zunächst (3,369f.), er sehe die Menschen immer nur bei einer einzigen Aufgabe, nämlich „Das zu thun, was der Erhaltung der menschlichen Gattung frommt", denn „Nichts [ist] in ihnen älter, stärker, unerbittlicher, unüberwindlicher als jener Instinct, – weil dieser Instinct eben *das Wesen* unserer Art und Heerde ist". Weil aber für jeden aus der Menschen-„Heerde" dieser Instinkt sein eigentliches *agens* ist, also seine ureigenste Intention, mag sie auch unbewußt sein, ist es nur die „übliche Kurzsichtigkeit", wenn man „auf fünf Schritte hin seine Nächsten säuberlich in nützliche und schädliche, gute und böse Menschen auseinander zu thun pflegt". Nietzsche folgert (3,369f.):

Auch der schädlichste Mensch ist vielleicht immer noch der allernützlichste, in Hinsicht auf die Erhaltung der Art; denn er unterhält bei sich oder, durch seine Wirkung, bei Anderen Triebe, ohne welche die Menschheit längst erschlafft oder verfault wäre. Der Hass, die Schadenfreude, die

Raub- und Herrschsucht und was Alles sonst böse genannt wird: es gehört zu der erstaunlichen Oekonomie der Arterhaltung, freilich zu einer kostspieligen, verschwenderischen und im Ganzen höchst thörichten Oekonomie: – welche aber *bewiesener Maassen* unser Geschlecht bisher erhalten hat.

Wir stoßen hier auf eine recht interessante Weiterführung und Variante des in der *Morgenröthe* dargelegten Gedankens von der Relativität dessen, was gut und böse heißt. Dort war es jeweils perspektivisch und relational bestimmt, hier geschieht sogar eine Einebnung von Gut und Böse um des Ziels der Erhaltung der „Menschen-Heerde" willen. Insofern allerdings sind beide Aspekte nahezu identisch, als es eine aller jeweiligen Konkretion vorgängige Wesensbestimmung von Gut und Böse nicht gibt. Der übliche Pessimismus Nietzsches bezüglich des Menschen ist hier erstaunlicherweise durch einen gewissen Optimismus überlagert. Denn er überrascht mit der Bemerkung, daß das, was der Art hätte schaden können, vielleicht schon seit Jahrtausenden ausgestorben sei und jetzt zu den Dingen gehöre, „die selbst bei Gott nicht mehr möglich sind" (3,370). – Am Rande bemerkt: Die Anspielung auf Lk 1,37 ist wohl unüberhörbar. – Und dann wird der Leser sogar persönlich angesprochen (3,370):

Hänge deinen besten oder deinen schlechtesten Begierden nach und vor Allem: geh' zu Grunde! – in Beidem bist du wahrscheinlich immer noch irgendwie der Förderer und Wohlthäter der Menschheit und darfst dir daraufhin deine Lobredner halten – und ebenso deine Spötter! Aber du wirst nie den finden, der dich, den Einzelnen, auch in deinem Besten ganz zu verspotten verstünde, der deine grenzenlose Fliegen- und Frosch-Armseligkeit dir so genügend, wie es sich mit der Wahrheit vertrüge, zu Gemüthe führen könnte! Ueber sich selber zu lachen, wie man lachen müsste, um *aus der ganzen Wahrheit heraus* zu lachen, – dazu hatten bisher die Besten nicht genug Wahrheitssinn und die Begabtesten viel zu wenig Genie! Es giebt vielleicht auch für das Lachen noch eine Zukunft!

Sehr höflich geht Nietzsche also nicht mit seinen Lesern – und Leserinnen?, Lou von Salomé zumindest kannte das Buch schon in *statu nascendi*; er hatte ihr aus dem noch in Arbeit befindlichen Manuskript vorgelesen – um. Aber hinter einer so beleidigenden Anrede wie „deine grenzenlose Fliegen- und Frosch-Armseligkeit" steckt Nietzsches uns inzwischen bekannte Überzeugung, daß der Mensch nicht Mittelpunkt der Welt ist, daß vielmehr sein Selbstbewußtsein als Geist-Wesen mit Sinn für Schönheit eine Verkennung seiner Stellung im Weltall ist. *Einzig und allein aus der Perspektive des Menschen ist der Mensch das Höchste!* Noch ein wenig prononcierter gesagt: *Einzig und allein aus der Perspektive des Individuums Mensch ist das menschliche Individuum das Höchste!* Und diese so beschränkte Menschen-Perspektive ist für Nietzsche eine angemaßte, eine durch nichts zu begründende. Es geht um die Art, nicht ums Individuum! In der Zeit nach Adolf Hitler erscheint freilich eine solche Abwertung des Einzelnen als Ausdruck einer kriminellen Ideologie. Dieser Verbrecher ließ uns an Plakatsäulen und anderswo lesen: „Du bist nichts, dein Volk ist alles." Er sah in Nietzsche *seinen* Philosophen! Und als diesen sah ihn auch seine Schwester Elisabeth Förster-Nietzsche! Doch zum Hofphilosophen Hitlers war Friedrich Nietzsche, der Gegner des Nationalismus und des Antisemitismus, der Ungeeignetste! Was er über die Abwertung des Individuums sagt, kann und darf also nicht einfach nationalsozialistisch vereinnahmt werden.

Nietzsche erwartet nach Aphorismus 1 eine Zukunft, in der der Satz *„die Art ist Alles, Einer ist Keiner"*[73] letzte Befreiung sein werde. In dieser befreienden Zukunft würde sich Lachen mit Weisheit verbündet haben; dann gebe es vielleicht nur noch „fröhliche Wissenschaft". Jedoch (3,370):

Einstweilen ist es noch ganz anders, einstweilen ist die Komödie des Daseins sich selber noch nicht „bewusst geworden", einstweilen ist es immer noch die Zeit der Tragödie, die Zeit der Moralen und Religionen.

Aber, so liest man überrascht weiter, auch diese Tragödien arbeiten im Interesse der Art, selbst wenn sie „im Interesse Gottes und als Sendlinge Gottes zu arbeiten" glauben. Denn sie fördern das Leben der Gattung, also das Leben der Art, weil sie *„den Glauben an das Leben fördern"*. Das zumindest gesteht Nietzsche ihnen zu! Aber der Trieb zur Erhaltung der Art breche zuweilen auch als Vernunft und Leidenschaft des Geistes hervor. Dieser Trieb wolle mit aller Macht vergessen machen, daß alle Gründe des Geistes letztlich nur Trieb, Instinkt, Torheit und Grundlosigkeit seien. Die Lehrer der Religion und Moralen seien aber Lehrer des *Zwecks* des Daseins (3,371): „Das Leben *soll* geliebt werden, denn [...]! Der Mensch *soll* sich und seinen Nächsten fördern, *denn* [...]!" An diesen Solls und diesen Denns nimmt Nietzsche Anstoß; denn der ethische Lehrer, also der Lehrer vom Zweck des Daseins, wolle durchaus nicht, daß wir über das Dasein lachen. Aber Nietzsche ist zuversichtlich, daß es mit dieser Art von Lehrern ein Ende haben werde. Er kündigt deshalb prophetisch das *frohe Eschaton* an, zumal es auch schon ein präsentische Eschatologie gibt (3,372):

Es ist nicht zu leugnen, dass *auf die Dauer* über jeden Einzelnen dieser grossen Zwecklehrer bisher das Lachen und die Vernunft und die Natur Herr geworden ist: die kurze Tragödie gieng schliesslich immer in die ewige Komödie des Daseins über und zurück, und die „Wellen unzähligen Gelächters" – mit Aeschylus zu reden – müssen zuletzt auch über den grössten dieser Tragöden noch hinwegschlagen.

Dennoch sieht Nietzsche die Zukunft nicht ganz so rosig. Denn immer wieder wird von Zeit zu Zeit das menschliche Geschlecht dekretieren: „Es gibt etwas, über das absolut nicht mehr gelacht werden darf!" Die Humorlosigkeit von Diktatoren ist ja sprichwörtlich geworden. Also wird es auch immer wieder zur Tragödie kommen, wo das Lachen und die fröhliche Wissenschaft verboten werden. Doch auch das Tragische wird wider Willen die Art erhalten. Gut so! Unser Aphorismus endet dann mit den Worten, mit den hermeneutischen Worten (3,372):

Oh versteht ihr mich, meine Brüder? Versteht ihr dieses neue Gesetz der Ebbe und Fluth? Auch wir haben unsere Zeit!

Verstehen *wir* also den um Verstanden-Werden flehenden Friedrich Nietzsche? Ich rufe in Erinnerung: „Verstehen" ist ein hermeneutisches Zentralverb, auch im Neuen Testament. Da redet Nietzsche nun mit Selbstbewußtsein, nein, da *predigt* er mit Selbstbewußtsein, seine Brüder – seine Schwestern nennt er in seinem Jahrhundert allerdings nicht! – möchten doch ihr Selbstbewußtsein als Bewußtsein geistiger Existenz abtun, sie möchten doch ihre Fliegen- und Frosch-Armseligkeit erkennen! Selbstbewußtsein also nur für den Prediger, nicht aber für die Predigthörer? Missionarisches Selbstbewußtsein wegen der Negierung des Selbstbewußtseins der anderen? Ist das nicht wieder einer der typischen Widersprüche bei Nietzsche? Auf jeden Fall hört man aus diesem *Die fröhliche Wissenschaft* einleitenden Aphorismus keine Emotion der Verzweiflung oder der Resignation heraus, keine Depression oder das Gefühl einer niederdrückenden Auswegslosigkeit. Hier spricht einer im Bewußtsein seiner vollen Überzeugung von dem, was er seinen Brüdern zu verstehen geben will.

Aber erinnern wir uns an Aphorismus 125, an den tollen

7. Die fröhliche Wissenschaft 185

Menschen! Der war wie am Boden zerstört. Nach dem Tode Gottes, an dem auch er seinen Anteil hatte, sah er keinen Maßstab mehr für seine Existenz. Wir haben noch die Worte im Ohr: „Wir haben ihn getödtet, – ihr und ich! Wir alle sind seine Mörder!" Und so fragt er verzweifelt: „Wer gab uns den Schwamm, um den ganzen Horizont auszuwischen?" Da es nun kein Unten und kein Oben mehr gibt, da wir nun völlig orientierungslos geworden sind, fragt er entsetzt: „Irren wir nicht wie durch ein unendliches Nichts?" Das Stichwort „*Nichts*" ist gefallen. Es zeichnet sich in Konturen ab, was dann in den *Nachgelassenen Fragmenten* über den *europäischen Nihilismus* gesagt ist. Nietzsche ist ja, wie wir wissen, der Philosoph des Nihilismus. Doch wer verträgt das grauenhafte *nihil*, das Nichts? Wer kann es aushalten? Stumpfe Naturen vielleicht, für die der Atheismus, den sie für „richtig" halten, genau so viel bedeutet bzw. nicht bedeutet wie eine geringfügige Änderung des Fahrplans des Omnibusses, den sie ohnehin nicht benutzen, weil sie lieber Auto fahren. Was gedankenloser Atheismus ist, hat uns ja die weltanschauliche Diktatur der DDR drastisch vor Augen geführt. Atheismus um der Staatsdoktrin willen, nicht aber als Existenzfrage! Der tolle Mensch hingegen ist der Mensch einer verzweifelten Emotion. Und hinter diesem tollen Menschen verbirgt sich – wir wissen es schon – der Prophet des Mordes an Gott. Hinter der Emotion des tollen Gottesmörders verbirgt sich folglich die *Emotion Nietzsches* selbst, die Emotion des leidenden Propheten, der an seiner Prophetie regelrecht zerbricht, wie weiland Jeremia an seiner Prophetie zu zerbrechen schien. Wie verträgt sich also die Emotion des selbstbewußten Propheten der atheistischen Negierung der Menschenwürde mit der Emotion des an seiner Prophetie zerbrechenden Verkündigers? Also Emotion gegen Emotion, *emotio contra emotionem*!

Wir haben Nietzsche mehrfach als den Atheisten erlebt, der seinen Atheismus mit Gründen belegt, mit historischen Gründen, mit naturwissenschaftlichen Gründen, mit philosophischen Gründen. Er verweist sehr selbstbewußt auf die *ratio* seiner Argumentation. Dann aber beklagt er wieder recht emotional den Tod Gottes. Es ist schon bezeichnend, daß er kurz hinter dem Aphorismus vom tollen Menschen in Aphorismus 132, überschrieben *Gegen das Christenthum*, bekennt (3,485):

Jetzt entscheidet unser Geschmack gegen das Christenthum, nicht mehr unsere Gründe.

Der Atheismus ist also hier recht dezidiert nicht Sache des Verstandes, nicht Ergebnis einer kühlen Denkoperation. In einer heute gängigen, sprachlich nicht gerade schönen Redeweise würden einige sagen: Für den Atheismus entscheide ich mich nicht mit dem Kopf, sondern mit dem Bauch. Hat sich also Nietzsche in primitiver Weise mit dem Bauch für den Atheismus entschieden? Haben wir einen doppelten Atheisten Friedrich Nietzsche vor uns, einmal den der philosophischen Argumentation und dann den der bloßen Emotion?

Kommen wir auf den berühmten Aphorismus 125 zurück! Wir müssen zunächst klären, was mit dem Mord an Gott überhaupt gemeint ist. Der tolle Mensch behauptet ja gerade nicht, die Aussage „Gott existiert" sei falsch; er sagt ja gerade nicht, es habe nie einen Gott gegeben! Wir müssen Nietzsche beim Wort nehmen. Da ist von einem *Ereignis* die Rede. Da bekennt sich ein Mensch zu seiner *Tat*, einer so großen und so furchtbaren Tat, daß er durch sie toll geworden, verrückt geworden ist. Er bekennt sich dazu, nicht nur irgendeinen Menschen ermordet zu haben, sondern Gott selbst! Er bekennt sich dazu, durch seine Tat die ganze Menschheit horizontlos gemacht zu haben. *Gianni Vattimo* sagt mit Recht, daß die „Verkündigung" vom „Tod Gottes" keine metaphysische Aussage über die Nichtexistenz eines Gottes darstelle[74]:

> Er soll vielmehr wörtlich genommen werden als die Ankündigung eines *Ereignisses*. Ein Ereignis anzukündigen bedeutet aber nicht, irgendetwas zu „beweisen". Es bedeutet, streng genommen, auch nicht, irgendeine Zustimmung zu beanspruchen.

Um hier der Aussage Nietzsches gerecht zu werden, ist der Horizont zu bedenken, innerhalb dessen er die totale Horizontlosigkeit behauptet. Dieser Horizont ist die *Geschichte Europas*. Und diese Geschichte ist ihrerseits die Geschichte zunächst der christlichen Werte, die umzuwerten sind. Nietzsche wird später diese Umwertung der Werte, nämlich der im *Mitleid* kulminierenden christlichen Werte, noch expliziter als denjenigen *geschichtlichen Prozeß* aufweisen, der im geschichtlichen Kontext der ewigen Wiederkehr des Gleichen und des Übermenschen geschieht. Diese Umwertung ist für Nietzsche nicht nur Analyse, sondern auch Forderung. Im Augenblick mag es genügen, Nietzsches Prophetie vom *Ereignis* des Todes Gottes bzw. des Mordes an ihm als die *Prophetie* eines geschichtlichen Prozesses zu verstehen, in dem sich die obersten Werte entwerten. Eine ausführlichere Explikation dieses Gedankens erfolgt im Zusammenhang der Thematisierung des Nihilismus.

Was hier noch zu sagen übrig bleibt, ist folgendes: Die sich entwertenden Werte entwerten sich im Denken der Menschen, ohne daß man diese als das eigentliche Subjekt des Prozesses begreifen dürfte. Dennoch ist der Mensch in dieses Geschehen involviert. Sagen wir es noch deutlicher in unserer heutigen Sprache: In seiner *Geschichtlichkeit*, also in seinem geschichtlichen In-der-Welt-sein und somit in seinem In-der-Geschichte-Sein, kommt der Mensch zu der ihn zwingenden Erkenntnis des *Ereignisses*, daß Gott tot ist. Mit den Worten des tollen Menschen: das Ereignis der Ermordung Gottes. Der so geschichtlich Existierende „schwimmt" sozusagen „im Strom" eines geschichtlichen Prozesses, den er nicht umzukehren vermag, sondern durch sein „Schwimmen" notwendig weitertreibt, das heißt durch sein Denken und seine Überzeugung. Hier wäre philosophisch noch genauer zu reflektieren, was „Ereignis" bedeutet.[75] Das kann aber im Rahmen unserer Vorlesung nicht geschehen. Halten wir hier nur fest: Nietzsche analysiert und prophezeit – Analyse geht in Prophetie über, aber auch Prophetie in Analyse –, und er beschreibt dabei den ereignishaften Prozeß.

Daß dieser Prozeß auch ein Prozeß des *Nihilismus* sei, mag man zunächst aufgrund der Frage des tollen Menschen annehmen (3,489): „Irren wir nicht wie durch ein unendliches Nichts?" Man wird differenziert zu antworten haben. Denn einerseits äußert sich Nietzsche zum geschichtlichen Prozeß des europäischen Nihilismus erst später genauer. Andererseits ist aber bereits in der Frage des tollen Menschen Nietzsches spätere Reflexion über Europa angelegt, zumal der Tod Gottes bzw. der Mord an Gott durch den immanenten Zusammenbruch des christlichen Wertesystems auch schon in der *Fröhlichen Wissenschaft* Ereignis ist. Auch Europa ist schon Thema dieser Schrift Nietzsches (z. B. Aphorismus 377, S. 628–631).

8. *Also sprach Zarathustra*

Die meisten Nietzsche-Forscher sehen in *Also sprach Zarathustra* Friedrich Nietzsches Hauptwerk. Diesem Urteil schließe ich mich an. Denn nicht nur kraft ihrer Sprache steht diese Schrift über seinen zuvor geschriebenen Werken. Vor allem bekommt sie durch die aus der persischen Religionsgeschichte entlehnte Gestalt des Religionsgründers Zarathustra, der nun zum Prediger der Religionslosigkeit und geschichtlich gewordenen Gottlosigkeit wird, ihre spezifische Gravität, mehr noch, ihre spezifische Würde. Vielleicht würde sich Nietzsche noch nicht einmal gegen die *Würd*igung durch *Würde* wehren. Das Buch entsteht sukzessive in vier Teilen, geschrieben vom Winter 1882/83 bis zum Februar 1885. Wir sind damit ziemlich nahe an den Zeitpunkt des Ausbruchs seines Wahnsinns herangekommen, wohl eher Ende Dezember 1888 als Anfang Januar 1889 zu datieren. Ich erinnere Sie an die im biographischen Kapitel genannten Briefe des Dezembers 1888: Am 28. Dezember schreibt er an Overbeck, er arbeite an einem Promemoria für die europäischen Höfe zum Zwecke einer antideutschen Liga, er wolle nämlich das „Reich" in ein eisernes Hemd einschnüren und zu einem Verzweiflungskampf provozieren. Und an Peter Gast schreibt er am 31. Dezember, er wisse seine Adresse nicht mehr, „nehmen wir an, daß sie zunächst der Palazzo del Quirinale sein dürfte". Zwischen dem Abschluß des *Zarathustra* und diesen Briefen liegen also nur noch drei Jahre und zehn Monate. In dieser Zwischenzeit aber verfaßt er einige Schriften, die doch irgendwie schon das künftige Krankheitsbild ahnen lassen. Giorgio Colli sagt im Blick auf die Schriften von 1888 (6,451): „Dieser unlösbare innere Konflikt – Colli meint u. a. Nietzsches zeitgemäße Unzeitgemäßheit, in der er die moderne Welt ablehnt, sie aber zugleich entsetzlich ernst nimmt – mit seiner zerrüttenden Verflochtenheit von Impulsen zerschlägt am Ende die Einheit von Nietzsches Denkorgan." Nur ein Beispiel: Zu den Schriften von 1888 gehört *Der Antichrist*. Ihm hat er das *Gesetz wider das Christenthum* angehängt und wie folgt datiert (6,254): „Gegeben am Tage des Heils, am ersten Tage des Jahres Eins (– am 30. September 1888 der falschen Zeitrechnung)". Der „Sechste Satz" lautet: „Man soll die ‚heilige' Geschichte mit dem Namen nennen, den sie verdient, als *verfluchte* Geschichte; man soll die Worte ‚Gott', ‚Heiland', ‚Erlöser', ‚Heiliger' zu Schimpfworten, zu Verbrecher-Abzeichen benutzen." Auch die Überschriften zu den Kapiteln 1 und 2 des unmittelbar danach geschriebenen *Ecce homo* sind verräterisch: *Warum ich so weise bin. Warum ich so klug bin.* Mit diesen Hinweisen auf die Zwischenzeit 1885–1888 soll keinesfalls gesagt sein, daß der *Zarathustra* schon ein halbwegs im Wahnsinn geschriebenes Buch sei. Aber was er dann danach in krankhafter Selbstübersteigerung und schließlich im Wahnsinn geschrieben hat, liegt immerhin in *inhaltlicher* Kontinuität vom *Zarathustra* her. Es ist eben dieser Gehalt des Buches, der sich am Ende im Wahnsinn und als Wahnsinn artikuliert.

8. Also sprach Zarathustra

Im Winter 1882/83 beginnt also Nietzsche in Rapallo den ersten Teil des *Zarathustra*. Es ist das Werk seines neuen, von ihm als revolutionär empfundenen Gedankens der ewigen Wiederkehr des Gleichen, jenes Gedankens nämlich, der zusammen mit dem des Übermenschen und dem der Umwertung der Werte den Grundgedanken dieser Schrift ausmacht. Doch die ewige Wiederkehr ist ihm schon früher schlagartig aufgegangen. So schaut er in *Ecce homo* auf diesen Augenblick zurück (6,335):

> Ich erzähle nunmehr die Geschichte des Zarathustra. Die Grundkonception des Werks, der *Ewige-Wiederkunfts-Gedanke*, diese höchste Formel der Bejahung, die überhaupt erreicht werden kann –, gehört in den August des Jahres 1881: er ist auf ein Blatt hingeworfen, mit der Unterschrift: ‚6000 Fuss jenseits von Mensch und Zeit'. Ich gieng an jenem Tage am See von Silvaplana durch die Wälder; bei einem mächtigen pyramidal aufgethürmten Block unweit Surlei machte ich Halt. Da kam mir dieser Gedanke.

Zum Untertitel des Buches: *Ein Buch für Alle und Keinen*. Einen der Deutungsversuche dieser zunächst einmal widersprüchlichen Formulierung gibt *Martin Heidegger*, der sich besonders gründlich und intensiv mit Nietzsche auseinandergesetzt hat. In seinem Bremer Vortrag *Wer ist Nietzsches Zarathustra?* aus dem Jahre 1953 erklärt er „Für Alle" mit „für jeden Menschen als Menschen, für jeden jeweils und sofern er sich in seinem Wesen denkwürdig wird", „und Keinen" mit „für niemanden aus den überallher angeschwemmten Neugierigen, die sich nur an vereinzelten Stücken und besonderen Sprüchen dieses Buches berauschen und blindlings in seiner halb singenden, halb schreienden, bald bedächtigen, bald stürmischen, oft hohen, bisweilen platten Sprache umhertaumeln, statt sich auf den Weg des Denkens zu machen, das hier nach seinem Wort sucht".[76] Aber auch der ersten dieser zwei Gruppen von Interpreten macht Heidegger zunächst wenig Mut. Unheimlich habe sich nämlich dieser Untertitel seit seinem Erscheinen bewahrheitet. Denn kein Denker zeige sich bis zur Stunde, also bis 1953, „der dem Grundgedanken dieses Buches gewachsen wäre und seine Herkunft in ihrer Tragweite ermessen könne".[77] Wir sollten in der Tat die Warnung Heideggers ernst nehmen; gehört er doch zu denen, dessen Nietzsche-Interpretation zu den wichtigsten des 20. Jahrhunderts zu rechnen ist. Zu denken ist dabei vor allem an sein zweibändiges Werk *Nietzsche*, das, wie schon gesagt, seine Nietzsche-Vorlesungen in gewisser Überarbeitung enthält.[78]

*

Zum Aufbau des vierteiligen Buches! Ein formaler Unterschied innerhalb des Werkes fällt bereits beim ersten Hinblick auf. *Zarathustra's Vorrede*, eingeteilt in zehn Abschnitte, ist eine Erzählung *über* seinen Aufbruch zu den Menschen nach zehnjährigem Aufenthalt in einer Gebirgshöhle, nachdem sein Herz verwandelt war. Er ist seiner Weisheit überdrüssig, er will verschenken und austeilen. So bittet er die Sonne, seinen Becher zu segnen. Zarathustra will wieder Mensch werden (4,12): „Also begann Zarathustra's Untergang." Untergang meint vordergründig seinen Heruntergang vom Gebirge. Aber Nietzsche sagt doch wohl nicht ohne Hintergedanken „Untergang".

Bei seinem „Untergang" trifft er auf einen Greis, der ihn fragt: „Was willst du bei den Schlafenden?" Der Antwort Zarathustras „Ich liebe die Menschen" korrespondiert die Gegenantwort des Greises: Er sei in den

Wald gegangen, weil er damals die Menschen liebte. Doch jetzt liebe er Gott. Zarathustra verläßt den Alten und spricht zu seinem Herzen (4,14): „Dieser alte Heilige hat in seinem Walde noch Nichts davon gehört, daß *Gott todt ist!*" Die Schrift *Also sprach Zarathustra* schließt somit deutlich an den in der *Fröhlichen Wissenschaft* enthaltenen Aphorismus vom tollen Menschen mit seinem Bekenntnis vom Tode Gottes an. Zarathustra kommt in die nächste Stadt, wo man einen Seiltänzer erwartet. Er beginnt dort mit seiner Verkündigung. Und die ersten Worte dieser Verkündigung heißen in ihrer Programmatik (4,14): „*Ich lehre euch den Übermenschen. Der Mensch ist Etwas, das überwunden werden soll.*" Nimmt Zarathustra an, daß die von ihm angesprochenen Menschen schon etwas unternommen haben, um den Menschen zu überwinden? Also sich selbst zu überwinden? Er belehrt sein Auditorium: Wie der Affe für den Menschen Gelächter und schmerzliche Scham, so soll es der Mensch für den Übermenschen sein. Und er fährt fort (4,14):

Ihr habt den Weg vom Wurme zum Menschen gemacht, und Vieles ist in euch noch Wurm. Einst wart ihr Affen, und auch jetzt noch ist der Mensch mehr Affe, als irgend ein Affe.

Und noch einmal sagt Zarathustra: „Seht, ich lehre euch den Übermenschen!" Warum? Weil der *Übermensch* der *Sinn der Erde* ist! Also vom Übermenschen – nicht vom Menschen! – erhält die Erde ihren Sinn. Und genau das sollen die von Zarathustra angesprochenen Menschen *wollen*: „Euer Wille sage: der Übermensch *sei* der Sinn der Erde!" Es fällt sofort auf: Zarathustra sagt es im Indikativ: Der Übermensch *ist* der Sinn der Erde. Die Mensch aber sage es im Konjunktiv, besser: im *Voluntiv*[79]. Nur dadurch ist der Mensch auf dem richtigen Wege, daß er den Übermenschen *will*. Und darauf erfolgt die berühmt-berüchtigte Mahnung Nietzsches (4,15):

Ich beschwöre euch, meine Brüder, *bleibt der Erde treu* und glaubt Denen nicht, welche euch von überirdischen Hoffnungen reden! Giftmischer sind es, ob sie es wissen oder nicht.
Verächter des Lebens sind es, Absterbende und selber Vergiftete, deren die Erde müde ist: so mögen sie dahinfahren!
Einst war der Frevel an Gott der grösste Frevel, aber Gott starb, und damit starben auch diese Frevelhaften. An der Erde zu freveln ist jetzt das Furchtbarste und die Eingeweide des Unerforschlichen höher zu achten, als den Sinn der Erde!

Auf die *Erde* also kommt es an! Sie steht nun *an der Stelle Gottes*. Zarathustra parallelisiert in dieser Intention den Frevel an Gott und den Frevel an der Erde. Statt der Treue gegenüber Gott gilt nun die – man möchte fast sagen: die heilige – Verpflichtung zur Treue gegenüber der Erde. Diese usurpiert damit die Heiligkeit Gottes. Weil die Brüder der Erde treu bleiben sollen, muß es ihnen um den Übermenschen gehen.

Wir sind – um das noch einmal in Erinnerung zu rufen – immer noch in *Zarathustra's Vorrede*, noch wird über seine Predigt gesprochen, noch sind wir nicht im eigentlichen Teil des Buches, in dem in der Hauptsache Zarathustra selbst zu Wort kommen wird, in jenem Teil des Buches nämlich, in dem seine Predigt als Summe von Aphorismen zu lesen ist und die programmtischen Aussagen der *Vorrede* ihre so ausführliche *dichterische Explikation* finden. Doch ein wenig Explikation findet sich auch jetzt schon. Um die Predigt des Zarathustra zu erfassen, muß – jetzt geschieht bildliche Rede – der Blitz mit seiner Zunge die Menschen lecken. Zarathustra fragt sogar (4,16): „Wo ist der Wahnsinn, mit dem ihr geimpft werden müsstet?" Nur Wahnsinnige erfassen also seine Verkündigung!

Wahnsinn freilich aus der Perspektive derjenigen Menschen, die bloße Menschen bleiben wollen und denen es nicht um den Übermenschen geht. Wirken noch in der Phantasie Nietzsches die berauschten Tänzer des Dionysos aus seiner *Geburt der Tragödie* nach? Auch sie gebärdeten sich ja in den Augen der ordentlichen Verehrer des Apollo als Wahnsinnige. Das jedenfalls ist klar: Nur der in der Sicht der Durchschnittsmenschen sich *exzentrisch* Gebärdende versteht, was es mit dem Übermenschen auf sich hat. Und das heißt: Nur der im eigentlichen Sinne Wahnsinnige weiß, wie es *eigentlich* um ihn steht. Nur er weiß, wo er seinen wirklichen, nämlich ihm angemessenen Ort hat. Wo er als Mensch im Sinne Zarathustras und somit im Sinne der Erde seinen Ort hat. Haben wir hier nicht eine Parallele zu Don Quichotte vor uns, den Cervantes als den wahren Realisten schildern wollte, weil er in seinem Wahnsinn eine andere Welt vor sich sieht? Zu Nietzsche zurück: Es kann also einer durchaus auf der Erde sein; aber weil er als der Mensch sein Menschsein nicht überwunden hat und auch nicht überwinden will, ist er dennoch nicht auf der Erde. *Terrenus sed non terrenus!* Der Erfolg (4,16)? „Und alles Volk lachte über Zarathustra." Es ist eben das Schicksal derer, die etwas zu sagen haben, daß die Unverständigen, die Dummen sie auslachen. Doch Zarathustra resigniert nicht, er wundert sich zwar, aber er redet weiter. Er spricht zu denen, deren Vorfahren einmal Würmer waren – für diese Menschen eine lächerliche Vorstellung! – und somit Tiere (4,16f.):

Der Mensch ist ein Seil [Zarathustra spricht vom Seil, weil die Menschen einen Seiltänzer erwarten], geknüpft zwischen Thier und Übermensch, – ein Seil über dem Abgrunde.
Ein gefährliches Hinüber, ein gefährliches Auf-dem-Wege, ein gefährliches Zurückblicken, ein gefährliches Schaudern und Stehenbleiben.

> Was gross ist am Menschen, das ist, dass er eine Brücke und kein Zweck ist: was geliebt werden kann am Menschen, das ist, dass er ein *Übergang* und ein *Untergang* ist.

Der Mensch hat also ein *Woher* und ein *Wohin*. Sein Woher ist nicht, wie es die Paradiesesgeschichte des Alten Testaments in 1 Mose 3 schildert, die Sünde. Nein, von ihr will Zarathustra nichts wissen! Das Woher des Menschen ist sein Noch-nicht-Mensch-Sein, das, wie wir hörten, eben nicht nur Vergangenheit ist! Er ist immer noch Affe! Aber dem gewöhnlichen Mensch-Sein ist eben noch nicht der Übergang zum Übermenschen gegeben, er ist ihm gar nicht möglich. Dieses „von – bis", von Nietzsche jedoch ausdrücklich dem Gedanken des Zwecks entnommen, bringt, theologisch gesprochen, irgendwie die Vorstellung des *Eschatologischen* in die Erinnerung; jedoch ist das Wohin des Menschen des Übergangs im Zusammenhang mit der ewigen Wiederkehr des Gleichen zu denken. Die Frage stellt sich fast unwillkürlich: Wie kann beides *zusammengedacht* werden? Und der Theologe ist zugleich gefragt, in welcher Weise sein biblisches Zeitdenken, das ja sowohl eine chronologische als auch eine nichtchronologische Dimension enthält, mit dem im *Zarathustra* vorfindlichen Zeitverständnis verglichen werden kann. Das Problem sei hier skizziert; die Antwort wird später gegeben.

Die Predigt des Zarathustra scheitert. Wieder wird er ausgelacht. Vom Geschrei und der Lust der Menge ist die Rede. Zarathustra, der aus Liebe zu den Menschen gekommen ist, der im „Untergang"zu den Menschen gekommen ist, er scheitert. Er kann nur sagen (4,18): „Da stehen sie, da lachen sie: sie verstehen mich nicht, ich bin nicht der Mund für diese Ohren." Im Kontext dieses Nichtverstehens – man wird an das Motiv des Nichtverstehens im Markus-Evangelium erinnert, wo es allerdings ausgerechnet von den Jüngern Jesu berichtet wird! – wird auch schon jetzt in der *Vorrede* die Umwertung der Werte anvisiert. Zarathustra spricht da ironisch von den „Guten und Gerechten", die den hassen, der ihre Tafeln der Werte zerbricht (4,26). Noch einmal ist die neutestamentliche Parallele offenkundig. Unbestreitbar hat Nietzsche das Schicksal Zarathustras dem Jesu angeglichen. Diesen biblischen Gedanken hat er bewußt übernommen: Der Verkündiger des zukünftigen Menschen, sei es der erlöste Mensch der Bibel, sei es der Übermensch Nietzsches, dieser Verkündiger wird gehaßt, wird verfolgt, wird verlacht. Es ist leicht zu sagen, der Unterschied sei ebenso offenkundig. Natürlich, das ist unbestreitbar. Aber die Parallele ist doch nicht nur eine rein äußerliche zwischen dem Prediger des ermordeten Gottes und dem Prediger des lebendigen Gottes. Es ist bei beiden das Erfaßtsein vom – sagen wir es ruhig so – *Heil des Menschen*. An dieser Stelle steckt hinter Nietzsches Grundeinstellung zu viel vom genuin neutestamentlichen Denken in seiner – trotz aller Polemik gegen die christliche Nächstenliebe nicht bestreitbaren – Liebe zu den Menschen, als daß sein (im Prinzip nicht eigentlich theoretischer) Atheismus diese Parallele völlig beseitigen könnte. Und es stellt sich hier auch die Frage, ob Nietzsches Verurteilung der sogenannten Guten und Gerechten nicht doch mehr ist als eine bloße Anlehnung an von Paulus Gesagtes. Liegt hier nicht eine sehr ernstzunehmende Parallele vor? Mehrfach haben wir ja bisher schon Affinitäten zwischen Nietzsche und Paulus bedacht.

※

Kommen wir nun zum eigentlichen Teil des *Zarathustra*! Also zu dem Teil des Buches, das seine Predigt, seine Verkündigung enthält. Enthielt die *Vorrede* Aussagen zur Zeitproblematik, so ist es ratsam, auch im Hauptteil des Buches Ausschau nach dieser Thematik zu halten. Und dabei werden wir in der Tat fündig. Wir werden es im Zusammenhang mit der Frage, *zu wem Zarathustra spricht*. Eine Antwort erhalten wir im Aphorismus *Vom Lande der Bildung* im Zweiten Teil. Motivartig redet Zarathustra die im Lande der Bildung sich Aufhaltenden mit *„Ihr Gegenwärtigen"* an (4,153–155). Zu diesen Gegenwärtigen spricht der, der zu weit in die *Zukunft* hinein geflogen ist und der sie als Grauen erfahren hat. Zarathustra bekennt (4,153): „Ein Grauen überfiel mich." Und er erklärt weiter: „Und als ich um mich sah, siehe! da war die Zeit mein einziger Zeitgenosse." Es ist also derjenige, der um die *Zeit* weiß. War die Zeit sein Zeitgenosse, war er mit ihr ganz allein, so war *Zeitlichkeit* seine fundamentale Existenzweise. Erinnern wir uns in diesem Zusammenhang, daß Zeitlichkeit und Geschichtlichkeit des menschlichen Daseins die hermeneutische Philosophie der letzten zwei Jahrhunderte immer wieder von neuem bewegten. Den Höhepunkt der Reflexion von Zeitlichkeit und Zeit bildet *Martin Heideggers* Philosophie: Und einerlei, wie man zu seiner Philosophie steht, sei es der frühen von „Zeit und Sein" (1927) oder seiner späten nach der sogenannten Kehre – *daß* unsere Existenz von den Existenzialien der Zeitlichkeit und Geschichtlichkeit bestimmt ist, genau das ist weitgehend in unser modernes Bewußtsein eingedrungen. *Menschliches Dasein ist*, zugespitzt formuliert, *seine Zeit*.

Wenn somit Nietzsche in *Also sprach Zarathustra* von der

ewigen Wiederkehr des Gleichen und vom Übermenschen redet, von der Umwertung der Werte, so tut er es im Koordinatensystem der Zeit und der Zeitlichkeit der Existenz. Zarathustra unterscheidet zwischen sich und den Angeredeten so, daß er für sich selbst eine kategorial andere Zeiterfahrung in Anspruch nimmt, ja, in Anspruch nehmen kann und darf als sie. Als Zeitgenosse der Zeit weiß er um das *wahre Wesen der Gegenwart* aus der *Erfahrung der Zukunft*, die er zu intensiv, zu belastend in seine Existenz hineinnehmen mußte. Zarathustra spricht also zu völlig Ahnungslosen; sie wissen nicht, wie sehr die von ihnen so gedankenlos hingenommene Gegenwart von der für sie unerfahrbaren Zukunft belastet ist. Sie wissen nicht und sie können nicht wissen, daß schon die Gegenwart grauenvoll ist, weil eben die Zukunft – *ihre* Zukunft! *ihr* zukünftiges Dasein! also *sie selbst* in ihrer Zukunft! – bereits ihre Gegenwart zum Grauen macht! Da ist also auf der einen Seite der Sehende, der die schon verborgen gegenwärtige Katastrophe der dafür Blinden mit schmerzendem Auge sieht; und da sind auf der anderen Seite diese Blinden, die in ihrer *Gedanken*-losigkeit dahinleben. Vom Grauen gepackt, flog der, der zu weit in die Zukunft hinein geflogen war, „rückwärts, heimwärts – und immer eilender". Als er nun zu den Gegenwärtigen ins Land der Bildung gekommen war, und zwar und mit einem Auge für sie – schon wieder das uns bereits aus seinen anderen Schriften bekannte Augen-Motiv! – und mit Sehnsucht im Herzen, da blieb ihm nur noch das *Lachen* übrig. Die, die er sehnsüchtig wiedersehen wollte, sie waren nur noch Existenzen zum Lachen! Warum? „Nie sah mein Auge etwas so Buntgesprenkeltes!" Menschen im Zustand von Pfingstochsen! Und so bekennt Zarathustra (4,153):

Ich lachte und lachte, während der Fuss mir noch zitterte und das Herz dazu: „hier ist ja die Heimat aller Farbentöpfe!" – sagte ich.
Mit fünfzig Klexen bemalt an Gesicht und Gliedern: so sasset ihr da zu meinem Staunen, ihr Gegenwärtigen!
Und mit fünfzig Spiegeln um euch, die eurem Farbenspiele schmeichelten und nachredeten!

Wir registrieren eine auffällige Umkehrung des Geschehens: In der Vorrede haben die Menschen über Zarathustra gelacht; jetzt lacht Zarathustra über die Menschen! Auch diese Farbenbuntheit ist Zeichen eines Zeitverständnisses – oder besser: eines Unverständnisses von Zeit. Denn diese Buntheit ist wiederum Ausdruck eines defizienten Zeitverständnisses. Die Gegenwärtigen mit solcher Gesichtsmaske sind sich nämlich nicht im geringsten dessen bewußt, daß sie mit den Zeichen der *Vergangenheit* vollgeschrieben und auch diese Zeichen wiederum mit neuen Zeichen überpinselt sind. Die Gegenwärtigen sind also Menschen ohne Vergangenheit und ohne Zukunft. Und so haben sie auch ihre Gegenwart inhaltslos und inhaltsleer gemacht. Sie leben in ihre Zeit hinein, ohne sich als zeitliche Wesen zu verstehen. Menschen ohne Selbstverstehen. Zarathustra fährt die Gegenwärtigen ohne Gegenwart erbost an (4,153): „Wer glaubt wohl noch, dass ihr Nieren habt! Aus Farben scheint ihr gebacken und aus geleimten Zetteln." Das Bild von den Nieren besagt – man denke an die Redewendung „auf Herz und Nieren prüfen" –: Ihr habt kein eigenes Wesen mehr; ihr seid nur noch eure bunte Bemalung. Ihr seid nur noch euer wesenloses buntes Äußeres. Also: Ihr seid nichts! Ihr seid ein Nichts!

In seiner Enttäuschung macht sich Zarathustra Luft. Aus der fernen Zukunft war er wie ein Vogel herangeflogen. Angesichts derer, die sich zu Nichtsen gemacht haben, wird er gegenüber diesen Gegenwärtigen, die noch nicht einmal gegenwärtig sind, in seiner Diktion recht drastisch (4,154):

Wahrlich (!), ich selber bin der erschreckte Vogel, der euch einmal nackt sah und ohne Farbe; und ich flog davon, als das Gerippe mir Liebe zuwinkte.
Lieber wollte ich doch noch Tagelöhner sein in der Unterwelt und bei den Schatten des Ehemals! – feister und voller als ihr sind ja noch die Unterweltlichen!
Diess, ja diess ist Bitterniss meinen Gedärmen, dass ich euch weder nackt noch bekleidet aushalte, ihr Gegenwärtigen!

Diese zeitvergessenen und somit existenzvergessenen Wesen – „Typen" würde man wohl heute sagen – kann Zarathustra weder im FKK-Zustand noch in feierlicher Gala-Kleidung ertragen. Lieber ertrüge er noch einmal den Schauder der unerträglichen Unheimlichkeit der Zukunft. Denn das Grauen, das ihn dort überfallen habe, sei wahrlich heimischer noch und traulicher gewesen als die „Wirklichkeit"[80] der Gegenwärtigen! Mit ihrem Realitätssinn nämlich brüsten sich diese Vertreter des Irrealen, diese in Wahrheit unwirklichen Gestalten (4,154):

Denn so sprecht ihr: „Wirkliche sind wir ganz, und ohne Glauben und Aberglauben": also brüstet ihr euch – ach, auch noch ohne Brüste!

Eigentlich müßte Zarathustra, der Prediger des Todes Gottes und des Unglaubens an Gott, diesen bunten Existenzen zujubeln. Sie wären doch eigentlich seine Jünger und Jüngerinnen. Haben sie doch allem Aberglauben abgeschworen. Aber das ist es ja gerade: *Ihr* Unglaube, *ihre* Gottlosigkeit – das alles ist nur übertüncht, nur überpinselt, nur bunte Maskierung! Ihre Gottlosigkeit – sie ist gar nicht ihr tiefstes Wesen, ihre existenzerfüllende Überzeugung! Sie haben nicht wie jener tolle Mensch aus der *Fröhlichen Wissenschaft* ihre Gottlosigkeit erlitten. Sie wissen nichts vom ausgewischten Horizont. Sie haben nicht erfahren, daß es kein Unten und kein Oben mehr gibt. Sie wissen nicht, daß man selbst mit Sühnefeiern den Mord an Gott nicht sühnen kann. Sie sind sich einfach nicht der Größe dieser Tat bewußt. Kurz: *Ihre Existenz ist existenzlos!* Sicherlich haben Sie registriert, daß ich soeben nahezu wörtlich Wendungen des Aphorismus vom tollen Menschen zitiert habe. Diese Gegenwärtigen ohne Gegenwart, diese „Wirklichen" ohne Wirklichkeit, diese schemenhaften Wesen ohne Schemenbewußtsein, sie merken überhaupt nicht, daß ihr Atheismus nur etwas rein Äußerliches, etwas bloß Aufgepfropftes ist, etwas, das nicht in die Tiefe ihrer Person herabreicht. Sie ahnen nichts von ihrer Unwirklichkeit, wo sie doch so stolz sind, Wirklichkeitsmenschen, Realisten zu sein! Sie merken es genau so wenig wie die Jugendlichen der Ex-DDR, die für die sogenannte Jugendweihe den Atheismus eingetrichtert bekamen und der für sie letzten Endes nur auswendiggelerntes Zeug war, das sie aber zuweilen recht fanatisch vertraten. (Daß es gleiches Auswendiglernen des Katechismus zuweilen auch im Raum der Kirche gibt, sei ausdrücklich gesagt, damit keine falsche, nämlich einseitige Optik aufkommt!) Nietzsche spricht daher den von ihm Angeredeten alle Glaubensfähigkeit ab. Denn er weiß, daß Glauben bedeutet, mit seiner ganzen Existenz für eine Wahrheit, und sei es auch eine unwahre Wahrheit, einzustehen. Zarathustra – also Nietzsche! – schüttet seinen ganzen Hohn auf diese *oberflächlichen* „Gegenwärtigen" aus. Er fragt sie, wie sie, die Buntbesprenkelten, denn überhaupt glauben *könnten*; seien sie doch nur ein Gemälde – heute würden wir sagen: ein Abklatsch – von allem, was je geglaubt wurde. „Ihr Wirklichen", so verspottet er sie, euch nenne ich Unglaubwürdige (4,154):

Alle Zeiten schwätzen wider einander in euren Geistern; und aller Zeiten Träume und Geschwätz waren wirklicher noch als euer Wachsein ist!

„Aller Zeiten Träume und Geschwätz" – das meint ja die Religion, den Glauben an den jetzt nicht mehr existierenden Gott, an die Metaphysik. Religion und Metaphysik sind, wie wir wissen, die von Nietzsche zutiefst verachteten „Weltanschauungen". Doch der verachtete, aber bewußt gelebte Gottesglaube ist für ihn immer noch achtenswerter als ein nur oberflächlicher Unglaube! Fragen wir also: Was ist die Wirklichkeit dieser Pseudowirklichen? Zarathustra zitiert aus Goethes Faust den Mephisto: „Alles ist werth, dass es zu Grunde geht." Und so sagt er es diesen Leuten, die des Teufels sind, noch einmal: „Ja, zum Lachen seid ihr mir, ihr Gegenwärtigen!" Ihr Wirklichkeit ist lächerlich!

Halten wir fest: Diese Gegenwärtigen ohne Gegenwart, weil ohne Zukunft und Vergangenheit, sie sind es, die die Träume und das Geschwätz *aller Zeiten* daherreden, die somit *alle Zeiten einander gleich machen*. Wir haben zu registrieren, daß dieser Aphorismus, in dem sich Nietzsche mit der Denkfaulheit der Masse der (zumindest abendländischen) Menschheit auseinandersetzt, das Problem der *Zeit* als zentral herausstellt. Es geht hier um das Zueinander von *Existenz* und *Zeit* (vielleicht sollten wir diese Reihenfolge der Reihenfolge „Zeit und Existenz" vorziehen). Und das bedeutet in unserem Zusammenhang: *Zeitvergessenheit ist Existenzvergessenheit*. Der Zeitvergessene und somit Existenzvergessene ist aber als Mensch der Unwirklichkeit der Wirklichkeitsvergessene. Zeitvergessenheit als Existenzvergessenheit ist daher *Wirklichkeitsvergessenheit*. Ein solcher Mensch – und für Nietzsche sind es die meisten Menschen, die so dahinvegetieren! – ist der Mensch des Nichts, der Mensch des *nihil*. Dieser Mensch weiß nichts von seiner tierischen Vergangenheit, die immer noch seine Gegenwart ist. Dieser Mensch kann nicht über das Gatter der Gegenwart hinausschauen. Dieser Mensch weiß nichts vom Grauen der Zukunft. Für ihn ist *jede Gegenwart gleich*. Für ihn plätschert jede Gegenwart auf derselben Oberfläche. Ist dies also, so drängt sich uns die Frage auf, der Mensch, für den die ewige Gegenwart des Gleichen gilt? Ist die *ewige Wiederkehr des Gleichen* somit für die Menschen bestimmt, die den Übermenschen nicht wollen, die Erwartung der Heilszukunft (oder, wenn man will, „Heils"-Zukunft) aber für die, die sagen „Der Übermensch *sei* der Sinn der Erde"? Dagegen spricht allerdings, daß die Rede von der ewigen Wiederkehr des Gleichen auch im positiven Sinn begegnet. Daß sich allerdings der Gedanke von der ewigen Wiederkehr des Gleichen bestens in die Vorstellung von den Menschen ohne den Willen zum Übermenschen fügt, wird man schwerlich bestreiten können.

Um an diesem Punkte das, worum es Nietzsche geht, besser verstehen zu können, bietet sich im vierten Teil des *Zarathustra* der Aphorismus *Der Genesende* an. In ihm wird nämlich thematisch von dieser ewigen Wiederkehr gesprochen. Im ersten Abschnitt wird berichtet, wie Zarathustra vom Lager wie ein Toller (!) aufsprang und mit furchtbarer Stimme schrie, so daß seine Tiere, Adler und Schlange, erschreckt hinzukamen. Er schrie (4,270 f.):

Herauf, abgründlicher Gedanke, aus meiner Tiefe! Ich bin dein Hahn und Morgen-Grauen, verschlafener Wurm: auf! auf! Meine Stimme soll dich schon wach krähen! ...
Zarathustra ruft dich, der Gottlose!

Zarathustra charakterisiert sich dann selbst; er gibt sich seinem ureigenen Denken zu erkennen, so daß der abgründliche Gedanke nicht anders kann, als aus seinem Abgrund herauszukommen (4,271):

Ich, Zarathustra, der Fürsprecher des Lebens, der Fürsprecher des Leidens, der Fürsprecher des Kreises – dich rufe ich, meinen abgründlichsten Gedanken!

Noch wird nicht gesagt, welcher Gedanke so abgründlich ist. Es ist aber aus dem ganzen Aphorismus erkennbar, daß kein anderer Gedanke als der der ewigen Wiederkehr des Gleichen gemeint sein kann. Und für den aufmerksam Lesenden ist mit der Selbstvorstellung „Ich bin ... der Fürsprecher des *Kreises*" zumindest die im Kreis der Zeit angelegte Wiederkehr von allem angedeutet. Der herbeizitierte Gedanke ist sogar nicht nur abgründlich, sondern Zarathustra ruft ihn, wie es kurz danach sogar im Superlativ heißt, als seinen „abgründlichsten Gedanken". Im tiefsten Abgrund des Rufers und sicherlich auch zugleich im tiefsten Abgrund allen Seins gelegen, muß er an die Oberfläche. Er wird hypostasiert, wird personifiziert. Und Zarathustra begrüßt ihn, als er dann tatsächlich aus diesem tiefsten Abgrund heraufkommt (4,271):

Heil mir! Du kommst – ich höre dich! Mein Abgrund *redet*, meine letzte Tiefe habe ich an's Licht gestülpt!
Heil mir! Heran! Gieb mir die Hand —— ha! lass! Haha! – Ekel, Ekel, Ekel —— wehe mir!

Also nicht nur Heil, sondern zugleich auch Entsetzen und Ekel! Der Gedanke aus dem tiefsten Abgrund von allem umfaßt also die ganze Spannweite von Wohl und Wehe unseres Denkers, dessen verborgenes Denken diesen mächtigen Gedanken gezeugt hat. Und so verwundert es nicht, wenn das von Zarathustra Gedachte, das geradezu sich in eigener Aktivität denkend Erzeugende – wenn Zarathustra im Tiefsten seiner Existenz denkt, dann denkt dieses Tiefste in ihm – ihn bei seinem Hervorbrechen gleich einem Toten niederstürzen läßt. Sieben Tage liegt er so, bewacht von seinen Tieren. Nach seinem Erwachen rufen ihn die Tiere aus seiner Höhle; die Welt warte seiner, alle Dinge sehnten sich nach ihm. Recht dramatisch wird also im Aphorismus von der ewigen Wiederkehr das Kommen dieses Gedankens aus der abgründigsten Tiefe geschildert – ein Indiz dafür, daß wir uns hier an einer der wichtigsten Stellen im ganzen *Zarathustra* befinden. Hier geht es um das Ganze der Philosophie Nietzsches. Hier wird *Grund*-Legendes im Blick auf Mensch und Menschheit zum Ausdruck gebracht.

Auffällig ist jedoch, daß dieses so Entscheidende nicht Zarathustra selbst sagt, sondern von seinen Tieren vorgebracht wird (4,272f.):

Oh Zarathustra, sagten darauf die Thiere, Solchen, die denken wie wir, tanzen alle Dinge selber: das kommt und reicht sich die Hand und lacht und flieht – und kommt zurück.
Alles geht, Alles kommt zurück; *ewig rollt das Rad des Seins*[81]. Alles stirbt, Alles blüht wieder auf, ewig läuft das Jahr des Seins.
Alles bricht, Alles wird neu gefügt; ewig baut sich das gleiche Haus des Seins. Alles scheidet, Alles grüsst sich wieder; ewig bleibt sich treu der Ring des Seins.
In jedem Nu beginnt das Sein; um jedes Hier rollt sich die Kugel Dort. Die Mitte ist überall. Krumm ist der Pfad der Ewigkeit.

Die teilweise bildliche Sprache spricht in ihrer Eindrücklichkeit und Plastizität für sich; viel Erklärung ist eigentlich nicht erforderlich. Trotzdem sei auf einiges aufmerksam gemacht, vor allem auf Idiomatisches. Da ist vom *Rad des Seins* die Rede. Dieses Rad rollt und rollt. Ewige Bewegung ist also angesagt. Das Bild vom Rad wird abgelöst durch die Wendung vom *Jahr des Seins*. Ein Jahr – natürlich ist gemeint, wie schon das Wort „ewig" zu erkennen gibt, daß ein Jahr das andere ablöst – ist bekanntlich durch Sterben und Wiederaufblühen gekennzeichnet. Jahr für Jahr findet die gleiche Wiederkehr von Tod und Leben statt. Die Metapher vom Jahr bringt uns also augenscheinlich zum Bewußtsein, daß sich das gleiche Geschehen ununterbrochen fortsetzt, ununterbrochen sich wiederholt. Und so kann Nietzsche diesen Tatbestand, wo er ihn nun zum dritten Mal bringt, durch Zarathustras Tiere *ontologisch* formulieren lassen; wenn Tiere schon sprechen können, dann können sie sich auch ontologisch artikulieren, vor allem, wenn das klügste aller Tiere, die Schlange, dabei ist! Der *Ring des Seins* ist ewig. Die in der Zeit geschehende Bewegung ist eine kreisförmige Bewegung. So eigentümlich es klingt: *Zeit ist rund.* Man wird unwillkürlich an Platons Phaidon (72a) erinnert, wo Sokrates vom *Werden* des Jeweiligen aus dem ihm Entgegengesetzten, also einem *Vergehenden*, in einem *beständigen Kreislauf (hôsperei kýklô periiónta)* spricht. Bei Nietzsche freilich ist das Sein nicht als ein durch alle Ewigkeiten sich identisch Bleibendes gedacht. Denn „in jedem Nu" beginnt es ja neu. Sein ereignet sich also stets neu, das Sein selbst ist prozeßhafter Natur (s. Heraklits freilich nicht verifizierbares „Alles fließt", *pánta rheî*, ununterbrochen; Nietzsche fühlte sich bekanntlich als Erbe Heraklits!). In diesem Sinne kann Zarathustra davon sprechen, daß die Mitte überall sei. Daß gerade die Tiere von der ewigen Wiederkunft reden, hat auch mit diesen selbst zu tun, wie bereits in der *Vorrede* zu lesen ist (4,27): Der Adler, das stolzeste Tier unter der Sonne, zieht in weiten Kreisen durch die Luft; so symbolisiert er in seinen Kreisbewegungen am Himmel den Kreis der ewigen Wiederkehr. Und die Schlange hielt sich um den Hals des Adlers wie eine Freundin geringelt; ihr Ringeln ist in gleicher Weise Bild dieser ewigen Wiederkehr. Später werden in unserem Aphorismus die Tiere bekennen (4,275 f.):

Denn deine Thiere wissen es wohl, oh Zarathustra, wer du bist und werden musst: siehe, *du bist der Lehrer der ewigen Wiederkunft* –, das ist nun *dein* Schicksal! ...
Siehe, wir wissen, was du lehrst: dass alle Dinge ewig wiederkehren und wir selber mit, und dass wir schon ewige Male dagewesen sind, und alle Dinge mit uns.

Er antwortet seinen Tieren. Er fragt sie – wohl nicht ganz ernstgemeint –, ob sie auch so grausam wie die Menschen wären, wenn sie seinem Schmerz zuschauten. Der eigentliche Zweck dieses „Vorwurfs" ist aber, die Grausamkeit der Menschen herauszustellen; sei doch der *Mensch gegen sich selber das grausamste Tier* (4,273):

Bei Trauerspielen, Stierkämpfen und Kreuzigungen ist es ihm bisher am wohlsten geworden auf Erden; und als er sich die Hölle erfand, siehe, da war das sein Himmel auf Erden ...
Der kleine Mensch, sonderlich der Dichter – wie eifrig klagt er das Leben in Worten an! Hört hin, aber überhört mir die Lust nicht, die in allem Anklagen ist!

Im Zusammenhang mit dem Thema der ewigen Wiederkehr wird also die Grausamkeit des Menschen gegeißelt. Vom kleinen Menschen ist die Rede, d.h. von dem Menschen, der nun wahrlich nicht den Übermenschen will. Von dem Menschen also, der sein Menschensein nicht überwunden haben will. Zarathustra klagt, der Mensch kehre ewig wieder, der kleine Mensch, dessen er müde sei; „ach, der Mensch kehrt ewig wieder! Der kleine Mensch kehrt ewig wieder!" „Allzumenschlich" und somit „allzuklein" seien auch noch die Größten! Von allen gilt also die „ewige Wiederkunft auch des Kleinsten!" (4,274).

Wird damit nicht unser Verdacht bestärkt, daß die ewige Wiederkunft insonderheit von den Menschen gilt, die ihr Menschsein nicht überwunden haben wollen und deren Wille nicht den Übermenschen will? Dagegen spricht aber z. B. folgende Aussage aus den *Nachgelassenen Fragmenten* von 1884, also dem Jahr, in dem Nietzsche den dritten Teil des Zarathustra geschrieben hat (11,281): „Nicht nur der Mensch *auch der Übermensch kehrt ewig wieder!*" Und eine weitere für Nietzsche wichtige, von ihm im emotionalen Kontext ausgesprochene Feststellung bestätigt, daß die ewige Wiederkehr kein Geschehen ist, das nur als Widerfahrnis von solchen zu sehen wäre, die den Menschen nicht überwinden wollen. Ich meine jenen bereits genannten Hinweis in *Ecce homo*, wonach Nietzsche berichtet, daß ihm am See von Silvaplana, 6000 Fuß jenseits von Mensch und Zeit, der Ewige-Wiederkunfts-Gedanke gekommen sei, „diese höchste Formel der Bejahung, die überhaupt erreicht werden kann" (6,335). So verstanden, hat dieser Gedanke sogar – ich darf es vielleicht mit dem schon mehrfach gebrachten theologischen Begriff des Eschatons umschreiben – eschatologische Qualität, meint also ein *Sein jenseits aller gegenwärtigen Empirie*, jenseits des gegenwärtigen empirischen Menschen in seiner Zeitlichkeit, und ist insofern alles andere als eine Beschreibung jener in Nietzsches Augen so armseligen Existenzen, die den Übermenschen nicht wollen oder womöglich noch nicht einmal etwas von ihm wissen. Dann aber ist zu fragen, wie wir die beiden von Nietzsche vorgetragenen Zeitverständnisse, die der ewigen Wiederkehr des *Gleichen*, also die kreisförmige, und die der Linie vom Menschen auf den Übermenschen hin, also die lineare, *zusammendenken* können. Nietzsche reflektiert ein solches Zusammendenken in einem theoretischen Angang nicht. Wie so oft bei ihm bleiben auch hier die Denkfiguren nebeneinanderstehen, sind aber im existentiellen, und das heißt bei ihm im willensmäßigen Konzept zu einer Einheit zusammengefügt. Beide Denkweisen durchdringen sich gegenseitig, ohne in einer einheitlichen Zeittheorie reflektiert zu werden. Nietzsche *will* den Übermenschen und geht, weil der Wille *per definitionem* immer gerichtet ist, in seinem Denken auf dieses Ziel zu.

In dieser Problematik führt uns der vierte Teil des *Zarathustra* ein gehöriges Stück weiter. Er ist besonders beeindruckend, von höchster poetischer Kraft. Wenn man von einem schriftstellerischen Werk Nietzsches als einer *Dichtung* sprechen darf, dann erweist das der vierte Teil des *Zarathustra* in besonderer Weise! Einige Partien sind gekonnte Parodie, auch und gerade Parodien biblischer Texte. Die Anspielungen und zum Teil äußerst geistreichen Modifikationen von Texten Goethes faszinieren. Mit Poesie vermag Nietzsche seiner Philosophie in einnehmender Weise Ausdruck zu geben. Für unsere Zeitproblematik ist dieser vierte Teil des *Zarathustra* deshalb so aufschlußreich, weil Nietzsche hier sein Wollen über die Zeit hinaus dokumentiert. Er tut es in der Weise, daß er *erzählt*. Er erzählt, daß zu Zarathustras Höhle eine Reihe recht sonderbarer Gestalten kommt. Sie werden von ihm eingeladen und nehmen dann an einem Mahl teil. Dabei werden sie von ihm als *höhere Menschen* angesprochen. Doch es stellt sich heraus, daß sie seiner Erwartung des höheren Menschen noch lange nicht entsprechen.

Der erste Aphorismus ist überschrieben *Das Honig-Opfer*. Und bereits der erste Satz bringt den Blick auf die Zeit (4,295):

8. Also sprach Zarathustra 211

Und wieder liefen Monde und Jahre über Zarathustra's Seele, und er achtete dessen nicht; sein Haar wurde weiss. Eines Tages, als er auf einem Steine vor seiner Höhle sass und still hinausschaute, – man schaut aber dort auf das Meer hinaus, und hinweg über gewundene Abgründe – da giengen seine Thiere nachdenklich um ihn herum und stellten sich endlich vor ihn hin.

Da ist von Monden und Jahren die Rede, von einem Tag, und diese zeitlichen Worte stehen im Zusammenhang mit dem Abgrund, der Abgrund aber mit dem Meer. Die Zeit scheint für ihn deshalb so abgründig zu sein, weil sie über seine Seele läuft. Zeit ist etwas, was diese Seele in ihrem Innersten bestimmt. Vielleicht denkt man bei diesen Sätzen an die 6000 Fuß, die in der Nähe eines Sees jenseits von Mensch und Zeit liegen; also jenseits der uns Tag um Tag begegnenden Menschen, jenseits ihres Gebundenseins in die gegenwärtige, so unvollkomme1ne Zeit. Denn daß das Jenseits von Mensch und Zeit das Jenseits des zeitlichen Menschen meint, dürfte nach unseren bisherigen Überlegungen einsichtig sein. Die Formel „jenseits von Mensch und Zeit" sieht ja die *Zeit* als das *Wesen des Menschen* – wird man nicht sofort an Martin Heideggers 1927 erschienenes Werk „Sein und Zeit" erinnert? –, freilich des hier und jetzt geschichtlichen Menschens, der nach Nietzsche „überwunden" werden muß. *Der Mensch muß über sich hinaus.* Der Mensch muß höher werden, muß zum höheren Menschen werden. Wenn aber dann Zarathustra seine Gäste laufend mit „ihr höheren Menschen" anredet, obwohl er in ihnen gerade solch höhere Wesen nicht sieht, wird auch der ironische Charakter der Dichtung offenkundig. Vergegenwärtigen wir uns also einige Szenen dieser Dichtung!

Im Aphorismus *Das Honig-Opfer* spricht Zarathustra von der sonderlichen Menschen-Welt, vom Menschen-Meer, nach dem er seine goldene Angelrute auswirft und spricht: „Thue dich auf, du Menschen-Abgrund!". Jetzt also sind es die Menschen, denen das Prädikat „Abgrund" zuteil wird (4,297): „Mit meinem besten Köder ködere ich mir heute (!) die wunderlichsten Menschen-Fische!" Sie müssen hinauf (!) in *seine* Höhe, diese buntesten – diese Farbenlehre kennen wir bereits! – „Abgrund-Gründlinge", nämlich „zu dem boshaftesten aller Menschen-Fischfänger". Die biblische Assoziation ist so deutlich, daß sie nicht verifiziert zu werden braucht. Und wieder ist von der Zeit die Rede (4,298):

Ich aber und mein Schicksal – wir reden nicht zum Heute, wir reden auch nicht zum Niemals: wir haben zum Reden schon Geduld und Zeit und Überzeit. Denn einst muss er doch kommen und darf nicht vorübergehn. Wer muss einst kommen und darf nicht vorübergehn? Unser grosser Hazar, das ist unser grosses fernes Menschen-Reich, das Zarathustra-Reich von tausend Jahren —
Wie ferne mag solche „Ferne" sein? was geht's mich an! …
Hier lache, lache, meine helle heile Bosheit! Von hohen Bergen wirf mir hinab dein glitzerndes Spott-Gelächter! Ködere mit deinem Glitzern mir die schönsten Menschen-Fische!

Und dann kommen die einzelnen Menschen zu ihm auf die Höhe hinauf. Zunächst ist es der *Wahrsager*, der *Verkünder (!) der großen Müdigkeit* (4,300; Kursive durch mich): *„Alles ist gleich, es lohnt sich Nichts, Welt ist ohne Sinn, Wissen würgt."* Da erschallt ein greller Schrei. Der Wahrsager will Zarathustra zum *Mitleiden* bewegen, zu seiner letzten Sünde verführen (4,301). „Hörst du? – so versucht er ihn – hörst du, oh Zarathustra? …, dir gilt der Schrei, dich ruft er: komm, komm, komm, es ist Zeit, es ist höchste Zeit!" Und als dann Zarathustra fragt, wer da ruft, da antwortet der Wahrsager heftig (4,302): *„Der höhere Mensch* ist es, der nach dir schreit!" Also der *höhere* Mensch in *höchster* Zeit!

Aber nur, weil Zarathustra in *seinem* Bereich ist, allein deshalb will er ihn suchen, nicht aber – so können wir schließen – aus Mitleid.

Die nächsten Besucher sind – welche Phantasie bei Nietzsche! – zwei Könige mit ihrem Esel, der Gewissenhafte des Geistes mit seinen Blutegeln, der alte Zauberer, der letzte Papst außer Dienst, der häßlichste Mensch, der freiwillige Bettler und Zarathustras Schatten. Nun können wir in unserer Darstellung nicht all diesen so eigentümlichen und auch so eigenwilligen Gestalten erlauben, sich vorzustellen und das Ihre zu sagen. Wir müssen wieder auswählen. Um aber Nietzsches Intention bei dieser Ansammlung von außergewöhnlichen Gästen auf seinem Berge und dann in seiner Höhle zu erfassen, mag es genügen, wenn wir den beiden Königen mit ihrem für die weitere Darstellung so wichtigen Esel, dem außer Dienst befindlichen letzten Papst und schließlich dem häßlichsten Menschen die Möglichkeit geben, sich vorzustellen. Bei ihrem gemeinsamen Mahl, „Abendmahl" genannt, sprechen Zarathustra und die Geladenen von nichts anderem als vom höheren Menschen, dem ein eigener Aphorismus gewidmet ist. Höhepunkt des Ganzen dürfte aber ohne Zweifel das Eselsfest sein. Mit der prophetischen Ankündigung des großen Mittags schließt der vierte und letzte Teil des *Zarathustra*.

Also zunächst zum Gespräch Zarathustras mit den *Königen*! Er wundert sich darüber, daß es *zwei* Könige sind, aber nur *ein* Esel. Aus dem Text geht nicht hervor, ob es sich um eine Anspielung auf Mt 21,7 handelt. Dort heißt es, daß sich Jesus bei seinem messianischen, also königlichen Einzug nach Jerusalem auf eine Eselin und (!) ihr Füllen setzte – ganz im Gegensatz zu den Berichten der

Evangelisten Markus, Lukas und Johannes, die von nur einem Tier sprechen. Hat Nietzsche, vielleicht in parodistischer Absicht, die Schilderung des Matthäus auf den Kopf stellen wollen: statt einem König und zwei Eseln zwei Könige und ein Esel? Ich weiß es nicht und will auch hier nicht urteilen. Aber sicherlich wollte er hier mit parodistischer Attacke eine bekannte neutestamentliche Szene lächerlich machen. Doch kommen wir zu Wichtigerem! Einer der Könige teilt Zarathustras Einstellung, wenn er der „guten Gesellschaft" mit ihren „guten Sitten" – die Anführungsstriche stammen von Nietzsche! – eine Abfuhr erteilt (4,305):

Lieber, wahrlich, unter Einsiedlern und Ziegenhirten als mit unserm vergoldeten falschen überschminkten Pöbel leben, – ob er sich schon „gute Gesellschaft" heisst,
– ob er sich schon „Adel" heisst ...
Der Bauer ist heute der Beste; und Bauern-Art sollte Herr sein! Aber es ist das Reich des Pöbels, – ich lasse mir Nichts mehr vormachen. Pöbel aber, das heisst: Mischmasch ...
– pfui, unter dem Gesindel die Ersten zu bedeuten! Ach, Ekel! Ekel! Ekel! Was liegt noch an uns Königen!

Zarathustra freut sich über diese Königsmeinung; er sagt (4,306):

Der Euch zuhört, der Euch gerne zuhört, ihr Könige, der heisst Zarathustra.
Ich bin Zarathustra, der einst sprach: „Was liegt noch an Königen!" Vergebt mir, ich freute mich, als Ihr zu einander sagtet: „Was liegt an uns Königen!"
Hier aber ist *mein* Reich und meine Herrschaft: was mögt Ihr wohl in meinem Reiche suchen? Vielleicht aber *fandet* Ihr unterwegs, was *ich* suche: nämlich den höheren Menschen."

Wir sind schon beim Thema des *höheren Menschen*. Zarathustra hält es durchaus für möglich, daß seine beiden königlichen Gäste diesen höheren Menschen gefunden haben. Und sie geben sich als erkannt, als durchschaut – wohlgemerkt: im guten Sinne des Wortes! Bis jetzt gibt es kein Indiz, daß Zarathustra in diesem Gespräch ironisch wurde. Die Könige erklären auch, daß er ihre Not entdeckt habe. In der Tat seien sie unterwegs, den höheren Menschen zu finden. Zarathustra und die Könige sind sich also einig im Ziel! Sie gestehen ihrem Gastgeber, daß der höhere Mensch höher ist als sie in ihrem Königsstand. Deshalb führten sie ihm auch ihren Esel zu. Denn der höchste Mensch solle auf Erden auch der höchste Herr sein. Also Verzicht auf königliche Würde und königliche Herrschaft wegen des Menschen, der für sie wie für Zarathustra der höhere Mensch ist! Da lobt Zarathustra die Könige! Welche Weisheit bei ihnen! In diesem Augenblick allerdings kam auch der Esel zu Worte, und zwar deutlich mit bösem Willen: I-A. Ein bemerkenswerter Kontrapunkt: Tierisches I-A gleichzeitig mit königlich-philosophischer Weisheit! Zarathustra reimt, das Vieh wird im Reim das Negativsymbol. Es lohnt sich, Zarathustras Gedicht, seine – also zugleich Nietzsches! – Dichtung zu hören (4,307):

> Einstmals – ich glaub', im Jahr des Heils Eins –
> Sprach die Sybille, trunken sonder Weins:
> „Weh, nun geht's schief!
> „Verfall! Verfall! Nie sank die Welt so tief!
> „Rom sank zur Hure und zur Huren-Bude,
> „Rom's Caesar sank zum Vieh, Gott selbst – ward Jude[82]!"

Ein hier nicht gerade passendes Gedicht! Kamen doch die Könige in philosophischer Weisheit, zugleich aber mit einem Esel! Also mit dem Vieh, zu dem Cäsar sank! Zum Jahre Eins des Heils brauche ich nichts mehr zu sagen; wir kennen dieses Jahr schon aus *Ecce homo*. Zarathustra wartet, wie wir noch eben erfahren haben, auf den höheren Menschen. Wieso sprach aber dann die Sybille in der Vergangenheit von gekommener Heilszeit? Wieso erkennt Zarathustra eine *Gleichzeitigkeit* von Heil und Unheil? Und schon sind wir wieder beim *Zeitproblem*! Sein – des Menschen Sein! – und Zeit! Nietzsche macht es uns nicht leicht. Die Umkehrung der höchsten christlichen Werte kommt in diesem Gespräch schließlich auch noch zur Sprache. Die Könige erklären nämlich, daß sie entschlossen waren, Zarathustra zu hören (4,307):

Wir müssen ihn *hören*, ihn, der lehrt „ihr sollt den Frieden lieben als Mittel zu neuen Kriegen, und den kurzen Frieden mehr als den langen!" Niemand sprach je so kriegerische Worte: „Was ist gut? Tapfer sein ist gut. Der gute Krieg ist's, der jede Sache heiligt."

Zarathustra verabschiedet sich, weil, wie wir schon wissen, ein Notschrei ihn gerufen hat. Zuvor aber sagt er seinen königlichen und zugleich so weisen Gästen (4,308):

Es ehrt meine Höhle, wenn Könige in ihr sitzen und warten wollen: aber, freilich, Ihr werdet lange warten müssen!

Sie müssen noch lange warten, warten nämlich auf die Heilszeit des höheren Menschen! Ja, es ist schon eigentümlich: Die Heilszeit ist *schon da*; die den höheren Menschen suchen, sind schon da. Und dennoch – auf das Heil muß man noch warten! Es ist *noch nicht da*. Erinnert uns das nicht an die *präsentische Eschatologie* im Neuen Testament – sei es bei Jesus, sei es bei Paulus, sei es bei Johannes –, nach der das künftige Heil zwar künftig, aber dennoch schon in der Gegenwart präsent ist? Nietzsche wußte zwar noch nichts vom Begriff der sogenannten präsentischen Eschatologie, nämlich von der Auffassung einer Koinzidenz von Gegenwart und Zukunft im Neuen Testament, also von der Hereinnahme der Heilszukunft in die Gegenwart, ohne daß dadurch die Zukunft ihre Zukünftigkeit verlöre. Das alles sind theologische Erkenntnisse, die erst seit ungefähr hundert Jahren den Theologen so nach und nach bewußt wurden. Bekanntlich ist der Begriff „präsentische Eschatologie" erst von Rudolf Bultmann für das Johannes-Evangelium geprägt worden. Wenn auch Nietzsche diese Diskussion nicht kannte, wenn er aber andererseits mit bestem Gespür die Überwindung eines rein chronologischen Zeitdenkens im Neuen Testament erahnte und sie in sein eigenes Denken einbaute, wenn auch parodistisch übernehmend, dann zeigt das, wie nahe er doch trotz seines so heftigen Neins zu aller Christlichkeit dem christlich-theologischen Denken in seinem eigentlichen Denken geblieben ist. Und wiederum stelle ich die Frage: Hängt die parodistische Verfremdung des genuin Biblischen nicht irgendwie damit zusammen, daß Nietzsche gegen ein verzerrtes Gottesbild seinen Protest aussprach, der zwar in seiner parodistischen Verfremdung, die sicherlich die Substanz des biblischen Gottesgedankens traf, von uns nur abgelehnt werden kann, dessen *ureigenes Motiv* aber von uns – um der Sache der Theologie willen! – bitter ernst genommen werden sollte? Die Tragik: *Nietzsches substantielles Nein zum biblischen Gott ist aus dem Nein gegen eine Karikatur des biblischen Gottes erwachsen.*

Im Aphorismus *Ausser Dienst* kommt es zu einem auch für Zathustra überraschenden Dialog mit dem alten, dem *letzten Papst*. Dieser hatte den letzten frommen Menschen gesucht, einen Heiligen und Einsiedler, jenen Greis nämlich, den Zarathustra nach der Erzählung der *Vorrede* getroffen hatte und der, für ihn so erstaunlich, vom Tode Gottes noch nichts gehört hatte, der aber Gott, nicht mehr jedoch die Menschen liebte (4,12–14). Aber der letzte Papst konnte den Einsiedler nicht mehr aufsuchen, da er inzwischen verstorben war. Weil nun der alte Papst – er erklärt Zarathustra, daß er inzwischen außer Dienst sei – diesen frömmsten Menschen nicht mehr aufsuchen konnte, entschloß sich sein Herz, einen anderen zu suchen, „den Frömmsten aller Derer, die nicht an Gott glauben", nämlich Zarathustra (4,322). Dieser entgegnete dem letzten Papst (4,323):

– Du dientest ihm [Zarathustra meint Gott] bis zuletzt, ... du weisst, *wie* er starb? Ist es wahr, was man spricht, dass ihn das Mitleiden erwürgte,
– dass er es sah, wie *der Mensch* am Kreuze hieng, und es nicht ertrug, dass die Liebe zum Menschen seine Hölle und zuletzt sein Tod wurde?

Als der alte Papst nicht antwortet, ermahnt ihn Zarathustra, er solle Gott fahren lassen, er sei dahin. Er wisse so gut wie er, Zarathustra, *wer* er war. Da sagte der alte Papst erheitert (4,323):

Unter drei Auge gesprochen ... (denn er war auf Einem Auge blind), in Dingen Gottes bin ich aufgeklärter als Zarathustra selber – und darf es sein.
Meine Liebe diente ihm lange Jahre, mein Wille gieng allem seinen Willen nach ...
Es war ein verborgener Gott, voller Heimlichkeit. Wahrlich zu seinem Sohne sogar kam er nicht anders als auf Schleichwegen. An der Thür seines Glaubens steht der Ehebruch.

Was mit dem Ehebruch gemeint ist, wissen wir. Nietzsche interpretiert den biblischen Bericht von der jungfräulichen Geburt Jesu als Ehebruch: Maria hatte mit Gott selbst ihre Liaison und betrog so Josef. Das Thema „Jesus als nichtehelicher Sohn" finden wir immer wieder bei denen, die diesen Bericht möglichst historisch auslegen wollen, ihn aber auf jeden Fall so verstehen wollen, daß Maria auf natürliche Weise schwanger wurde, und zwar nach einer späten, historisch völlig wertlosen Tradition durch einen Soldat der römischen Besatzung. Diese Gläubigkeit gegenüber historisch Unglaubwürdigem finden wir zuweilen auch noch heute. Mit ernsthafter historischer Wissenschaft hat allerdings solche Gläubigkeit nichts mehr zu tun. Hören wir besser, was Nietzsche den letzten Papst zur Charakteristik und zum Tod Gottes sagen läßt (4,324):

> Wer ihn [der alte Papst meint Gott] als einen Gott der Liebe preist, denkt nicht hoch genug von der Liebe selber ...
> Als er jung war, dieser Gott aus dem Morgenlande, da war er hart und rachsüchtig und erbaute sich eine Hölle zum Ergötzen seiner Lieblinge.
> Endlich aber wurde er alt und weich und mürbe und mitleidig, einem Grossvater ähnlicher als einem Vater, am ärmlichsten aber einer wackeligen alten Großmutter.
> Da sass er, welk, in seinem Ofenwinkel, härmte sich ob seiner schwachen Beine, weltmüde, willensmüde (!), und erstickte eines Tages an seinem allzugrossen Mitleiden.

Also: *Mitleid tötet sogar Gott und Götter!* Die Antwort Zarathustras ist bezeichnend, vor allem sein Bekenntnis zu allem, was hell blickt und redlich redet. Aber gerade an diesem Ideal Zarathustras zerbricht Gott. An ihm war etwas, was von Priester-Art war, nämlich Vieldeutigkeit und Undeutlichkeit. Ein seltsamer Gott, der so undeutlich sprach, daß wir ihn nur schlecht verstanden. Und außerdem gab er uns nur solche Ohren, dieser Zornschnauber, daß wir ihn nicht gut verstehen konnten! Daß ihm auf diese Weise vieles in seiner Schöpfung mißriet, war die Sünde wider den guten Geschmack. Und so endet dieser Abschnitt mit den bezeichnenden Worten Zarathustras (4,324 f.):

> Es giebt auch in der Frömmigkeit guten Geschmack: *der* sprach endlich „Fort mit einem *solchen* Gotte! Lieber keinen Gott, lieber auf die eigene Faust Schicksal machen, lieber Narr sein, lieber selber Gott sein!

Das aber war so ganz nach des letzten Papstes Geschmack. Und so bekennt er, Zarathustra sei frömmer, als er glaube. Irgendein Gott in ihm habe ihn zu seiner Gottlosigkeit bekehrt! Seine Zustimmung sollten wir aber sehr genau lesen. Denn sie enthält immerhin eine gewisse Relativierung der Gottlosigkeit Zarathustras, zu der dieser am Ende der Ausführungen des letzten Papstes sehr betont erklärt: „Amen! So soll es sein!" Der letzte Papst sagte nämlich (4,325):

Ist es nicht deine Frömmigkeit selber, die dich nicht mehr an Gott glauben läßt? Und deine übergrosse Redlichkeit wird dich auch noch jenseits von Gut und Böse wegführen!
Siehe doch, was blieb dir aufgespart? Du hast Augen und Hand und Mund, die sind zum Segnen vorher bestimmt seit Ewigkeit. Man segnet nicht mit der Hand allein.
In deiner Nähe, ob du schon der Gottloseste sein willst, wittere ich einen heimlichen Weih- und Wohlgeruch von langen Segnungen: mir wird wohl und wehe dabei.

Wie soll man diese Worte des Papstes verstehen, nach denen es ausgerechnet Zarathustras Frömmigkeit ist, die ihn nicht an Gott glauben läßt? Ist es nur ein Irrtum, daß ihn seine echte Frömmigkeit nicht zum Glauben an Gott gelangen läßt, der doch eben in dieser Frömmigkeit angelegt ist? Oder führt wirkliche und eigentliche Frömmigkeit notwendig zum Unglauben? Als Antwort auf diese Frage die Gegenfrage: Läßt sich nicht die Aussage des Papstes, wonach er bei Zarathustra „einen heimlichen Weih- und Wohlgeruch von langen Segnungen" wittere, am ungezwungensten so interpretieren, daß er solche Witterung bei ihm wahrnehme, *obwohl* er der Gottloseste sein wolle? Also *Zarathustras Gottlosigkeit* ein Stück *Selbstillusion*? Stimmt dem aber Zarathustra zu, so läßt er die Frage nach dem Grund seiner ureigenen Existenz offen. Ist Zara-

8. Also sprach Zarathustra

thustra – sprich: Friedrich Nietzsche – also doch auf einem heimlichen Weg zum Gekreuzigten, wenn auch tief im Innersten verborgen? Vom verborgenen Gott, dem *deus absconditus*, sprach der Papst noch kurz zuvor, wenn auch in der beißenden Polemik gegen Gott. Wäre es aber bei der Denkweise Nietzsches wirklich so unvorstellbar, daß er kurz danach schon die zuerst in negativer Konnotation genannte Verborgenheit, wenn auch unausgesprochen, nun von seinen Lesern positiv erwägen läßt? Das ist sicherlich Spekulation. Aber *daß* Nietzsche nicht von Gott losgekommen ist, daß er nicht vom Gekreuzigten losgekommen ist, wird, wie weithin zugegeben, nicht nur durch die Zeit nach dem Ausbruch seines Wahnsinns, in dem er sogar als „Der Gekreuzigte" unterschreibt, nahegelegt.

Nun zum *häßlichsten Menschen*! Dieser fordert Zarathustra auf, ein Rätsel zu lösen, nämlich wer er sei. Der denkt zunächst ans Mitleiden, sinkt nieder und sagt dann mit hartem Antlitz (4,328):

Ich erkenne dich wohl, sprach er mit erzener Stimme: *du bist der Mörder Gottes!* Lass mich gehn.
Du *erträgst* den nicht, der *dich* sah, – der dich immer und durch und durch sah, du hässlicher Mensch!

Wie Nietzsche das Gegenüber von Zarathustra und dem häßliche Menschen schildert, läßt nur die Deutung zu, daß dieser jenem überaus unsympathisch erschien. Nietzsche will weg von ihm. Der Häßliche fordert Zarathustra zum Bleiben auf, mit Erfolg. Und wiederum geht's um das Thema des Mitleids. Der Häßliche kann das Mitleid derer, die ihn bemitleiden, nicht ertragen (4,329):

ihr Mitleid ist's, vor dem ich flüchte und dir zuflüchte. Oh Zarathustra, schütze mich, du meine letzte Zuflucht, du Einziger, der mich errieth:
– du erriethest, wie dem zu Muthe ist, welcher *ihn* tödtete. Bleib!

Und schließlich sagt er (4,331):

> Aber er – *musste* sterben: er sah mit Augen, welche *Alles* sahn, – er sah des Menschen Tiefen und Gründe, alle seine verhehlte Schmach und Hässlichkeit ...
> Der Gott, der Alles sah, *auch den Menschen*: dieser Gott musste sterben! Der Mensch *erträgt* es nicht, dass solch ein Zeuge lebt.

Der Häßlichste erträgt also Gott als Zeugen nicht. Und Nietzsche? Er erträgt in der Person des Zarathustra nicht den Häßlichen als den Zeugen seiner Gottlosigkeit. Der Häßlichste hat Gott ermordet. Und er, Nietzsche, will den von ihm selbst ausgemachten Mörder Gottes nicht ertragen. Aber er kann – wiederum in der Person Zarathustras – dem Befehl des häßlichen Mörders Gottes „Bleib!" nicht widerstehen. Nietzsches Absicht zur Flucht vor der von ihm selbst erfundenen – nein: gefundenen! – Gestalt des Gottesmörders, hier in der Person des häßlichsten Menschen, zuvor schon in der Person des Tollen Menschen in der *Fröhlichen Wissenschaft*, gibt uns zumindest das Recht zur Überlegung, ob nicht seine Gottlosigkeit trotz aller von ihm kundgetanen Selbstsicherheit vom (nicht eingestandenen?) Zweifel angenagt war.

Im Aphorismus *Die Begrüssung* beginnt Zarathustras Ansprache an seine Gäste mit dem Hinweis auf den höheren Menschen. Er gesteht ihnen sogar zu, ingesamt solch höhere Menschen zu sein, „aber für mich – seid ihr nicht hoch und stark genug" (4,350). Wiederum also die Zwielichtigkeit des Urteils Zarathustras! Nur als Vorzeichen des wahren höheren Menschen kamen die Gäste zu ihm (4,351):

> Auf *Andere* warte ich hier in diesen Bergen und will meinen Fuss nicht ohne sie von dannen heben,
> – auf Höhere, Stärkere, Sieghaftere, Wohlgemuthere, Solche die rechtwinklig gebaut sind an Leib und Seele: *lachende Löwen* müssen kommen!

8. Also sprach Zarathustra

Nun endlich der Aphorismus *Vom höheren Menschen*! Vorbereitet war er ja zur Genüge. Zarathustra hat gelernt, daß er nicht zu allen reden kann. Was gehen ihn Markt und Pöbel an, Pöbel-Lärm und lange Pöbel-Ohren! Der Pöbel, er behauptet ja, es gäbe keine höheren Menschen. Alle seien gleich, vor Gott nämlich seien sie gleich. Da Gott starb, wollen wir „vor dem Pöbel aber ... nicht gleich sein" (4,357; 2. Abschnitt des Aphorismus):

> Vor Gott! – Nun aber starb dieser Gott! Ihr höheren Menschen, dieser Gott war eure grösste Gefahr.
> Seit er im Grabe liegt, seid ihr erst wieder auferstanden. Nun erst kommt der grosse Mittag, nun erst wird der höhere Mensch – Herr! ...
> Wohlan! Wohlauf! Ihr höheren Menschen! Nun erst kreisst der Berg der Menschen-Zukunft. Gott starb: nun wollen *wir*, – dass der Übermensch lebe.

Die Anspielungen auf das Neue Testament und die Umkehrung der neutestamentlichen Verkündigung sind offenkundig. Von der Auferstehung der Menschen, auch im *präsentischen* Sinne, sprechen einige neutestamentliche Schriften. So heißt es z. B. in Kol 3,1: „Wenn ihr nun mit Christus auferweckt seid, so sucht, was oben ist, wo Christus zur Rechten Gottes sitzt!" Hier ist nicht von der künftigen Auferstehung am Jüngsten Tag die Rede. Und in Eph 2,6 heißt es sogar: „Ihr seid auferweckt und miteingesetzt (= inthronisiert!) in den himmlischen Bereichen in Christus Jesus." Das ist aber bereits jetzt die Folge der Auferweckung Jesu ins ewige Leben hinein. Bei Nietzsche jedoch heißt es, daß durch den Tod Gottes die Menschen erst wieder auferstanden seien. Also die totale Umkehrung bei weithin wörtlichem Anklang an die neutestamentliche Texte! Gottes Sterben ist für ihn das Leben des Übermenschen.

Und so schreibt Nietzsche, dessen eigentliche Intention

die Überwindung des Menschen ist, des empirischen Menschen nämlich (4,357; 3. Abschnitt):

Der Übermensch liegt mir am Herzen, *der* ist mein Erstes und Einziges, – und *nicht* der Mensch: nicht der Nächste, nicht der Ärmste, nicht der Leidendste, nicht der Beste –
Oh meine Brüder, was ich lieben kann am Menschen, das ist, dass er ein Übergang ist und ein Untergang. Und auch an euch ist Vieles, das mich lieben und hoffen macht.
Dass ihr verachtet, ihr höheren Menschen, das macht mich hoffen. Die grossen Verachtenden nämlich sind die grossen Verehrenden.

Das alles sind uns bereits bekannte und vertraute Gedanken. Dem Preis und Lob des Übermenschen entspricht nun die Verachtung der „kleinen Leute" mit ihrer Predigt von Ergebung, Bescheidung, Klugheit, Fleiß, Rücksicht und vom „langen Und-so-weiter der kleinen Tugenden" (4,358):

Was von Weibsart ist, was von Knechtsart stammt und sonderlich der Pöbel-Mischmasch: *Das* will nun Herr werden alles Menschen-Schicksals – oh Ekel! Ekel! Ekel! ...
Diese Herrn von Heute überwindet mir, oh meine Brüder – diese kleinen Leute: *die* sind des Übermenschen grösste Gefahr!

In diesem Zusammenhang spricht Nietzsche vom Ameisen-Kribbelkram. Ich überschlage einiges und komme zum 2. Abschnitt des Aphorismus *Die Erweckung*. Doch ist dies eine Erweckung, die völlig anders ist als die von Zarathustra verheißene. Denn die zum Feste eingeladenen höheren Menschen gebärden sich in einer für ihn unmöglichen Weise. Sie werden fromm. Die Könige, der Papst außer Dienst und wer sonst noch zu den geladenen Gästen gehörte, sie pervertieren selbst die ehemals geltende Frömmigkeit, als Gott noch nicht tot war. Sie liegen nämlich gleich Kindern und gläubigen alten Weibchen auf den Knien und beten – den Esel an! Sie singen eine Litanei,

8. Also sprach Zarathustra 225

gebildet aus Worten des Neuen Testaments; daraus nur einige Kostproben (4,388):

Amen! Und Lob und Ehre und Weisheit und Dank und Preis und Stärke sei unserm Gott, von Ewigkeit zu Ewigkeit!
– Der Esel aber schrie dazu I-A.
Er trägt unsre Last, er nahm Knechtsgestalt an, er ist geduldsam von Herzen und redet niemals Nein; und wer seinen Gott liebt, der züchtigt ihn.
– Der Esel aber schrie dazu I-A.
…
Unscheinbar geht er durch die Welt. Grau ist die Leib-Farbe, in welche er seine Tugend hüllt. Hat er Geist, so verbirgt er ihn; Jedermann aber glaubt an seine langen Ohren.
– Der Esel aber schrie dazu I-A.
…
Du liebst Eselinnen und frische Feigen, du bist kein Kostverächter. Eine Distel kitzelt dir das Herz, wenn du gerade Hunger hast. Darin liegt eines Gottes Weisheit.
– Der Esel aber schrie dazu I-A.

Kein Wunder, daß Zarathustra diese Eselsanbeter zur Rede stellt! Er springt mitten unter seine tollgewordenen (!) Gäste. Als er den Papst außer Dienst ob solchen Tuns anfährt, da erwidert der ihm, man möge ihm vergeben, aber in Dingen Gottes sei er noch aufgeklärter als Zarathustra. Und er begründet es so, indem er Joh 4,24, einen theologischen Spitzensatz des Johannes-Evangeliums, als Zeugnis des Unglaubens umdeutet (4,390):

Lieber Gott also anbeten, in dieser Gestalt, als in gar keiner Gestalt! Denke über diesen Spruch nach, mein hoher Freund: du erräthst geschwind, in solchem Spruch steckt Weisheit.
Der, welcher sprach „Gott ist Geist" – der machte bisher auf Erden den grössten Schritt und Sprung zum Unglauben: solch Wort ist auf Erden nicht leicht wieder gut zu machen!
Mein altes Herz springt und hüpft darob, dass es auf Erden noch Etwas anzubeten giebt. Vergib das, oh Zarathustra, einem alten frommen Papst-Herzen!

Alle seine Gäste gaben ihm dann noch ähnliche Schelmen-Antworten. Am Ende ist Zarathustra beruhigt, seine höheren Menschen sind ja fröhlich geworden (4,393 f.):

„Oh meine Freunde, sprach er, – ihr Wunderlichen, ihr höheren Menschen, wie gut gefallt ihr mir nun, –
– seit ihr wieder fröhlich wurdet!
...
– ein kleiner tapferer Unsinn, irgend ein Gottesdienst und Eselsfest, irgend ein fröhlicher Zarathustra-Narr, ein Brausewind, der euch die Seelen hell bläst.
Vergesst diese Nacht und dieses Eselsfest nicht, ihr höheren Menschen! *Das* erfandet ihr bei mir, *Das* nehme ich als gutes Wahrzeichen, – Solcherlei erfinden nur Genesende!
Und feiert ihr es abermals, dieses Eselsfest, thut's euch zu Liebe, thut's auch mir zu Liebe! Und zu meinem Gedächtniss!"
Also sprach Zarathustra.

Ich lasse diese blaphemische Liturgie in ihren Einzelaussagen unkommentiert. Über sie mag sich jeder sein eigenes Urteil bilden. Man möge dabei nur bedenken, daß der Christ einen solchen Text als verletzende Gotteslästerung empfinden muß, daß aber ein atheistischer Autor eine von ihm formulierte Blasphemie gar als als Lästerung *Gottes* verstehen kann, weil dieser nach seiner Überzeugung doch gar nicht existiert. Einen nicht Existierenden kann man nicht lästern! Wenn bei solchen Texten Bosheit mit im Spiel sein sollte, dann höchstens gegen die, die an Gott glauben und die man in ihren heiligsten Gefühlen treffen will. Bei Nietzsche allerdings ist das Problem noch komplizierter. Ist die Eselsliturgie gegen sein Leiden am Atheismus geschrieben, dann ist vielleicht etwas Überkompensation gegeben.

Fragen wir hier nur noch nach Nietzsches Verständnis der *Liebe* und im Zusammenhang damit nach seinem Verständnis von *Gott*. Er sieht die im Neuen Testament geforderte Liebe als Nächstenliebe, diese aber als Mitleid mit dem Schwachen. Bekanntlich bekämpft er gerade ein solches *Mitleiden* deshalb, weil er in ihm die Selbstsucht am Werk sieht. Diese Motivation klingt fast schon neutestamentlich. Fragen wir also, ob Nietzsche wirklich erfaßt hat, was im Neuen Testament mit Nächstenliebe gemeint ist. Stellen wir zunächst fest, daß der Terminus Mitleid oder Mitleiden kein zentraler theologischer Begriff des Neuen Testaments ist. Zentral ist zunächst die Forderung der Liebe als Antwort auf Gottes Liebe. Damit kann natürlich Nietzsche nichts anfangen. Tatsache ist allerdings, daß er immer wieder groß von der Liebe zu sprechen weiß – freilich in *seinem* Kontext! Wenn er als die größte Sünde das Wort „Wehe denen, die hier lachen!" beurteilt und dann erklärt, daß einer, der so redet, nicht genug liebt, weil er die Lachenden nicht liebt, so hat er, indem er Liebe und Lachen zusammenfaßt, der Liebe deshalb einen hohen Stellenwert gegeben, weil das Lachen Sache der höheren Menschen ist. Hat Nietzsche die neutestamentliche Nächstenliebe verurteilt, so bleibt eben die Frage, ob er gar nicht so sehr diese, sondern deren Karikatur verurteilt hat. Kann man darüber hinaus sagen, daß es auch eher die Karikatur des Nächsten als der vom Neuen Testament gemeinte Nächste war, dem seine Polemik galt? Eines steht fest: *Nietzsche will den Menschen groß machen*, will unbestreitbar aus Liebe zu ihm den höheren Menschen, den Übermenschen aus ihm machen.

Nun sein zweites kardinales Mißverständnis: Nietzsche sieht den Menschen deshalb im Gegensatz zu Gott, weil er auch ein *Zerrbild von Gott* hat. An dieser Stelle ist er das Opfer einer – hoffentlich im Raum der Kirche überwundenen – Sicht Gottes, in der der Schöpfer zum leibfeindlichen, naturfeindlichen Götzen depraviert wurde. Ist aber die Kritik Nietzsches am christlichen Gott letztlich die Kritik an einem Gott, der nur noch ein Zerrbild des biblischen Gottes darstellt, so ist zu fragen, ob wir nicht seine Kritik an *seinem* Bild des biblisches Gottes so transferieren können, daß – um des biblischen Gottes willen! – seine Kritik in unsere Kritik an einem gefälschten Gottesbild des Neuen Testaments integriert wird. Das wäre in der Tat eine paradoxe Aufgabe *contra intentionem* Nietzsches, weil *secundum intentionem* Nietzsches! *Contra intentionem*, weil er theologische Schützenhilfe zur Interpretation seiner Philosophie verärgert abgewiesen hätte. *Secundum intentionem*, weil der „Sache" nach eine Koinzidenz seiner und unserer Absicht besteht. Dann hätte Nietzsche auf krummen Linien gerade geschrieben, dann würde sein originäres Denken gegen seinen erklärten Willen zu einem der Bibel sich nähernden Denken! An dieser Stelle hat der Theologe noch einiges zu investieren!

9. Der Nihilismus

Ist es nicht zum Abschluß des Semesters ein bedrückendes Ende, wenn wir jetzt Nietzsches Philosophie unter dem Begriff „Nihilismus" zusammenfassen? Dieses Wort ist bekanntlich vom lateinischen *nihil* abgeleitet; und *nihil* heißt auf deutsch „*nichts*"! Schließt also unsere Vorlesung mit dem Resultat, daß am Ende von Nietzsches Philosophie im wörtlichen Sinne *nichts* steht? Wozu haben wir uns das ganze Sommersemester hindurch um das philosophische Denken dieses Mannes bemüht und dabei auch noch philosophische Gedanken Kants und Schopenhauers zu verstehen versucht, wenn schließlich doch „nichts" dabei herauskommt? Versteht sich Nietzsche als Philosoph des Nihilismus, faßt er seine entscheidenden Begriffe wie ewige Wiederkehr des Gleichen, Übermensch oder Umwertung aller Werte unter diesem Oberbegriff zusammen, so klingt das zunächst nach Resignation, nach Verzweiflung angesichts der Sinnlosigkeit allen Geschehens, aller Geschichte, alles menschlichen Daseins. Und es gibt durchaus Aussagen Nietzsches, die alles Sein und Geschehen als unabwendbare Sinnlosigkeit erscheinen lassen.

Doch kennen wir inzwischen die Rhetorik dieses Mannes so gut, daß uns die Frage kommen sollte, ob wir nicht auch diesmal wieder sehr vorsichtig mit seinem

Gebrauch der Begriffe sein sollten. Wir wissen, wie gern er mit Worten und Begriffen spielt. Wir sollten also auf der Hut sein, ehe wir sie nach unserem üblichen Verständnis interpretieren. Und in der Tat faßt Nietzsche im Begriff „Nihilismus" mehrere Bedeutungsdimensionen zusammen. Die Texte, die wir im folgenden auslegen, stehen vor allem in den *Nachgelassenen Fragmenten*. Es wurde schon gesagt, daß Nietzsches Schwester, Elisabeth Förster-Nietzsche, arglistig diese Fragmente mit Hilfe des arglosen Peter Gast zu einem philosophischen Pseudosystem zusammenfügte und diese Fälschung unter die Überschrift „Der Wille zur Macht" stellte. Inzwischen liegt nun der gesamte, aus z.T. divergierenden Fragmenten bestehende Nachlaß vor, den Giorgio Colli und Mazzino Montinari mustergültig in chronologischer Reihenfolge publizierten, und zwar ohne jegliche inhaltliche Wertung durch Überschriften oder dergleichen. Nach dieser Ausgabe beziehen wir uns hier auf diejenigen Texte, in denen sich Nietzsche 1885 bis 1888 besonders programmatisch zum Nihilismus äußerte.[83]

Zuweilen werden wir auch auf einige Schriften des Jahres 1888, also der Zeit unmittelbar vor Ausbruch seines Wahnsinns, zurückgreifen, ohne sie jedoch als solche zu thematisieren. Genannt seien *Götzen-Dämmerung*, der in seiner Polemik und Gehässigkeit maßlose *Antichrist* und die autobiographische Schrift *Ecce homo* (wenn der Begriff „Autobiographie" hier überhaupt paßt!). Zwar bricht sein Wahnsinn erst Ende Dezember aus. Aber man merkt diesen Schriften an, daß ihr Verfasser bereits in exzentrischer Weise, geradezu in pathologischer Automanie seine Philosophie als Repräsentation seiner eigenen Person vorlegt. Giorgio Colli, auf dessen Einführungen in Nietzsches

Schriften wir schon mehrfach verwiesen haben, formuliert zutreffend (6,452), dieser werde „in pathologischer Übertragung" der Antichrist, seine alten Themen würden nun rein persönlich abgehandelt: „Nietzsches Denken identifiziert sich mit Nietzsches Person." Wenn wir uns nun im folgenden hier und da auch auf diese Schriften beziehen, die – freilich in inhaltlicher Kontinuität zu den Gedanken früherer Publikationen – Nietzsches Philosophie *als* seine Person darstellen, so legt sich dies nahe, weil uns gerade aus dieser überbetonten ichzentrierten Sicht seine philosophischen Gedanken in noch deutlicherem Profil vor Augen stehen. Um aber einen gewissen Eindruck zu vermitteln, in welch erschreckendem Ausmaß sich Nietzsche schon kurz vor Ausbruch seines Wahnsinns literarisch – im wörtlichen Sinne! – *pro*-stituiert, hier einige Beispiele, die als bezeichnender Ausdruck seines zunehmenden und betroffen machenden Größenwahnsinns vielleicht schon erste Symptome des bevorstehenden geistigen Zusammenbruchs sind. Werner Ross meint gar, daß bereits in den letzten Jahren vor der Katastrophe im Winter 1888/1889 in ihm der Wahn gewachsen sei.[84]

Im Kapitel *Warum ich so gute Bücher schreibe* in *Ecce homo* prophezeit Nietzsche seine postume Zukunft. Jetzt sei er zwar noch nicht an der Zeit – sicherlich hätte er mit Joh 2,4 sagen können: „Meine Stunde ist noch nicht gekommen." –, aber (6,298):

Irgend wann wird man Institutionen nöthig haben, in denen man lebt und lehrt, wie ich leben und lehren verstehe; vielleicht selbst, dass man dann auch eigene Lehrstühle zur Interpretation des Zarathustra errichtet.

Die Zeit ist noch nicht reif für ihn, die Menschen sind noch nicht reif für ihn, sie sind eben noch keine höheren Menschen. Also stellen wir fest: Der Hermeneutiker

Nietzsche, und als solchen haben wir ihn ja kennengelernt, *will nicht* verstanden werden, jedenfalls *jetzt nicht* (6,299):

> Wie *könnte* ich, mit *diesem* Gefühl der Distanz, auch nur wünschen, von den „Modernen", die ich kenne –, gelesen zu werden! – Mein Triumph ist gerade der umgekehrte, als der Schopenhauer's war, – ich sage „*non* legor, *non* legar".

Er wird also nicht gelesen, er will nicht gelesen werden! Denn das würde ihn auf eine Stufe mit denen stellen, von denen er nichts wissen will, die zuerst ihn verlacht haben und die dann er verlacht hat (s. den Anfang von *Also sprach Zarathustra!*). Kurz danach spricht er mit Worten Martin Luthers[85] polemisch gegen das, was er unter „deutsch" versteht (6,302): „Ich kann nicht anders. Gott helfe mir! Amen." Er beendet den Abschnitt mit der Bemerkung:

> Ich bin der *Antiesel* par excellence und damit ein welthistorisches Unthier, – ich bin, auf griechisch, und nicht nur auf griechisch, der *Antichrist*.

In diesem Bewußtsein, weit über allen und allem zu stehen, kann er dann als der Schriftsteller seiner Bücher sagen, daß er durch sie seine Leser dazu bringt, die Bücher anderer, vor allem philosophische, nicht mehr auszuhalten (6,302):

> Wer mir aber durch *Höhe* des Wollens verwandt ist, erlebt dabei wahre Ekstasen des Lernens: denn ich komme aus Höhen, die kein Vogel je erflog, ich kenne Abgründe, in die noch kein Fuss sich verirrt hat. Man hat mir gesagt, es sei nicht möglich, ein Buch von mir aus der Hand zu legen, – ich störte selbst die Nachtruhe … Es giebt durchaus keine stolzere und zugleich raffinirtere Art von Büchern: – sie erreichen hier und da das Höchste, was auf Erden erreicht werden kann, den Cynismus; man muss sie sich ebenso mit den zartesten Fingern wie mit den tapfersten Fäusten erobern.

In der Tat, hat man erst einmal begonnen, ein Nietzsche-Buch zu lesen, so ist es schwer, die Lektüre abzubrechen!

9. Der Nihilismus

Im Kapitel *Götzen-Dämmerung. Wie man mit dem Hammer philosophirt*, einem Kapitel über dieses Buch, äußert er sich über Wahrheiten. Auch hier wieder das extremste und nicht mehr zu überbietende Selbstbewußtsein eines Mannes, der sich als einzig und als der die Weltgeschichte in zwei Teile Trennende vorstellt (6,355):

Ich erst habe den Maassstab für „Wahrheiten" in der Hand, ich *kann* erst entscheiden ... Und allen Ernstes, Niemand wusste vor mir den rechten Weg, den Weg *aufwärts*: erst von mir an giebt es wieder Hoffnungen, Aufgaben, vorzuschreibende Wege der Cultur – *ich bin deren froher Botschafter* ... Eben damit bin ich auch ein Schicksal.

Wir stellen fest: *Nietzsche* ist der frohe Botschafter, der Evangelist – freilich der Evangelist *seines* Evangeliums! Im *Antichrist* erzählt er als dieser Evangelist die echte Geschichte des Christentums: Das Evangelium starb am Kreuz, so daß von diesem Augenblick an das christliche Evangelium die „schlimme Botschaft", das *Dysangelium*, ist (6,211). Noch ein Blick in das Kapitel *Warum ich ein Schicksal bin* aus *Ecce homo*! Noch einmal die Einzigkeit Nietzsches, noch einmal der Äonenwechsel, der nur mit diesem Evangelisten des Atheismus, nur im Ich dieses Evangelisten Ereignis werden kann (6,365; Kursive durch mich):

Ich kenne mein Loos. Es wird sich einmal an meinen Namen die Erinnerung an etwas Ungeheures anknüpfen, – an eine Krisis, wie es keine auf Erden gab, an die tiefste Gewissens-Collision, an eine Entscheidung heraufbeschworen *gegen* Alles, was bis dahin geglaubt, gefordert, geheiligt worden war. *Ich bin kein Mensch, ich bin Dynamit.*

Was aber ist sein Los, sein Schicksal, wenn er alle bisher geltende Wahrheit als Lüge aufdeckt, wenn er die Umwertung aller Werte als „Akt höchster Selbstbestimmung der Menschheit" verkündet und diesen Akt als sein Evangelium predigt? Er antwortet (6,365f.):

Mein Loos will, dass ich der erste *anständige* Mensch sein muss, dass ich mich gegen die Verlogenheit von Jahrtausenden im Gegensatz weiss ... Ich erst habe die Wahrheit *entdeckt*, dadurch dass ich zuerst die Lüge als Lüge fand – *roch* ... Mein Genie ist in meinen Nüstern ... Ich widerspreche, wie nie widersprochen worden ist und bin trotzdem der Gegensatz eines neinsagenden Geistes. Ich bin ein *froher Botschafter*, wie es keinen gab ich kenne Aufgaben von einer Höhe, dass der Begriff dafür bisher gefehlt hat; erst von mir an giebt es wieder Hoffnungen.

Und dann spricht er wieder von dem, was da kommen muß, vom Kampf der Wahrheit – natürlich der auf *seiner* Seite stehenden Wahrheit! – mit der Lüge von Jahrtausenden, von Erschütterungen, von einem Krampf von Erdbeben, von einer Versetzung von Berg und Tal, wie dergleichen nie geträumt worden sei (s. Jes 40,4!). Und jetzt wird's revolutionär, auch ohne daß das Wort „Revolution" fällt (6,366):

Der Begriff Politik ist dann gänzlich in einen Geisterkrieg aufgegangen, alle Machtgebilde der alten Gesellschaft sind in die Luft gesprengt – sie ruhen allesamt auf der Lüge: es wird Kriege geben, wie es noch keine auf Erden gegeben hat. Erst von mir an giebt es auf Erden *grosse Politik*.

Am Ende von *Ecce homo* fragt der Hermeneutiker Friedrich Nietzsche (6,374): „*Hat man mich verstanden?*" Obwohl er, wie wir vernommen haben, von seiner Zeit, von den „Gegenwärtigen" nicht verstanden werden will, so will er doch von seiner Elite verstanden werden! Und *wen* sollen sie verstehen? Die Antwort geben die letzten vier Worte des Buches, sozusagen seine persönliche Unterschrift, im Druck eigens hervorgehoben:

Dionysos gegen den Gekreuzigten ...

Jetzt wissen wir endlich, *wen* wir vor uns haben, *wer* mit *göttlichem* Selbstbewußtsein die *gottlose Philosophie des Nihilismus* verkündet: Der Gott Nietzsche in Personeinheit mit

9. Der Nihilismus

dem Gott Dionysos! Der Gott, dessen Ekstase schon den Autor der Schrift *Die Geburt der Tragödie aus dem Geiste der Musik* beherrschte, der beherrscht am Ende auch diesen Autor bei der Niederschrift aller seiner Schriften. Indem der Verehrer des Gottes Dionysos schließlich selbst dieser Gott wird – Dionysos mit Beinamen Friedrich Nietzsche –, wird dieser *atheistische Gott* Dionysos zum göttlichen Prediger der Gottlosigkeit und Gottfeindschaft. Doch diese göttliche Gottlosigkeit – nur in einer *formalen* Logik eine *contradictio in adiecto*! –, gerichtet gegen den Gekreuzigten, dem von Dionysos die Göttlichkeit bestritten wird, ist – ich wiederhole es bewußt! – ein erlittener Atheismus. Noch kann Nietzsche-Dionysos im Trotz sagen: Dionysos gegen den Gekreuzigten. Aber der Ausbruch des Wahnsinns des zum griechischen Gott gewordenen Propheten wird etwas später freisetzen, was immer schon in tiefster Seele in ihm bohrte, was er aber mit übersteigertem Selbstbewußtsein überspielte. Er, der noch in *Ecce homo* mit „Dionysos" unterschrieb, unterschrieb in jenem Brief an Peter Gast vom 4. Januar 1889, den wir schon zu Beginn des Semesters zur Kenntnis nahmen, mit „Der Gekreuzigte". Daß wir hier nicht überinterpretieren, zeigt der Abschluß des Kapitels *Also sprach Zarathustra* in *Ecce homo*, wo sich Nietzsche als *Erfinder des Dithyrambos* vorstellt, noch einmal das Nachtlied aus dem zweiten Teil seines *Zarathustra* (4,136–138) niederschreibt (6,345–347) und von ihm erklärt, daß „dergleichen ... nie gedichtet, nie gefühlt, nie *gelitten* worden" sei; denn *so leidet ein Gott, ein Dionysos* (6,348)! *Nietzsche leidet – also leidet, wenn Nietzsche Dionysos ist, auch Dionysos!* Und so müssen wir auf jeden Fall, um unser Bild von Nietzsche noch konkreter werden zu lassen, auch den Dionysos-Dithyrambos *Klage der Ariadne* heranziehen (6,398–401). Von ihm sagt er ausdrücklich, daß Ariadne die Antwort auf das Nachtlied sei. Wörtlich (6,348): *„Wer weiss ausser mir, was Ariadne ist!"*[86] Ariadne redet Dionysos als grausamsten Jäger, schadenfrohen unbekannten Gott, Eifersüchtigen, Folterer, Henker-Gott an. Aber sie kommt einfach nicht von ihm los! Doch als dieser ihr „grosser Feind" schließlich vor ihr flieht, da ruft sie ihn leidenschaftlich zurück – nur ein oberflächlich Urteilender würde hier von Masochismus sprechen! – (6,401):

Oh komm zurück,
mein unbekannter Gott! mein *Schmerz*!
    mein letztes Glück! ...

Und nach einem Blitz antwortet der in smaragdener Schönheit sichtbar gewordene Dionysos:

Sei klug, Ariadne! ...
...
Muss man sich nicht erst hassen, wenn man sich lieben soll? ...
Ich bin dein Labyrinth ...

Steht nicht letztlich in Ariadnes Klage hinter dem Schmerz an Dionysos der Schmerz am Gekreuzigten? Ein textimmanente Interpretation dieses Dionysos-Dithyrambos läßt zwar einen Bezug auf Jesus Christus nicht zu. Wie aber, wenn wir das Gedicht im Lichte dessen lesen, was in *Ecce homo* zum leidenden Dionysos gesagt ist?

*

Diese Anthologie von Zitaten sollte uns das über alle Maßen gesteigerte Selbstbewußtsein Nietzsches überdeutlich vor Augen stellen. Aber sie wurde vor allem deshalb

9. Der Nihilismus

geboten, weil all diese Aussagen des sich die dionysische Göttlichkeit anmaßenden Nietzsche im engsten Zusammenhang mit dem Thema des *Nihilismus* zu lesen sind. Wir werden nachher noch im einzelnen sehen, was seine Bedeutsamkeit ausmacht: Der Nihilismus als das geschichtliche Ereignis Europas, daß sich die obersten Werte entwerten, aber auch, daß sie sich Werte zu echten Werten umwerten, also zu Werten für das Leben. Der Nihilismus ist die weltweite Katastrophe, die in grauenvollsten Kriegen und Kriegsverbrechen eskaliert. Er ist aber zugleich ein Geschehen, das den Übermenschen hervorbringt. Doch ist all dies an Friedrich Nietzsche, den Prediger der frohen Botschaft des Nihilismus, gebunden. *Er*, der sich als den ersten vollkommenen Nihilisten begreift, er *ist* der Nihilismus. Daß der Prozeß des nihilistischen Sich-Ereignens zum Ende kommt, ist ohne Nietzsche undenkbar, ohne ihn unmöglich. Er, der Prophet Friedrich Nietzsche, ist also die wichtigste Gestalt der europäischen Geschichte! Und dann auch der Weltgeschichte! Insofern sind all die Zitate über sein Selbstverständnis und Selbstbewußtsein auch Zeugnisse von *seiner* Philosophie des Nihilismus. Selten gab es in der Geistesgeschichte eine derartige Koinzidenz, ja *Identifikation von Denker und Gedachtem*. Keinesfalls ist diese außergewöhnliche Einzigkeit der Person Nietzsches dadurch relativiert, daß er gelegentlich die Seinen in seine Bedeutsamkeit einbezieht wie zum Beispiel an folgender Stelle aus dem *Antichrist* (6,179): „*wir selbst, wir freien Geister, sind bereits eine ‚Umwerthung aller Werthe'*." In diesem Zusammenhang mag auch ein Brief an Malwida von Meysenbug, den er allerdings schon viel früher an sie geschrieben hat (11. August 1875), aufschlußreich und bezeichnend sein – in Parenthese gesagt: man sollte, um Nietzsche zu verstehen, neben seinen Schriften auch immer wieder seine Briefe lesen –; darin heißt es:

> Unsereins, ich meine Sie und mich, leidet nie rein körperlich, sondern alles ist mit geistigen Krisen tief durchwachsen … Ich meine, Sie wissen und glauben das so fest wie ich, und ich sage Ihnen etwas recht Überflüssiges!

Man kann angesichts der Aussagen, in denen sich Nietzsche zum Weltereignis hochstilisiert, natürlich sofort mit Verurteilungen wie Selbstverherrlichung, krankhafte Überheblichkeit, Anmaßung oder dergleichen kommen; man wird aber bedenken müssen, daß dieser sich auf die einsame Höhe hinaufkatapultierende Nietzsche mit seiner Kritik und – sagen wir es ruhig so – Prophetie die *vernichtenden* und, im Sinne Heideggers, *nichtenden* Ereignisse des zwanzigsten Jahrhunderts in einer Klarsichtigkeit wie kaum ein anderer vorausgesehen hat. Er hat erkannt, wie es der Kampf der Geister ist, der Kampf der Weltanschauungen und Religionen, also der Kampf der Gedanken, der zu schlimmsten Katastrophen führte. Nietzsche konnte zeigen, wie das *Denken* seinen großen Anteil an der Weltgeschichte hat. Das war unbestreitbar eines seiner großen Verdienste – freilich ist dieser Nachweis nicht ganz stimmig mit dem, was er sonst zum Stellenwert von „Interpretationen" sagte. Halten wir also im Blick auf die Vorhersage der Ankunft des Nihilismus fest: Der selbstbewußte und selbstgerechte Prophet hatte in diesem Punkte recht, einem *zentralen* Punkt seines Denkens, seines Verkündens, seines „Predigens"! Und er litt an seiner Rolle, seinem Atheismus, mit dem er nicht fertig wurde, den er nicht aushielt, an dem er schließlich zerbrach. Dionysos, der atheistische Gott Nietzsche, *er* ist am Ende besiegt. Der Preis der Klarsicht Nietzsches war allerdings sein Irrtum in der Leugnung Gottes; damit hat er bezahlt – ein eigenartiges Geschehen, das jeden herausfordert, der Nietzsche wirklich *verstehen* will! Daß dabei der Theologe, mehr noch, jeder denkende Christ gefordert ist, daß er mit dieser Zumutung existentiell konfrontiert ist, das versteht sich eigentlich von selbst.

*

Vor der Auslegung dieser Texte noch eine notwendige philosophiegeschichtliche Zwischenbemerkung: Mit Nietzsches Nihilismus-Verständnis hat sich gründlich und wirkungsvoll *Martin Heidegger* auseinandergesetzt. 1961 erschien sein einflußreiches zweibändiges Werk „Nietzsche" bei Neske/Pfullingen, eine Sammlung von Vorlesungen, die er an der Universität Freiburg gehalten hat, allerdings in einer etwas überarbeiteten Form.[87] Die inzwischen in der II. Abteilung der Gesamtausgabe der Werke Heideggers herausgegebenen Nietzsche-Vorlesungen enthalten diese Überarbeitung jedoch nicht mehr.

In der Forschung wird diskutiert, inwieweit Heidegger, der bekanntlich selber den Nihilismus in seiner Philosophie thematisierte und sich dabei laufend auf Nietzsche bezog, diesen zutreffend interpretiert hat. Diese Frage, vor allem, ob Heidegger richtig gesehen hat, daß mit Nietzsche der Nihilismus zur Vollendung gekommen ist, nicht aber durch ihn bereits überwunden wurde, lasse ich hier unbeantwortet, zumal sie für unsere Semesterthematik unerheblich ist.[88] Ich beschränke mich daher in unserer Vorlesung auf die Auslegung der Nihilismus-Texte Nietzsches, weil dies für ein Mit- und Nach-Denken seiner Nihilismus-Gedanken im Rahmen unserer Semesterthematik voll ausreicht. Es sei aber ausdrücklich hervorgehoben, daß für die Nihilismus-Diskussion, sofern nicht in erster Linie Nietzsche selbst thematisiert wird, die Philosophie, vor allem die Spätphilosophie Heideggers unbedingt bedacht werden muß.

*

Zum Einstieg in die Nihilismus-Problematik bei Nietzsche eignet sich bestens die Notiz 2 [127] der *Nachgelassenen Fragmente*. Nietzsche kündigt in ihr den künftigen Nihilismus mit den vielzitierten Worten an (12,125; Friedrich, 236):

Der Nihilismus steht vor der Thür: woher kommt uns dieser unheimlichste aller Gäste?

Achten wir auf Art und Form der Ankündigung! Das Wort hat prophetische Wucht: Nietzsche kündigt an, er verkündet. Er spricht vom Nihilismus wie von einer im Kommen begriffenen Unheilsgestalt; zumindest suggeriert die Charakteristik „unheimlich" zunächst die Annahme, es sei eine Gestalt, die schlimmes Unheil über die Menschen bringt. Der Nihilismus steht vor der Tür (für den Heilssinn findet sich diese Wendung in Apk 3,20), er, der un-*heim*-lichste aller Gäste. In seiner Gegenwart sind wir also nicht mehr da-*heim*; alles Heimatliche, alles uns Vertraute ist uns genommen. Wir sind dann nicht mehr in dem uns bergenden, uns bewahrenden Heim. Bei ihm sind wir in der Fremde. Wenn der überaus unheimliche Nihilismus uns *heim*-gesucht hat, sind wir unserem eigenen Dasein

9. Der Nihilismus

entfremdet. Wir werden uns selbst fremd! Daß Nietzsche damit Tiefergehendes meinte als Karl Marx mit seinem Verständnis von Entfremdung, leuchtet dann sofort ein, wenn man bedenkt, daß für diesen die Entfremdung von einem äußeren Geschehen her gedacht ist, auch wenn diese äußeren Umstände für die Betroffenen – man denke nur an die Arbeiter in englischen Kohlebergwerken im 19. Jahrhundert – großenteils grauenvoll, unerträglich und menschenverachtend waren. Aber der von Nietzsche gemeinte Mensch im Bannkreis des Nihilismus, mag es ihm vielleicht in persönlicher Hinsicht auch gar nicht so schlimm gehen, ist in seiner Suche nach dem Sinn seines Lebens in der Tiefe seiner Seele getroffen, selbst wenn er es noch nicht recht begriffen haben sollte. Wenn nun Nietzsche in seiner Sprache den in unmittelbarer zeitlicher Nähe ankommenden Nihilismus hypostasiert oder gar personifiziert, dann bringt er damit zum Ausdruck, daß dessen Ankunft ein *Ereignis* ist, ein *geschichtliches* Ereignis von immenser Tragweite. In spezifischer Weise spricht er vom Nihilismus als dem, was sich in der *europäischen Geschichte* vollzieht. Er begründet es in einem achtfachen Schritt, den wir jetzt zusammen mit ihm gehen sollten.

Zum *ersten*: Der *Ausgangspunkt*. Energisch bestreitet Nietzsche, daß die Ursachen des Nihilismus in sozialen Notständen, physiologischen Entartungen oder gar in Korruption zu sehen seien; das sei ein Irrtum. Damit will Nietzsche sagen, daß oberflächlich urteilt, wer nur äußerlich verifizierbare Fakten zum Kriterium des innersten Wesens der Geschichte macht. Was besagt aber dann seine Deutung der Herkunft des Nihilismus? Er sieht sie „in einer *ganz bestimmten Ausdeutung*, in der christlich-moralischen", darin stecke der Nihilismus; denn (12,125):

Noth, seelische, leibliche, intellektuelle Noth ist an sich durchaus nicht vermögend, Nihilismus, d.h. die radikale Ablehnung von Werth, Sinn, Wünschbarkeit hervorzubringen

Damit sind wir bereits auf eine Art *Definition* von Nihilismus gestoßen; Nietzsche begreift ihn als die *radikale* Ablehnung von Wert, Sinn und Wünschbarkeit, wobei die *absolute Negation* von *Wert* und *Sinn* das entscheidende Moment sein dürfte. Eine solche Aussage könnte aber die Frage provozieren, ob denn zu Nietzsches Zeiten die „christlich-moralische Ausdeutung" der Welt wirklich nicht nur Wert und Sinn bestimmter Auffassungen bestreiten, sondern in aller Radikalität sogar behaupten wollte, daß es ein Koordinatensystem von Wert und Sinn überhaupt nicht gäbe. Ist das nicht eine gravierende Fehleinschätzung des Christentums, das doch gerade den Wert und Sinn von allem im christlichen Glauben verankert und gewahrt sieht? Aber das würde wohl Nietzsche gar nicht bestreiten wollen. Er würde wahrscheinlich erneut erklären, daß ein solcher Einwand nur Äußerlichkeiten vorbrächte. Er will tiefer sehen; er will auf den verborgenen Grund der Dinge schauen.

Und das legt er dann im *zweiten Schritt* seiner Argumentation dar. Er spricht nun vom *Untergang des Christentums* – ein für ihn im Grunde schon erfolgtes Ereignis, auch wenn einige Kirchen offiziell noch existieren –, und zwar vom Untergang an seiner Moral. Denn gerade *die christliche Moral* wende sich *gegen den christlichen Gott*! Indem nämlich das Christentum auch (!) den Sinn der *Wahrhaftigkeit* hoch entwickelt habe – das also gesteht ihm Nietzsche ausdrücklich zu! –, bekomme diese Wahrhaftigkeit „Ekel vor der *Falschheit* und *Verlogenheit* aller christlichen Welt- und Geschichtsdeutung" (12,125f.).[89] So sei das Christentum an seiner ihm innewohnenden radikalen Gegensätzlichkeit von Wahrhaftigkeit und Verlogenheit zugrunde gegangen. Im Christentum selbst sah also Nietzsche die Auseinandersetzung von zwei radikal antagonistischen Richtungen des Willens, von denen sich am Ende die Wahrhaftigkeit durchsetzte und so die Verlogenheit entlarvte, damit aber das Christentum als solches der Vernichtung preisgab.

Der *dritte Schritt* der Argumentation folgt aus dem zweiten. Es kommt zur Skepsis an der Moral, also zum *Untergang der moralischen Weltauslegung*. Sie hat – im Sinne Nietzsches: auf dieser Erde – keine Sanktion mehr, nachdem sie sich in eine Jenseitigkeit geflüchtet hat. Und so endet das Ganze notwendig im Nihilismus, der jetzt mit „*Alles hat keinen Sinn*" umschrieben wird. Der Verlust von Wert und Sinn an sich ist also nicht, wie es zunächst scheinen könnte, der konkrete Verzicht des Christentums auf Wert- und Sinnkompetenz. Vielmehr meint dieser Prozeß, daß die innere Widersprüchlichkeit des Christentums zur *Folge* hat, Sinn und Wert grundsätzlich in Zweifel zu ziehen. Denn die Undurchführbarkeit *einer* Weltauslegung erweckte so das „Mißtrauen ob nicht *alle* Weltauslegungen falsch sind" (12,126). Er meint hier einen buddhistischen Zug erkennen zu können, nämlich den der *Sehnsucht ins Nichts*. Des weiteren nennt er als Folge des Untergangs des Christentums die philosophischen Versuche bei Hegel und beim Pantheismus, den „moralischen Gott" zu überwinden, ebenso die Überwindung der volkstümlichen Ideale des Weisen, des Heiligen, des Dichters und den Antagonismus von „wahr", „schön" und „gut". Skizzieren wir jetzt nur noch in aller Kürze die letzten fünf Punkte!

Der *vierte Schritt*: Im Blick auf die Wissenschaft und die sozialistischen und positivistischen Systeme (12,126):

„Es fehlt eine *Kritik der christlichen Moral.*" Diese Kritik will nun Nietzsche selbst in aller Grundsätzlichkeit üben. Darin sieht er die Größe *seines* Denkens!

Der *fünfte Schritt*: Die jetzige *Naturwissenschaft* hat nihilistische Konsequenzen. Aus ihrem Betrieb folgt eine Selbstzerstörung, eine Anti-Wissenschaftlichkeit.

Der *sechste Schritt*: Die nihilistischen Konsequenzen der *politischen und volkswirtschaftlichen Denkweise* sieht Nietzsche in einem Hauch von Mittelmäßigkeit, Erbärmlichkeit, Unaufrichtigkeit u.s.w., auch im Nationalismus und Anarchismus.

Der *siebte Schritt*: Hier ist Nietzsche wieder bei einem seiner alten Themen, das wir schon aus seiner Historienschrift kennen. Er spricht jetzt von den nihilistischen Konsequenzen der *Historie* und der *„praktischen Historiker"*, d.h. der Romantiker. An der *Kunst* bemängelt er ihre „absolute *U*noriginalität".

Der *achte Schritt*: Von nihilistischen Konsequenzen ist jetzt nicht mehr die Rede. Nur wenige Worte sind – wohl als Fortsetzung des siebten Schritts – zu lesen (12,127): „Die Kunst und die Vorbereitung des Nihilismus. Romantik (Wagners Nibelungen-Schluß)"

Sicherlich bringen die referierten acht Schritte nur *eine* Sequenz von Aspekten der Nihilismus-Konzeption Nietzsches.[90] Aber gerade sie zeigt eindrücklich und zugleich konkret die Voraussetzungen seiner übrigen Überlegungen zu diesem Thema. Unbedingt festzuhalten ist, daß er vom Nihilismus hier im *negativen*[91] Sinne spricht. Er ist die Konsequenz einer verlogenen Religion, eine Konsequenz, die sich dann in nahezu allen Bereichen des öffentlichen Lebens vollzieht. Der Nihilismus infiziert – sagen wir es mit einem an dieser Stelle bei Nietzsche nicht vorkommenden Begriff – die Ethik, des weiteren die Wissenschaft, die Kunst, die Politik, die Volkswirtschaft und die Historie. Das nihilistische Gift des Christentums hat alle Werte der europäischen Gesellschaft verseucht. Aber ein wenig leuchtet doch auch schon eine *positive* Sicht des Nihilismus auf: Die Wahrhaftigkeit – sie scheint sich als *Wert* (!) durchzuhalten, natürlich ohne daß es *expressis verbis* gesagt wird – setzt sich gegen eine bodenlose Verlogenheit durch. So ist ein Prozeß in die Wege geleitet, in dem der geschilderte, so verheerende Prozeß des vergiftenden Nihilismus durch eben diesen Nihilismus überwunden wird. Dem entspricht auch, daß Nietzsche diese Notiz kurz nach der Zeit niederschreibt (Herbst 1885 bis Herbst 1886), in der er an seinem *Zarathustra* arbeitet (Winter 1882/83 bis Februar 1885). Mit dieser Schrift aber hofft er, durch seine Aufforderungen seine „Jünger" zum Umdenken bewegen zu können. Erinnert sei nur an den Imperativ „Ich beschwöre euch, meine Brüder, *bleibt der Erde treu* und glaubt denen nicht, welche euch von überirdischen Hoffnungen reden!" (4,15). Die so Redenden sind nämlich als Giftmischer und Verächter des Lebens selber die Absterbenden und Vergifteten. Dann aber sind die die Überlebenden, die der Erde treu bleiben, diejenigen also, denen die verheerenden Vergiftungen nichts anhaben können, die durch den soeben geschilderten Nihilismus verursacht wurden. Demnach muß dem Nihilismus eine Kraft innewohnen, die seine zunächst tötenden Wirkungen in lebendigmachende Wirkungen umwandelt. Dies ist aber der eigentliche Inhalt dessen, was Nietzsche mit Nihilismus sagen will: *Der Nihilismus ist seiner ureigenen und innersten Tendenz nach die Überwindung seiner selbst.*

Die soeben interpretierte Notiz wird durch eine sogenannte Vorrede (wohl zu dem geplanten größeren, aber nicht mehr geschriebenen Werk) noch konkretisiert (zwischen November 1887 und März 1888). In ihr erzählt Nietzsche die Geschichte der nächsten zweihundert Jahre; sie ist die Geschichte der Heraufkunft des Nihilismus. Sie könne jetzt schon erzählt werden, da hier die Notwendigkeit selbst am Werke sei. Der Prophet Nietzsche kennt also die notwendigen Gesetze der künftigen Geschichte; so kann er sie schon in seiner Gegenwart erzählen. Es klingt biblisch, wenn er schreibt (13,189):

> Diese Zukunft redet schon in hundert Zeichen, dieses Schicksal kündigt überall sich an; für diese Musik der Zukunft sind alle Ohren bereits gespitzt.

Das ist nahezu die Sprache der alttestamentlichen Unheilspropheten, die in prophetischer Inspiration ebenfalls die drohende Katastrophe im gegenwärtigen Geschehen hellsichtig erblicken. Wie sie schaut der atheistische Prophet Friedrich Nietzsche auf die Geschichte einer ganz bestimmten Region, einer ganz bestimmten Epoche. Er sieht, wie „unsere ganze europäische Cultur ... sich seit langem schon mit einer Tortur der Spannung [bewegt], die von Jahrzehnt zu Jahrzehnt wächst, wie auf eine Katastrophe los" (13,189).

Vom Reden über die bevorstehende Katastrophe kommt er zum Reden *über sich selbst*. Er, der hier das Wort ergreift, habe bisher nichts anderes „gethan als *sich zu besinnen*: als ein Philosoph und Einsiedler aus Instinkt". Er sieht sich als „Versucher-Geist, der sich schon in jedes Labyrinth der Zukunft einmal verirrt hat" und „als ein Wahrsagevogel-Geist, der *zurückblickt*, wenn er erzählt, was kommen wird" (13,190). Wir werden sofort an den zweiten Teil von *Also sprach Zarathustra* erinnert, wo dieser zu Beginn des

9. Der Nihilismus

Aphorismus *Vom Lande der Bildung* erklärte, er sei zu weit in die Zukunft hineingeflogen, wo ihn ein Grauen überfallen habe (4,153). Also wieder die Vorstellung des Wissens von der bereits für ihn gegenwärtig gewesenen Zukunft her, von der seherischen Erfahrung des Furchtbaren, das bevorsteht, vom Widerfahrnis des Schrecklichen, das auch denen widerfahren wird, zu denen er redet. Aus der erfahrenen Zukunft heraus als Unheilsprophet reden müssen, das ist das Gemeinsame der Prophetie der alttestamentlichen Unheilspropheten und des neuzeitlichen Unheilspropheten Nietzsche. Der Unterschied ist allerdings, daß *Nietzsche den bevorstehenden Nihilismus schon hinter sich hat.* So sagt er von sich, er sei „*der erste vollkommene Nihilist Europas*[92], der aber den Nihilismus selbst schon in sich zu Ende gelebt hat – der ihn hinter sich, unter sich, außer sich hat" (13,190). Er war Nihilist in dem Sinne, daß er das aus der Zukunft erfahrene Grauen, die von dort kommende Katastrophe erlitten hat – wie er ja schon zuvor als „der tolle Mensch" die durch ihn vollbrachte Ermordung Gottes erlitten hatte – und so auch das durch das Unheil gekommene Heil anzukündigen vermag. Denn der Unheilsprophet ist *als* Unheilsprophet Heilsprophet! Noch einmal: Wie der Nihilismus aus sich selbst die Überwindung des Nihilismus setzt, so wird der Prediger des Nihilismus zum Prediger der Überwindung des Nihilismus. Der Unheilsprophet wird zum Verkünder des *„Zukunfts-Evangeliums"*. Die *Gegenbewegung* dieses Evangeliums wird auf die Formel gebracht „*Der Wille zur Macht*. Versuch einer Umwerthung aller Werthe". *Alle* Werte, das sind hier natürlich nur alle bisher geltenden Werte. Weil es aber *neuer* Werte bedarf, paukt Nietzsche den Seinen noch einmal ein, daß die Heraufkunft des Nihilismus notwendig sei (13,190):

Weil unsere bisherigen Werte selbst es sind, die in ihm ihre letzte Folgerung ziehn; weil der Nihilism(us) die zu Ende gedachte Logik unserer großen Werthe und Ideale ist, – weil wir den Nihilismus erst erleben müssen, um dahinter zu kommen, was eigentlich der *Werth* dieser „Werthe" war ... Wir haben, irgendwann, *neue Werthe* nöthig ...

Klang es zuweilen so, als wolle Nietzsche das Koordinatensystem der Werte als solches beseitigen, so spricht er doch an dieser Stelle wieder unmißverständlich aus, daß die Umwertung der Werte zur Verwirklichung der neuen Werte führt; pointierter gesagt: *Die Um-Wertung* ist *die Setzung neuer Werte.* Diese aber sind die Werte des *Willens zur Macht!*

*

Die fröhliche Wissenschaft erschien in erster Auflage 1882. Als sie 1887 in zweiter Auflage herauskam, fügte Nietzsche das Vorwort, das fünfte Buch „Wir Furchtlosen" und die „Lieder des Prinzen Vogelfrei" hinzu. Damit befinden wir uns in der Zeit kurz vor der Niederschrift der soeben interpretierten Vorrede in den *Nachgelassenen Fragmenten*. Der erste Aphorismus des fünften Buches (Aphorismus 343), überschrieben mit *Was es mit unserer Heiterkeit auf sich hat,* hat wieder programmatische Bedeutung, und zwar gerade für unsere Nihilismus-Thematik, auch wenn in ihm das Wort „Nihilismus" nicht vorkommt. Man kann diesen Aphorismus ohne Schwierigkeit als Fortführung der in der Vorrede ausgesprochenen Überlegungen verstehen. Worin besteht nun das Weiterdenken? Zunächst einmal knüpft Nietzsche an die Erzählung vom tollen Menschen aus dem dritten Buch der *Fröhlichen Wissenschaft* an. Daß Gott tot ist, nennt der tolle Mensch „diess ungeheure Ereigniss"

(3,481), in Aphorismus 343 des fünften Buches heißt es „das grösste neuere Ereignis" (3,573). Es ist also der so wichtige *Ereignis*-Charakter, der hier wieder begegnet. Am geschichtlichen Geschehen des Todes Gottes hängt für Nietzsche alles. Dieser Tod, diese Ermordung ist es, die für ihn den Grund seiner Heiterkeit ausmacht – allerdings über den *Umweg der Katastrophe*! Der Tod Gottes wird zunächst so gedeutet (3,573), „dass der Glaube an den christlichen Gott unglaubwürdig geworden ist" – auch das ist eine nachträgliche Interpretation des Bekenntnisses des tollen Menschen, er und die von ihm Angeredeten hätten Gott getötet, und seiner nihilistischen Aussage „Irren wir nicht wie durch ein unendliches Nichts?" (3,481). Obwohl also dieses größte neuere Ereignis der Geschichte Europas schon seine Schatten über unseren Kontinent zu werfen beginnt, sind es doch nur wenige – natürlich Nietzsche selbst einbegriffen! –, deren Argwohn in den Augen stark und fein genug für dieses Schauspiel (!) ist, um zu merken, daß eine Sonne untergegangen ist (3,573). Der tolle Mensch fragte ja, was wir taten, als wir diese Erde von ihrer Sonne losketteten. Also hier wie dort das Bild von der Dunkelheit, die in uns durch unsere Tat entstand. Im Vordergrund der Aussagen Nietzsches steht aber die *Unfähigkeit* der meisten, etwas Grandioses auch nur ansatzweise zu erblicken. Die meisten sind blind – eine Metapher, die auch für das Neue Testament bezeichnend ist: Die die Wahrheit Gottes nicht sehen, sind Kinder der Finsternis im Gegensatz zu den Kindern des Lichtes (vgl. Eph 5,8–15), für den Evangelisten Johannes sind es vor allem die religiösen Führer (Joh 9,39–41). So ist für Nietzsche das Ereignis des Todes Gottes trotz seiner geschichtlichen Größe viel zu fern und zu abseits vom Fassungsvermögen vieler, als daß auch nur seine Kunde schon angelangt sein könnte. Die vielen des Aphorismus 343 sind jetzt genauso töricht wie die, die einst den tollen Menschen auslachten.

Erneut begegnet uns in diesem Aphorismus 343 der Gedanke, daß die ganze europäische Moral auf dem unglaubwürdigen christlichen Glauben aufgebaut war – hier steht auch noch: in ihn hineingewachsen – und somit mit dem Fall des Glaubens auch der Fall dieser Moral geschehen mußte. Über das hinaus, was der tolle Mensch im dritten Buch der *Fröhlichen Wissenschaft* seinen Zuhörern entgegenschmetterte, formuliert Nietzsche jetzt in einer Weise, die die Interpretation nahelegt, daß er hier – und zwar im Kontext des Todes Gottes – in bewunderswerter Klarheit die Katastrophen Europas im zwanzigsten Jahrhundert vorhersah; daß er den sich in den beiden Weltkriegen austobenden Nihilismus prophetisch voraussagte, die nihilistische Menschenzerstörung von innen und außen durch kommunistische und nationalistische Diktaturen, daß er Verbrecher wie z. B. Stalin, Hitler oder Milosewic vorausahnte. Von Zerstörung, Untergang und Umsturz spricht auch der darauf folgende Satz (3,573):

wer erriethe heute schon genug davon, um den Lehrer und Vorausverkünder dieser ungeheuren Logik von Schrecken abgeben zu müssen, den Propheten einer Verdüsterung und Sonnenfinsterniss, deren Gleichen es wahrscheinlich noch nicht auf Erden gegeben hat?

Verdüsterung und Sonnenfinsternis sind zwar wieder Metaphern; aber sie sind als unmittelbare Fortsetzung des zuvor Gesagten eindrucksvolle Bilder des „realen" Geschehens von Zerstörung und Untergang, von brutalsten NS-Vernichtungslagern, von zerbombten Städten, die zu grauenhaften Krematorien so vieler verbrannter Menschen wurden, von kommunistischer Menschenverachtung und dem daraus erwachsenen Massenmord, von der „intelligenten" Zerstörung japanischer Städte durch Atombomben u.s.w – kurz, von einem nihilistischen Geschehen zum anderen, „deren Gleichen es wahrscheinlich noch nicht auf Erden gegeben hat". Nihilismus ist also Inbegriff des Vergehens ins Nichts, ins *nihil* hinein. So war in der Tat das *zwanzigste Jahrhundert* das *nihilistische Jahrhundert*; es war es als die Vernichtung von Menschen, wenn auch nicht der ganzen Menschheit, so doch von Millionen und Abermillionen von Menschen. Es war die physische – aber auch psychische! – Vernichtung von Menschen als das äußere Geschehen eines inneren, nämlich der Nichtung dessen, was Mensch-*Sein* meint, verstanden als das radikalste Zunichte-Werden des Sinns allen Lebens. Hier wären noch einmal *Heideggers* Reflexionen über den Nihilismus zu bedenken.

Kein Wunder, daß sich Nietzsche in dieser Rolle als Prophet, als Unheilsprophet, nicht wohl fühlt, wartend auf seinem Berg – auch Zarathustra hatte auf einem Berg seine Höhle! –, hineingespannt „in den Widerspruch zwischen Heute und Morgen …, wir Erstlinge und Frühgeburten des kommenden Jahrhunderts, denen eigentlich die Schatten, welche Europa alsbald einwickeln müssen, jetzt schon zu Gesicht gekommen sein *sollten*" (3,574). Und doch – so rechte Teilnahme am kommenden Unheil will beim Propheten nicht aufkommen! Warum? Ist es deshalb, weil die nächsten Folgen dieses Ereignisses, nämlich „seine Folgen für *uns*", durchaus nicht traurig und verdüsternd sind, sondern „wie eine neue schwer zu beschreibende Art von Licht, Glück, Erleichterung, Erheiterung [s. Überschrift des Aphorismus!], Ermuthigung, Morgenröthe"? Und so heißt es dann weiter (3,574):

In der That, wir Philosophen und „freien Geister" fühlen uns bei der Nachricht, dass der „alte Gott todt ist", wie von einer neuen Morgenröthe angestrahlt; unser Herz strömt dabei über von Dankbarkeit, Erstaunen, Ahnung, Erwartung, – endlich erscheint uns der Horizont wieder frei, gesetzt selbst, dass er nicht hell ist, endlich dürfen unsre Schiffe wieder auslaufen, auf jede Gefahr hin auslaufen, jedes Wagniss des Erkennenden ist wieder erlaubt, das Meer, *unser* Meer liegt wieder offen da, vielleicht gab es noch niemals ein so „offnes Meer".

Noch ein weiterer Unterschied zwischen der Vorrede aus den *Nachgelassenen Fragmenten* und diesem Aphorismus aus der *Fröhlichen Wissenschaft* fällt auf. In der Vorrede endet die Argumentation damit, daß der heraufgekommene Nihilismus mit seiner Umwertung der Werte zur Setzung neuer Werte führt. Am Ende der nihilistischen Dunkelheit leuchtet das Licht. Von einer neuen Finsternis ist dort nicht die Rede (obwohl die Notiz 11 [413] über den Übermenschen das Auf und Ab auch im Blick auf ihn aussagt; ist aber 11 [413] direkte Fortsetzung von 11 [411]? Dazwischen steht immerhin 11 [412] ohne näheren inhaltlichen Bezug zu beiden Notizen!).

Ist aber nach Aphorismus 343 der *Fröhlichen Wissenschaft* die euphorische Situation noch *vor* der Katastrophe zu orten, so könnte das erneut ein Indiz dafür sein, daß wir die „Soteriologie" Nietzsches, seine profane Erlösungslehre, nicht einfach einem linearen chronologischen Geschehen unterordnen dürfen; daß also, wie wir schon früher sahen, seine Zeit-„Vorstellungen" alles andere als im vordergründigen Sinne vorstellbar sind. Erneut zeigt sich: Wir dürfen Nietzsches Zeit-Denken nicht exklusiv von einem linearen Zeitbegriff her erklären.

*

9. Der Nihilismus

Beleuchten wir das, was wir unter dem Titel „Nihilismus" bedachten, noch einmal von einer anderen Seite her. Soeben haben wir den Nihilismus im Zusammenhang mit dem Tode Gottes, dem Sich-Entwerten der bisher geltenden Werte und der darin implizierten Umwertung zu den neuen Werten bedacht. Der Tod Gottes war dabei vom Aphorismus des tollen Menschen her ein Ereignis, das den Nihilismus zunächst als Ratlosigkeit und Horizontlosigkeit erscheinen ließ, als ein Irren wie durch ein unendliches Nichts, dann an anderen Stellen wieder als die Überwindung seiner selbst zu einem von neuen Werten bestimmten Dasein. Ab und zu stießen wir dabei aber auch auf eine Sprache, in der Nietzsche als Philosoph und „freier Geist" den Tod Gottes als Licht, Glück und Morgenröte pries. Das *Anti*, das seine Philosophie weithin beherrscht, war aber vor allem im Blick auf die zu überwindende oder auch schon überwundene *christliche Moral* zu vernehmen, jedoch – jedenfalls in den zuletzt interpretierten Abschnitten – gar nicht so sehr von einem aggressiven Ton gegen den Glauben an Gott oder gegen Gott selbst bestimmt.

Und doch finden wir auch Aussagen, in denen die Ablehnung des Christentums wesenhaft als entschiedene Ablehnung *Gottes* zum Ausdruck kommt. Schauen wir zunächst auf einige Aussagen aus *Der Antichrist*. Aus ihm einige haßerfüllten Tiraden *gegen den christlichen Gott* (6,225):

Das ist es nicht, was *uns* abscheidet, dass wir keinen Gott wiederfinden, weder in der Geschichte, noch in der Natur, noch hinter der Natur, – sondern dass wir, was als Gott verehrt wurde, nicht als „göttlich", sondern als erbarmungswürdig, als absurd, als schädlich empfinden, nicht nur als Irrthum, sondern als *Verbrechen am Leben* ... Wir leugnen Gott als Gott ... Wenn man uns diesen Gott der Christen *bewiese*, wir würden ihn noch weniger zu glauben wissen.

Den christlichen Gott als „Verbrechen am Leben" – die Hervorhebung im Druck geht auf Nietzsche selbst zurück – zu bezeichnen ist Ausdruck seiner höchsten Antipathie und seines heftigsten Hasses gegen den christlichen Gott. Man könnte freilich den unmittelbar an das Zitat anschließenden Satz als eine gewisse Relativierung seines Atheismus lesen: *deus, qualem Paulus creavit, dei negatio.* „Der Gott, den Paulus erschaffen hat, ist die Verneinung Gottes." Also: *Nur* der von Paulus erschaffene Gott ist die Verneinung Gottes. Daraus könnte man herauslesen, daß Nietzsche eigentlich einen höheren Gottesbegriff als den christlichen besaß und somit in seinen Augen der christliche Gott eine Karikatur des höheren Gottes war. Aber das wäre eine recht abstrakte Argumentation, nämlich abstrahiert von der Gesamtstruktur der Polemik Nietzsches gegen das Christentum. Denn einen solch „höheren" Gottesbegriff hat er hier nur zur negativen Profilierung des christlichen Gottes konstruiert – übrigens nicht nur an dieser Stelle seiner Schriften –; faktisch war für ihn der geglaubte Gott als der für sein Denken allein relevante Gott nur der christliche Gott, also derjenige Gott, der *faktisch* der *Gott Europas* ist. Und doch war für Nietzsche die Ermordung *dieses* Gottes, der doch in seinen Augen einzig und allein die Erfindung des Paulus war (6,225), eine kosmische Katastrophe! Die im Ton des Triumphes vorgetragene Argumentation im *Antichrist* ist also kaum kommensurabel mit der Szene vom tollen Menschen, in der sich doch Nietzsches *erlittener* Atheismus als erlittener *Atheismus* ausspricht.

Soviel wollen wir im Augenblick festhalten: In welcher Weise auch immer Nietzsche seinem Atheismus Ausdruck verleiht – es bleibt bei einem scharfen und grundsätzlichen

9. Der Nihilismus

Anti, mag er nun im Einzelfall seinen Antitheismus argumentativ oder emotional, philosophisch oder psychologisch, in geschichtlicher Deduktion oder in haßerfüllter Wut vorbringen. Doch die *wichtigste Frage nach dem Grundzug seiner Philosophie* – jedenfalls die im Zusammenhang mit unserer Thematik wichtigste Frage – steht noch aus: Ist Nietzsches Philosophie in ihrem tiefsten Wesen die Philosophie des *Anti gegen Gott*? Oder ist sie die Philosophie des *Anti gegen die christliche Moral*?

Geben wir zunächst folgende Antwort: Nietzsches Philosophie ist *ihrer Struktur nach*, ihrer geistigen Grundeinstellung nach, unbestreitbar eine *Philosophie des Anti*, ist eine Philosophie der absoluten Gegnerschaft, der leidenschaftlichen Feindschaft. Jede positive Aussage in diesem Zusammenhang beruht nämlich bei ihm auf dem Prinzip der Negativität, ist sozusagen deren notwendige Frucht. Es läßt sich auch ungeachtet der Frage, ob Nietzsche seine Gegnerschaft letztlich vom christlichen Gottesglauben oder von der christlichen Moral provoziert sah, sagen, daß seine Philosophie ihrem eigentlichen und tiefsten Wesen nach *nicht* eine *atheistische* Philosophie ist, die sich einfach darauf beschränkt, innerhalb des Bereichs der Immanenz zu denken. Sie ist vielmehr eine dezidiert *antitheistische* Philosophie, die aus diesem Anti die ungeheure Wucht ihrer Emotionalität bezieht, einer Emotionalität, die in der letzten Zeit vor dem Ausbruch seines Wahnsinns zu einer fast unüberbietbar aggressiven Gehässigkeit eskalierte. Ohne diese emotionale Energie der Feindschaft gegen das Christentum würde seine ganze Philosophie wie ein Kartenhaus zusammenbrechen, zumindest die Philosophie seiner letzten Arbeitsepoche.

Nietzsche würde dem auch nicht widersprechen. Er

könnte in seiner Antwort auf den uns bekannten und auch nicht zu bestreitenden Tatbestand verweisen, daß das Bestimmtsein seines Philosophierens durch das Anti lediglich dem Tatbestand entspräche, daß er ein Denker sei, der die *Geschichte* ernst nimmt. Und zur Geschichte, genauer: zur europäischen Geschichte, gehöre nun einmal das Bestimmtsein durch das Christentum, das in sich den Keim des Zerbrechens enthalte, also sein ureigenes Anti in sich selbst enthalte. Berge aber – so könnte Nietzsches des weiteren argumentieren – das Christentum in sich diesen Keim der Selbstzerstörung dadurch, daß es Werte gesetzt habe, die *notwendig* auf Umwertung aus sind, so gehöre nun einmal zu seiner Geschichte das Geschehen des Nihilismus, nämlich der notwendige und deshalb unaufhaltsame Prozeß des Sich-Entwertens der obersten Werte. Wenn aber *seine* Philosophie aus dem Anti geboren sei, so geschehe in ihr eben nichts anderes als die *Rezeption* des im Christentum verborgenen Anti gegen sich. Er, Friedrich Nietzsche, habe also lediglich das von ihm wie von keinem anderen so klar gesehene christliche Selbstzerstörungsvirus – wohlgemerkt: ein verborgenes Virus! – vor aller Welt zum Bewußtsein gebracht, er habe somit nur der inneren Tendenz des Christentums zur Sprache verholfen. Seine Gehässigkeit und im Übermaß polemisch-aggressive Wortwahl gegen den christlichen Gottesglauben samt seiner Moral sei demnach nichts anderes als eine im Christentum verborgen liegende Tendenz zur Gehässigkeit gegen sich selbst. Fast könnte er sagen, er habe lediglich als das *Medium* des Christentums dieses zu seinem *eigentlichen* Ziel gebracht, nämlich zur Überwindung seiner selbst. In diesem Sinne habe er, autorisiert vom Christentum – freilich *nur soweit* es Wahrhaftigkeit in sich birgt! –,

9. Der Nihilismus

durch die Entwertung der höchsten Werte zum Prozeß des Geltens der wahren Werte durch die Umwertung der bisherigen Werte entscheidend mit beigetragen. Jetzt endlich gelte: Liebe statt Nächstenliebe (Nietzsches Formel „Fernstenliebe statt Nächstenliebe" vermeide ich bewußt, weil diese polemische Wendung doch nicht ganz das trifft, was er *eigentlich* wollte), Treue zur Erde statt Verachtung der – in unseren theologischen Terminologie gesagt – Schöpfung, vor allem des Leibes einschließlich der Geschlechtlichkeit. Und wir müssen zugeben: Es kann nicht bestritten werden, *daß* es im Laufe der zweitausendjährigen Kirchengeschichte ärgerlichste, weil gotteslästerliche Leibfeindlichkeit gab und diese auch heute noch das gefundene Fressen für so manche kirchenfeindliche Hysterie ist. Diese – leider! – zuweilen praktizierte innerkirchliche Abwertung des Leibes und der Geschlechtlichkeit beruht unter anderem auf einer auch innerhalb der Mauern der Kirche vertretenen fatalen Mißinterpretation der paulinischen Theologie, nämlich einer falschen Auslegung von Röm 8, wo Fleisch (*sarx*) und Geist (*pneuma*) einander gegenübergestellt werden. Da aber Fleisch und Geist bei manchen Theologen sinnwidrig als anthropologische Begriffe aufgefaßt wurden, sah man in Röm 8 die Schilderung des Kampfes des Menschen als Leib gegen den Mensch als Geist, als Seele. *Fleisch* und *Geist* sind aber *keine anthropologischen Begriffe*, sondern theologische. In Kapitel 3.2 haben wir dies schon in anderem Zusammenhang bedacht. Fleisch meint im Sinne des Paulus den Menschen in seiner leib-seelischen Ganzheit als Ort der gottfeindlichen Sündenmacht (*hamartia*), unter der der Mensch feindlich gegen Gott steht; Geist aber meint den Geist Gottes, der im erlösten Menschen wohnt und dessen ganzes Sinnen und

Trachten leitet. Programmatisch heißt es Röm 8,14: „Die aber vom Geiste Gottes getrieben werden, die sind Kinder Gottes."[93] Nietzsches leidenschaftlicher Aufruf zur Treue gegenüber der Erde und zur Warnung gegenüber den Verächtern der Erde hatte also damals leider eine gewisse Berechtigung, ein gewisses, *fundamentum in re*.

Damit ist aber noch nicht die Frage beantwortet, die wir oben gestellt haben: *Ist die Gottfeindlichkeit Nietzsches aus der emotionalen Ablehnung der christlichen Moral erwachsen?* Ist also die Gottfeindlichkeit Nietzsches nur ein Glied in der Kette seiner Christentumspolemik? *Oder ist seine so affektgeladene Feindschaft gegen die christliche Moral aus seiner Feindschaft gegen den christlichen Gott erwachsen?* Dies dürfte meines Erachtens die entscheidende Frage sein, um Nietzsche gerecht zu werden. Für beide Auffassungen lassen sich, wie es bei einem Mann von der Denk- und Argumentationsart Nietzsches nicht anders zu erwarten ist, verständlicherweise Belege finden. Im zitierten Aphorismus 343 des fünften Buches der *Fröhlichen Wissenschaft* sind wir ja bereits auf die Aussage gestoßen, daß unsere ganze europäische Moral auf den Gottesglauben gebaut ist (3,573); dann wäre aber für Nietzsche im Christentum der Glaube an Gott das Fundament der Moral und als solcher der eigentliche Angriffspunkt seiner Polemik. So wird auch in Aphorismus 91 *Die Redlichkeit Gottes* in der *Morgenröthe* (3,84f.) über die Anfänge der Religion reflektiert: Ist Gott allmächtig, grausam, allwissend oder nur unfähig, seine Wahrheit auszudrücken? Alle Religionen würden ein Merkmal davon zeigen, „dass sie einer frühen unreifen Intellektualität der Menschheit ihre Herkunft verdanken". Auch dieser Aphorismus legt also die Auffassung nahe, daß am Anfang seines Hasses gegen das Christentum eine

9. Der Nihilismus

defiziente Gottesvorstellung steht. Dann aber wäre der so emotionale Antitheismus Nietzsches aus seinem Anstoß am primitiven Gottesbild erwachsen.

Liest man aber *Ecce homo* im Teil *Warum ich ein Schicksal bin* den Aphorismus 7, so begegnet einem dort eine der schärfsten Passagen *gegen die christliche Moral*. Nietzsches gesamte Argumentation zielt hier darauf, diese Moral als das Grundübel, als das Urübel schlechthin zu charakterisieren. Was ihn „gegen den ganzen Rest der Menschheit" stelle, ihn von ihr abgrenze, sei, „die christliche Moral *entdeckt* zu haben" (6,371). Zitieren wir einige Sätze (6,371 f.):

Hier nicht eher die Augen aufgemacht zu haben gilt mir als die grösste Unsauberkeit, die die Menschheit auf dem Gewissen hat, als Instinkt gewordner Selbstbetrug, als grundsätzlicher Wille, jedes Geschehen, jede Ursächlichkeit, jede Wirklichkeit *nicht* zu sehen, als Falschmünzerei in psychologicis bis zum Verbrechen. Die Blindheit vor dem Christentum ist das *Verbrechen* par excellence – das Verbrechen *am Leben* … Der Christ war bisher *das* „moralische Wesen", ein Curiosum ohne Gleichen – und, *als* „moralisches Wesen", absürder, verlogner, eitler, leichtfertiger, *sich selber nachtheiliger* als auch der grösste Verächter der Menschheit es sich träumen lassen könnte.

Diese Worte sprechen für sich. War im *Antichrist* „das Verbrechen am Leben" im Kontext des Gottesglaubens ausgesagt, so hier im Kontext einer menschenverachtenden Moral: Die Augen vor der christlichen Moral zu verschließen ist also die *größte* Unsauberkeit; die Blindheit vor dem Christentum, und das heißt die Blindheit vor der christlichen Moral, ist das Verbrechen schlechthin – diese Urteile zeigen, daß Nietzsche an dieser Stelle in *Ecce homo* in *erster Linie* der christlichen Moral, der Sklavenmoral, der Moral der Degenerierten, der Moral der Dekadenz den Krieg angesagt hat. Diese Stelle läßt sich nicht anders lesen denn als Verurteilung des Christentums wegen seiner angeblich so moralischen Einstellung, die in Wirklichkeit von Grund auf verlogen sei, nicht aber primär wegen eines abstrakten Gottesglaubens. Wir könnten jetzt Aussage auf Aussage folgen lassen, um Nietzsches haßerfüllte Abneigung gegen die christliche Moral zu dokumentieren. Doch nur auf wenige sei hier verwiesen. *Nietzsche denkt vom Leben aus*, vom starken Leben; die christliche Moral ist aber für ihn die von Schopenhauer formulierte Moral der „Verneinung des Willens zum Leben" – welch ein Unterschied gegenüber seiner früheren Hochschätzung dieses Philosophen! Es sei die frevelhafte Moral der „Auflehnung gegen das Leben", die „*widernatürliche* Moral ... gegen die Instinkte des Lebens". Nietzsche spricht in diesem Zusammenhang von der „Moral-Kuh" (6,84–86; *Götzen-Dämmerung*). Diese Moral der décadence setze „*décadence-Werthe*", „Niedergangs-Werthe, *nihilistische* Werthe [, die] unter den heiligsten Namen die Herrschaft führen" (6,172, *Der Antichrist*). Gott ist eine Kreatur dieser Werte (6,86; *Götzen-Dämmerung*):

Daraus folgt, dass auch jene *Widernatur von Moral*, welche Gott als Gegenbegriff und Verurtheilung des Lebens fasst, nur ein Werthurteil des Lebens ist – *welches* Lebens? *welcher* Art von Leben? – Aber ich gab schon die Antwort: des niedergehenden, des geschwächten, des müden, des verurtheilten Lebens.

Es ist nach diesem Diktum die *widernatürliche Moral*, die *definiert*, was der *Begriff „Gott"* besagen soll! Und so kann Nietzsche von sich und seinen Jüngern sagen: „wir Immoralisten und Antichristen"; als solche wollen sie eine „neue Schöpfung". Das Zitat Gal 6,15; 2 Kor 5,17 ist gewollt und für jeden mit Paulus Vertrauten sofort zu erkennen – nur daß hier dessen Worte offensiv *gegen* ihn zitiert werden! Das Fazit im Blick auf die letzten Zitate: *Antitheismus wegen der Moral, nicht Antimoralismus wegen des Gottesglaubens*.

Dann aber kommen wir nicht umhin, *zwei entgegengesetzte Argumentationsrichtungen* zu registrieren. Wie ist aber dann hinsichtlich der uns hier bewegenden Frage zu urteilen? Stehen wir vor einem Dilemma? Haben wir uns durch Nietzsche in ein logisches Manöver hineintreiben lassen, aus dem wir jetzt nicht mehr so leicht herauskommen? Zunächst einmal sieht es so aus, als hätten wir uns in der Tat in einen logischen Widerspruch verrannt: „Der Gottesglaube setzt die Moral" und „Die Moral setzt den Gottesglauben". Könnte es aber nicht sein, daß ein solcher Widerspruch deshalb nicht vorliegt, weil wir es hier mit einem Charakteristikum des Denkens Nietzsches zu tun haben? Dieses Neben- und Miteinander der beiden Ergebnisse muß nämlich nicht unbedingt besagen, daß das eine das andere ausschließt. Zu fragen ist vielmehr, ob wirklich zwei Exklusivaussagen gegeben sind. Natürlich, es bleibt solange beim logischen Widerspruch, wie beide Aussagen als isolierte Aussagen begriffen werden. Bedenkt man aber die ganze Breite des Denkens Nietzsches, das ja mehr ist als ein bloß logisches Operieren, nämlich ein Denken, das sich als *Denken von der gegebenen Wirklichkeit her* versteht, ein Denken, das sich, wie wir gesehen haben, auch am „Geschmack" orientiert, zudem ein Denken, das das Recht der Emotion energisch betont, so ist der scheinbare Widerspruch aus einem Lebensverständnis geboren, das solch antagonistische Aussagen in existentieller Einheit zu integrieren vermag. Daß Nietzsche die christliche Moral als verlogen *beurteilt*, hängt nicht zuletzt damit zusammen, daß er als der das Leben Liebende sie als verlogen *empfindet*. Daß in seinen Augen die Moral aus dem christlichen Gottesverständnis erwachsen ist, ist darin begründet, daß für ihn christliches Gottesverständnis und christliche Moral *einem* Gesamtempfinden entstammen. Und ebenso ist in diesem einen Gesamtempfinden Nietzsches Aussage verwurzelt, daß das christliche Gottesverständnis von der christlichen Moral bestimmt sei. Beides, christlicher Gottesglaube und christliche Moral, begegnete ihm ja seit seiner Kindheit als eine Einheit. Keinem Kind werden *begriffliche* Unterschiede von Gott und Moral beigebracht! Was Nietzsche in Kindheit und Jugend von Gott und seinen Geboten mitbekam, blieb, wenn auch in unterschiedlicher Optik, später für den Studenten, für den Professor der Klassischen Philologie und für den philosophischen Schriftsteller maßgebend – gerade im genannten Gesamtempfinden. Und so dürfte es eine *rein* theoretische Frage sein, ob bei Gott oder bei der Moral das kausale Prius liegt. Auch für den Philosophen Nietzsche bleibt das Zueinander von Gott und Moral eine seinsmäßige und psychologische Einheit. Der *eine* Friedrich Nietzsche sieht sich dem *einen* Gesamtphänomen „Gott und Moral" konfrontiert. Daher schließt sein Nein zum christlichen Gott das Nein zur christlichen Moral ein und *vice versa* sein Nein zur christlichen Moral sein Nein zum christlichen Gott. Selbstverständlich können wir, wie bereits gezeigt, *einzelne* Aussagen einer bestimmten Richtung von Ursache und Wirkung zuweisen. Aber sie sind immer im Rahmen des emotionalen und zugleich argumentativen Gesamtphänomens zu sehen. Was wir festzuhalten haben, ist, daß der Haß Nietzsches gegen Gott immer vom Ekel an der in seinen Augen verlogenen Moral gespeist ist. So ist sein vehementer Antitheismus eine Haltung sowohl des Anti

9. Der Nihilismus

gegen die christliche Moral als auch des Anti gegen einen Gott, der von seinem Wesen her eine solche Moral fordert. Dieser Antitheismus ist aber keinesfalls ein Anti gegen einen losgelöst von der Moral begrifflich konstruierten Gott, der nur von der Transzendenz her konstruiert ist. Denn die Frage wäre ja dann: Was bedeutet Gottes Transzendenz für das Leben? Nietzsche hätte dann noch eine neue Schrift verfassen müssen, etwa mit dem Titel *Vom Nutzen und Nachtheil der Transzendenz für das Leben*. Diese Schrift hat er aber bekanntlich nie geschrieben.

✳

Wichtiger ist die Frage, was Nietzsches Nihilismus-Gedanken aus der Sicht des Neuen Testaments, *aus der Sicht der Theologie* bedeuten. Gibt es in der Heiligen Schrift nihilistische Vorstellungen, nihilistische Gedanken? Wenn ja, sind sie – in welcher Weise auch immer – mit dem Nihilismus Nietzsches vermittelbar? Vergleichbar? Schauen wir zunächst auf das *Alte Testament*! Denn zum Horizont der nihilistischen Aussagen des Neuen Testaments gehören notwendig die des Alten Testaments. Hans-Joachim Kraus hat Psalm 90 in seiner Psalmenauslegung überschrieben: Klage der Vergänglichkeit der Menschen vor dem ewigen Gott.[94] In der griechischen Übersetzung des Alten Testaments, der Septuaginta – dort Zählung Psalm 89 –, heißt es in V.5 von denen, die den Tod noch vor sich haben (in deutscher Übersetzung): „Ihre Jahre werden zu einem *Nichts* (*exoudenômata*)." Nochmals also: *Der Tod ist das Nichts der Menschen*. Schon die Terminologie ist hier nihilistisch. Nennen sollte man für nihilistische Aussagen im Alten

Testament auf jeden Fall auch das Buch Qohälät, besser bekannt unter dem Titel „Der Prediger Salomo". Vertraut sind vielen die Worte aus dem 1. Kapitel:

Alles ist ganz eitel, sprach der Prediger,
es ist alles ganz eitel.

Übersetzt man den hebräischen Urtext wörtlich, so heißt es:

Nichtigkeit der Nichtigkeiten, sprach der Prediger[95],
Nichtigkeit der Nichtigkeiten, alles ist nichtig.

Unbestreitbar also eine nihilistische Aussage, deren Nihilismus eigentlich nicht mehr überboten werden kann: *Alles* ist ein Nichts! *Alles* ist nichtig! Nun wird man sicherlich bei poetischen Texten in Anschlag bringen müssen, daß Dichter zuweilen um des Plastischen der Aussage willen überspitzte Formulierungen bringen.[96] Und da einige andere Stellen des Buches diesen Nihilismus wieder etwas abschwächen, verstehen wir es nicht als durch und durch nihilistisch. Wir registrieren jedoch, daß nihilistische Formulierungen vorliegen, daß sie sogar Ausdruck zumindest *einer* vorliegenden Grundstimmung sind und daß solche Formulierungen durchaus ihre eigene Wirkungsgeschichte haben – unabhängig von dem, der sie zum ersten Mal niederschrieb. Der finnische Alttestamentler Aare Lauha, einer der führenden Kommentatoren des Buches, bemerkt zum hebräischen Wort *häbäl* (in konkreter Bedeutung „Windhauch", in abstrakter Bedeutung „Nichtigkeit"), die Analyse der einzelnen Stellen des Predigerbuches beweise, „daß das Schlagwort *häbäl* bei Kohelet wohl auch die Vergänglichkeit und die kreatürliche Nichtigkeit des Lebens umfaßt, wobei die konkrete Bedeutung des Windhauchs noch in Erinnerung bleibt". Wo dieses

9. Der Nihilismus

Wort auf das Weltgeschehen und seinen ethischen Unsinn hindeute, sei „es Ausdruck eines nihilistischen Urteils über das ganze Leben und dessen Werte (!)".[97]

Im Alten Testament finden wir also unbestreitbar nihilistische Gedanken. Aber sie sind, verglichen mit dem philosophischen Nihilismus Nietzsches, so unspezifisch, daß sie für unsere Thematik wenig hergeben, jedenfalls nicht in direkter Hinsicht. Wohl aber sind sie in gesamtbiblischer Sicht insofern relevant, als nihilistische Gedanken im Neuen Testament sie zur Voraussetzung haben, und zwar insofern, als in beiden Testamenten der Tod das auf jeden Menschen zukommende Nichts ist, ein vorzeitiger Tod aber an einigen Stellen als Strafe für die Sünde verhängt wird. Dieser vernichtende und nichtende Tod erhält im Alten Testament dadurch sein besonderes Gewicht, daß dort ein Weiterleben nach dem Tode nur an wenigen späten Stellen kurz aufleuchtet (z. B. Dan 12 und Weish 3). Für den alttestamentlichen Frommen war also der Tod als endgültiges Geschehen am Ende des Lebens das unerbittliche und unausweichliche Schicksal. Als Beispiel sei Psalm 39,14 zitiert:

Laß ab von mir, daß ich mich erquicke,
ehe ich dahinfahre und *nicht mehr bin*.

Wird nun im Alten Testament die Sünde als Grund des vorzeitigen Todes gesehen, so ist im *Neuen Testament* der Zusammenhang zwischen Sünde und Tod ein noch wesentlich engerer. Nach Paulus ist durch Adams sündige Tat die – personifiziert dargestellte – Sünde (*hamartia*) in die Welt (*kosmos*, hier als „Menschheit" verstanden) hineingekommen, und durch die Sünde der – ebenfalls personifiziert dargestellte – Tod (*thanatos*), Röm 5,12. Demnach ist nicht der Tod als solcher der Inbegriff des Nichts, sondern der in der Konsequenz der Sünde gelegene und somit durch sie qualifizierte Tod. Der *Mensch als Sünder* ist somit der dem Tode preisgegebene *Mensch des Nichts*. Die Sünde ist in der paulinischen Theologie als diejenige Macht gesehen, die die ganze Menschheit unter ihre Herrschaft gebracht hat (Röm 1,18–3,9 mit dem Schriftbeweis 3,10–20; „Sünde" ist also nach Paulus nicht die schuldhafte Einzeltat). Das Nichtige ist in den Augen des Paulus das Nicht-erkennen-Können der nichtigen Situation; der nichtige Mensch ist blind gegenüber seiner Gefangenschaft im Nichts, gegenüber seiner nichtigen Existenz. Hiermit sind wir bereits ein Stück näher beim Nihilismus Nietzsches, der ja in ähnlicher Weise die Blindheit gegenüber dem Nichts als konstitutiv für den Nihilismus sah. Dieser Gedanke begegnete ja schon in der *Morgenröthe*, wo sich in Aphorismus 279 im Zusammenhang mit der Rechtfertigungsthematik das Motiv des Sich-selbst-Belügens findet, des Blind-Seins gegenüber sich selbst. Es ist neben dem Johannes-Evangelium vor allem Paulus – wohlgemerkt: ausgerechnet der von Nietzsche so verabscheute Paulus! –, der in seiner Rechtfertigungstheologie das Verhalten derer, die in ihrer Blindheit das Gesetz des Mose zur Selbstrechtfertigung mißbrauchen, als selbstverschuldeten Fall ins Nichts entlarvt. Diejenigen also, die sich mit ihrem Gesetzesgehorsam – und im Gesetz stehen auch moralische Gebote! – selbst rechtfertigen wollen[98], eben sie laufen in ihr Nichts hinein. Sie sind keine Amoralisten! Sie wollen durchaus die Moral, die im mosaischen Gesetz geboten ist, in ihrem Leben verwirklichen – aber in ihrer Intention, sich auf diese Weise vor Gott ins rechte Licht zu setzen und sich so vor Gott zu rechtfertigen, setzen sie sich selbst ins

9. Der Nihilismus

Dunkel, ins Nichts. Sie werden durch *ihren* Umgang mit der Moral zu ihren eigenen Nihilisten. Denn sie haben, ohne ihr eigenes Tun zu durchschauen, Gottes heiliges Gesetz, die Torah des Mose, zum Instrument des Nihilismus gegen sich selber gemacht (s. auch Röm 7,7 ff.!).

Entdecken wir hier also parallele Denkstrukturen – natürlich keine theologischen Parallelen! –, so läßt sich diese Linie noch weiter durchziehen. Bei Nietzsche sahen wir, wie ein destruierender Nihilismus, nämlich der die obersten Werte destruierende Nihilismus, schließlich zum Werte setzenden Geschehen mutierte. Ausgerechnet der Nihilismus verwandelt, wie wir sahen, die Blindheit gegenüber vermeintlich obersten Werten in die klare Einsicht der wahren Werte. Doch gerade das ist auch diejenige Denkfigur, die wir *mutatis mutandis* der Struktur nach bei Paulus finden: Gott läßt die Menschen ins Nichts sinken, *damit* er sie aus diesem Nichts wieder herausreißt, besonders krass in Röm 11,32 formuliert: „Denn Gott hat alle (!) eingeschlossen in den Ungehorsam [also in den Weg zum „Nichts"!], *damit* er sich aller erbarme." Gott läßt die Menschen ins Nicht fallen, um sie aus dem Nichts herauszureißen; paradox formuliert: Gott läßt den Nihilismus zu, um den Nihilismus zu nichten. Ein Gedanke immerhin, der möglicherweise als theologische Groteske anmutet. Will Paulus eine geradezu *zynische Finalität* in Gottes Prädestination und Handeln behaupten?

Hierzu eine kurze Antwort: Es läge nur dann eine zynische Finalität seitens Gottes vor, wenn Gottes und des Menschen Handeln in *einer* Wirklichkeitsdimension vorgestellt und gedacht würden. Das aber würde bedeuten, den jenseitigen Gott in das kategoriale Schema der immanenten Denkweise herabzuzerren und somit Theologie als

Theologie aufzugeben. Die Lösung liegt in der Gesamtkonzeption von Röm 9–11. Dort stellt Paulus im Blick auf die Israelfrage die Dialektik von göttlichem und menschlichem Handeln dar und zeigt, daß beide Handlungsebenen in menschlicher Denkweise nicht vermittelbar sind.[99] Allerdings würde Nietzsche wieder alle rhetorischen, emotionalen und argumentativen Register gegen eine solche theologische Argumentation ziehen. Er würde mit aggressivster Diktion vor allem gegen eine solche Zwei-Welten-Theologie zu Felde ziehen und dabei wiederholen, was er im *Antichrist* allen Theologen ins Stammbuch schrieb (6,174 f.):

> Es ist nothwendig zu sagen, *wen* wir als unsern Gegensatz fühlen – die Theologen und Alles, was Theologen-Blut im Leibe hat – unsre ganze Philosophie ... So lange der Priester noch als eine *höhere* Art Mensch gilt, dieser Verneiner, Verleumder, Vergifter des Lebens von *Beruf*, giebt es keine Antwort auf die Frage: was *ist* Wahrheit? Man *hat* bereits die Wahrheit auf den Kopf gestellt, wenn der bewusste Advokat des Nichts und der Verneinung als Vertreter der „Wahrheit" gilt ...

Nietzsche würde sicherlich den hier versuchten Weg zum Verstehen seines Denkens nicht billigen, einen Weg nämlich, auf dem gerade er mit seinem antitheologischen Affront in den Dialog mit dem Theologen und der Theologie gebracht werden sollte. Aber sicherlich läßt sich folgendes sagen:

Es ist nicht ein vages Verständnis von Nihilismus, das Nietzsche und das Neue Testament verbindet. Es ist vielmehr die *spezifische* Auffassung vom Nihilismus als einem Geschehen, das schon im Gesetzt-Haben des Nichts dessen Überwindung impliziert. Freilich liegen Welten zwischen der jeweiligen Realisierung dieser Denkstruktur auf seiten Nietzsches und auf seiten des Neuen Testaments. Aber die gerade in der Differenz enthaltenen Affinitäten zeigen, wie sich der an seinem Atheismus Leidende in seiner Denkstruktur näher beim theologischen Denken aufhielt, als er sich selbst erlaubt hätte. Und dazu gehört die Erkenntnis, daß sich sein heftiges Anti zu einem kraftvollen Pro umformte. *Seine Philosophie des <u>Anti</u> entwickelte sich aus sich selbst zu einer Philosophie des <u>Pro</u>.* Diese Ergebnis ist theologisch von hoher Relevanz, auch wenn die *materia* des Pro, nämlich der *Wille zur Macht*, in zentralen Elementen nicht mit der Botschaft Jesu Christi und dem Kerygma des Neuen Testaments vereinbar ist. Das Thema Macht ist keinesfalls ausdiskutiert. Auch das Neue Testament spricht von Macht, vor allem der Macht Gottes (s. z. B. *dynamis theou* in Röm 1,16); es müßte diskutiert werden, wie Gott dem Menschen Anteil an ihr gibt. Es kann hier nur noch angedeutet werden: Nietzsches Ressentiment gegen die Moral der Verachtung und Vernichtung des Lebens, sein Kampf gegen die angebliche Leib- und Geschlechtsfeindlichkeit des Christentums stützte sich in grandioser Einseitigkeit auf eine bestimmte Auswahl von Aussagen des Neuen Testaments, die er entweder schief oder zum großen Teil sogar falsch interpretierte, weil er sie nicht im Zusammenhang des ganzen Neuen Testaments gelesen hat. Allein der Satz des Paulus in 1Kor 6,20 spricht Bände: „Verherrlicht (*doxásate*) Gott in eurem Leibe!" Nietzsches Ressentiment konnte sich aber leider auch, wie wir gesehen haben, auf Mißverständnisse biblischer Aussagen im Raum der Kirche berufen.

Haben wir mit dem zuletzt Gesagten ein theologisch-philosophisches Fazit formuliert? Eindeutig: Nein! Es war auch gar nicht meine Absicht, am Ende unserer Überlegungen zu einem systematisch gebündelten Ergebnis zu kommen. Sicherlich haben wir während des gesamten

Semesters immer wieder von neuem auf Entsprechungen im Denken Nietzsches und im theologischen Denken, vor allem im Neuen Testament, verweisen können. Und sicherlich waren darunter zentrale theologische Gehalte. Aber am Ende würde eine Zusammenstellung dieser Entsprechungen nur einen bunten Flickenteppich ergeben, der kein systematisch-theologisches Gesamtbild erkennen ließe. Ein theologisches Gesamturteil würde sowohl Nietzsche als auch das Neue Testament überfordern, und zwar vor allem deshalb, weil wir, wie ich hoffe, zwar die für unsere Thematik wichtigsten Aspekte der Philosophie Nietzsches genannt, zum Teil sogar intensiv bedacht haben, aber das Gesamtbild seiner philosophischen Entwicklung und der theologische Gehalt des Neuen Testaments, soweit sich dieser zu einem Ganzen fügt, doch so divergent in ihrem jeweiligen Aufbau sind, daß sich ein systematischer Gesamtvergleich verbietet. Wir haben, um nur den letzten Punkt unserer Darlegungen zu nennen, einiges zum Problem des Nihilismus auf beiden Seiten sagen können. Wir habe einiges über Entwertung der Werte und Umwertung der Werte auf beiden Seiten herausstellen können. Beim Thema ewige Wiederkehr des Gleichen aber mußten wir zurückhaltender sein, obwohl doch für Nietzsche gerade diese Thema engstens mit dem Nihilismus-Thema verbunden ist. Und zum Willen zur Macht wurde eben schon einiges gesagt. Aber für Nietzsche gilt auch, daß er nicht gewillt war, eine Gesamtsystematik zu bieten. So schreibt er in der *Götzen-Dämmerung* (6,63):

Ich misstraue allen Systematikern und gehe ihnen aus dem Weg. Der Wille zum System ist ein Mangel an Rechtschaffenheit.

9. Der Nihilismus

Nehmen wir also Nietzsche beim Wort! Wir sind in dieser Vorlesung nicht in erster Linie wegen der begrenzten Zeit fragmentarisch geblieben, sondern vor allem aus sachlichen Erwägungen. Denn von der Aufgabe einer Hinführung zum Nietzsche-Thema her war die Beschränkung sinnvoll *und*, – last but not least! – sie geschah aus Fairness gegenüber Friedrich Nietzsche, den wir nicht vom Neuen Testament her in das Prokrustesbett einer ihm nicht angemessenen Systematik zwingen durften. Daß trotzdem der Theologe auch „in seinem dunklen Drang" zur theologischen Systematik vom Meister des Aphorismus lernen kann, hoffe ich gezeigt zu haben. Vor allem aber dürfte der Theologe da von ihm lernen können, wo er sich in scharf oszillierenden Kurven zwischen dem sich übersteigernden Rausch der frohen Überlegenheit über das in seinen Augen so korrupte Christentum und im Leiden an seinem eigenen unbewältigten Atheismus hin und her bewegte. Sein erlittener Atheismus dürfte es vor allem sein, an dem der Theologe und im Grunde jeder denkende Christ verstehen lernen kann, was Atheismus zutiefst bedeutet. Er kann von *solchem* Atheismus her aber auch erfassen, was christlicher Glaube als Negation des Atheismus „werth" ist. Geben wir daher Nietzsche zum letzten Mal das Wort, diesmal aus seiner 1884 auf 1885 verfaßten Schrift *Jenseits von Gut und Böse*, Aphorismus 290 (5,234):

Jeder tiefe Denker fürchtet mehr das Verstanden-werden, als das Missverstanden-werden. Am Letzteren leidet vielleicht seine Eitelkeit; am Ersteren aber sein Herz, sein Mitgefühl, welches immer spricht: „ach, warum wollt *ihr* es auch so schwer haben, wie ich?"

Nun, leicht wollten wir es uns in diesem Semester nicht machen! Wir wollten auch den leidenden Nietzsche verstehen, und zwar im Vollsinn des Wortes „*verstehen*". Wir wollten in der Tat ein wenig in sein Herz schauen, von dem er in diesem Aphorismus spricht. Wir wollten seine Gedanken möglichst gut erfassen, auch weil wir Ehrfurcht vor seinem – im letzten Zitat genannten – Herz hatten. Und ein wenig ließ uns Nietzsche ja auch – trotz dieses Aphorismus! – in sein Herz schauen. Wir Hermeneutiker wollten den Hermeneutiker Friedrich Nietzsche auf seinem „Denk-Weg" begleiten. Ich hoffe, er hat uns reicher gemacht. Ich hoffe, er hat auch den Glaubenden zu denken gegeben – im wörtlichen Sinne: zu denken *gegeben*.

Ich gebe zum Schluß einem Journalisten das Wort, dessen Intention nicht dem ganz fern stehen dürfte, worum es mir als Theologen in dieser Vorlesung ging. *Martin Teske* veröffentlichte in der August-Nummer 2000 der Lutherischen Monatshafte den Artikel *Das grausame Tier. Friedrich Nietzsche: Der fromme Atheist als Antichrist.* Darin ist zu lesen:

Er hat unter der Verkündigung eines verniedlichten Christusbildes gelitten – mit Synonymen wie „Lämmlein" und „Flämmlein", wie sie im Pietismus des 18. Jahrhunderts üblich sind und zu seiner Zeit durch Erweckungsdichter nachgeahmt und neu belebt werden. Er hat auch darunter gelitten, daß Religion und Glauben in seiner Zeit Kultur verhindern, sich gegen die freie Entfaltung des Geistes stellen. Auf Grund dieser Verlogenheit und Ignoranz von Jahrhunderten, die auf der Kirche lasten, bezeichnet er den christlichen Glauben als „Dekadenz im Prinzip", und so will er ohne Religion, ohne Kirche auskommen in seinem Denken.
Aber er trifft mit seiner Kritik eben nicht die Botschaft des Evangeliums, sondern nur eine in sich konfuse Kirche, die über eigene Begrifflichkeiten stolpert und deren landesweite Repräsentanten ein überwiegend trauriges Bild bieten.
Doch in seiner Philosophie wechselt er im Grunde nur Begriffe ein, setzt den Übermenschen gegen Gott, die Selbstvernichtung des Verkünders gegen den Opfertod des Religionsstifters. An Jesus Christus ist ihm letzten Endes nichts gleichgültig, und Nietzsche vermutet sogar: „Er starb zu früh; er selbst hätte seine Lehre widerrufen. Edel genug war er zum

Widerrufen!" Ist das Atheismus, Nihilismus, Pessimismus? – Nein, es ist der letzte konsequente Versuch eines Losgelösten. *Friedrich Nietzsche war ein frommer Atheist.*[100]

Anmerkungen

1. Hinführung zu Friedrich Nietzsche

1 Kursive durch mich.
2 Kursive durch mich.
3 Über die Identität Nietzsches mit dem tollen Menschen wird in der Forschung diskutiert. Ich sehe trotz gelegentlich geäußerter Bedenken im Prinzip die Identität als gegeben.
4 *Martin Heidegger*, Was ist Metaphysik?, in: *ders.*, Gesamtausgabe, Band 9: Wegmarken, Frankfurt a.M., ²1996, (103–122)115.
5 Ebd. 116.
6 Kursive durch mich.
7 Nietzsche schätzte – und überschätzte – Peter Gast als hervorragenden Musiker, vor allem als Komponisten.
8 S. auch *Vattimo*, Jenseits vom Subjekt. Nietzsche, Heidegger und die Hermeneutik.
9 *Vattimo*, Nietzsche, 3f.
10 Ebd. 4f.

2. Zur Biographie Friedrich Nietzsches

11 *Erwin Rohde*, Psyche. Seelencult und Unsterblichkeitsglaube der Griechen, Darmstadt 1974 (= Freiburg, Leipzig und Tübingen ²1898).
12 *Jacob Burckhardt*, Weltgeschichtliche Betrachtungen, Stuttgart 1946; 1. Aufl. postum 1905.
13 S. *Niklaus Peter*, Art. Franz Camille Overbeck: TRE 25, 563–568.
14 Ebd. 10; mehr aus dieser Predigt ebd. 9f.
15 *Frenzel*, Nietzsche, 8.
16 Ebd. 10; mehr aus dieser Predigt ebd. 9f.
17 *Ross*, Der ängstliche Adler, 22f.

18 Ebd, 19.
19 Ebd. 19.
20 *Frenzel*, Nietzsche, 130f.
21 *Ross*, der ängstliche Adler, 60.
22 *Nietzsche*, Frühe Schriften, 3. Band, 66–68.
23 Kursive durch mich.
24 *Nietzsche*, Historisch-kritische Gesamtausgabe, Werke II, 326–332.
25 Ich nenne hier nur die die Nietzsche-Tagung der Martin-Heidegger-Gesellschaft; Abdruck der Vorträge in *Gander* (Hg.), „Verwechselt mich vor allem nicht!" Heidegger und Nietzsche.
26 *Janz*, Nietzsche I, 398–409.
27 Ebd. 406.
28 Ebd. 407.
29 Ebd. 407f.; Kursive durch mich.
30 Ebd. 406.
31 *Frenzel*, Nietzsche, 30.

3. Die Geburt der Tragödie aus dem Geiste der Musik

32 Kursive durch mich.
33 Daß Kant im Abschnitt über die „Transzendentale Ästhetik" Raum und Zeit als reine Anschauungsformen *a priori* bestimmt, lasse ich hier unerklärt und undiskutiert.
34 *Kant*, Kritik der reinen Vernunft B 25, S. 63.
35 *Schopenhauer*, Die Welt als Wille und Vorstellung.
36 S. den Anhang dieser Schrift, ebd. 559ff.: Anhang. Kritik der kantischen Philosophie. Vor aller Kritik aber sagt er mit Bestimmtheit, ebd. 564: „*Kants größtes Verdienst ist die Unterscheidung der Erscheinung vom Dinge an sich* – auf Grund der Nachweisung, daß zwischen den Dingen und uns immer noch der *Intellekt* steht, weshalb sie nicht nach dem, was sie an sich selbst sein mögen, erkannt werden können."
37 Ebd. 673: „Demgemäß habe ich, was Kant von der menschlichen Erscheinung allein sagt, auf alle Erscheinung überhaupt, als welche von jener nur dem Grade nach verschieden ist, übertragen, nämlich daß das Wesen an sich derselben ein absolut Freies, d.h. ein Wille ist ... Kant hat das Ding an sich nirgends zum Gegenstand einer besonderen Auseinandersetzung oder deutlichen Ableitung gemacht." Ebd. 675: „Das Ding an sich habe ich nicht erschlichen noch erschlossen nach Gesetzen, die es ausschließen, indem sie schon seiner Erscheinung angehören; noch bin ich überhaupt auf Umwegen

dazu gelangt: vielmehr habe ich es unmittelbar nachgewiesen, da, wo es unmittelbar liegt, im Willen, der sich jedem als das An-sich seiner eigenen Erscheinung unmittelbar offenbaret."
38 Kursive durch mich.
39 Kursive durch mich.
40 „nach" im temporalen Sinn!
41 Bezug auf *Schopenhauer*, Die Welt als Wille und Vorstellung, Drittes Buch, Kapitel: Zur Metaphysik der Musik (= I, 356–372, vor allem 359).
42 Das ist das Wahrheitsmoment des sog. ontologischen Gottesbeweises des *Anselm von Canterbury*, auch wenn man dem Beweis als solchem, aus welchen Gründen auch immer, nicht zustimmt.
43 Bezeichnend ist bereits der Titel seiner Aufsatzreihe: *Rudolf Bultmann*, Glauben und Verstehen, 4 Bände, Tübingen 1933ff.
44 Man denke auch an das Wortspiel in Joh 3,8: to <u>pneuma</u> hopou thelei <u>pnei</u>. Es ist in der deutschen Übersetzung kaum nachzuahmen: „Der <u>Geist weht</u>, wo er will." *Ulrich Wilckens* übersetzt etwas umständlich, um dieses Wortspiel zumindest ein wenig zum Ausdruck zu bringen, in seiner Joh-Auslegung in „Das Neue Testament Deutsch, Band 4, Göttingen 1998, 63: „Der <u>Wind des Geistes weht</u>, wo er will." Die vom Evangelisten intendierte Doppelbedeutung ist nur im griechischen Urtext prägnant formuliert.
45 Daß Paulus hier nicht das Substantiv *pneuma*, sondern *nous* bringt, hängt einzig und allein damit zusammen, daß in Jes 40,13 *nous* steht. Eine Sinndifferenz zwischen beiden Worten besteht nicht.
46 Daß *Nietzsche* in 1,33f. das Wort „Geist" nicht bringt, kann die aufgewiesene Parallele nicht bestreiten. Denn gerade das biblische Wort „Geist" besagt in seiner inhaltlichen Breite weit mehr, als wir in der deutschen Alltagssprache mit ihm aussagen.
47 *Dihle*, Die Vorstellung vom Willen in der Antike.
48 Zu Röm 8: *Hübner*, Biblische Theologie des Neuen Testaments, Band 2, 291–306, vor allem 298.306.
49 D. *Martin Luthers* Werke, Kritische Gesamtausgabem 56. Band. Der Brief an die Römer, Weimar 1938, 365,19f.; s. auch ebd. 365, 4f.: „Ita quod aliis est summus horror, ipsis est summum gaudium eo, quod volunt perfecta voluntate idem, quod Deus vult."

4. Zweite Unzeitgemäße Betrachtung: Vom Nutzen und Nachtheil der Historie für das Leben

50 *David-Friedrich Strauß*, Das Leben Jesu, kritisch bearbeitet, 2 Bände, Tübingen 1835–36.
51 Brief z.T. abgedruckt in *Ross*, Der ängstliche Adler, 353f.
52 Ebd. 365.
53 Zunächst sollte der Titel lauten: Die historische Krankheit.
54 *Hübner*, Was ist existentiale Interpretation?
55 Z.B. *Martin Heidegger*, Nietzsche, 2 Bände, Pfullingen 1961.
56 Das griechische Wort *kérygma* bedeutet im Neuen Testament Verkündigung; „kerygmatisch bewirktes Heil" meint also „durch Verkündigung bewirktes Heil".
57 *Dasein* meint hier immer das menschliche Dasein. Das ist nicht nur eine eigenwillige Terminologie Heideggers; er selbst hat sie nämlich schon übernommen!

5. Menschliches, Allzumenschliches

58 Kursive durch mich.
59 Diese Kursive durch mich.
60 *Rudolf Otto*, Das Heilige. Über das Irrationale in der Idee des Göttlichen und sein Verhältnis zum Rationalen (BsR 328), München 1991.
61 Zutreffend zu dieser Frage *Vattimo*, Friedrich Nietzsche, 30f.
62 *Martin Buber*, Das dialogische Prinzip, Heidelberg 3. Aufl. 1993.
63 *Ernst Käsemann*, An die Römer (HNT 8a), Tübingen 4. Aufl. 1980, 190f.
64 *Kümmel*, Römer 7 und das Bild des Menschen im Neuen Testament.
65 *C.E.B. Cranfield*, The Epistle to the Romans, Volume 1 (The International Critical Commentary), Edinburgh 1974, 340ff.
66 *Timo Laato*, Paulus und das Judentum. Anthropologische Erwägungen, Aabo 1991.

6. Morgenröthe. Gedanken über die moralischen Vorurtheile

67 *Albert Schweitzer*, Von Reimarus zu Wrede. Eine Geschichte der Leben-Jesu-Forschung, Tübingen 1906; jetzt als UTB 1302.
68 Es stimmt immer noch, was damals *Adolf Deissmann*, Paulus. Eine kultur- und religionsgeschichtliche Skizze, Tübingen ²1925, 49,

Anm. 3, geschrieben hat: „Man könnte eine kleine Bibliothek von Schriften über die Krankheit des Paulus zusammenstellen, müßte aber doch im ganzen sagen, daß diese Versuche, soweit sie Sicheres behaupten, unzulässige Ferndiagnosen sind, die jeder ehrenhafte Arzt ablehnen würde."

69 Das ist vor allem das Verdienst von *Werner Kümmels* 1929 erschienener Dissertation „Römer 7 und die Bekehrung des Paulus".
70 Diese Hervorhebung durch mich.
71 Zu des Menschen Aus-Sein-auf-Rechtfertigung als *Existential* und die entsprechende Bedeutsamkeit der neutestamentlichen Rechtfertigungsbotschaft s. *Hübner*, Die paulinische Rechtfertigungstheologie als ökumenisch-hermeneutisches Problem.
72 *Heidegger*, Sein und Zeit, § 29, unterscheidet zwischen dem *ontologischen* Terminus „Befindlichkeit" und dem *ontischen* Terminus „Stimmung". Da für ihn Verstehen und Befindlichkeit gleich ursprüngliche Existenzialien sind, kommt er in der Sache dem nahe, was *Nietzsche* meint.

7. Die fröhliche Wissenschaft („la gaya scienza")

73 Kursive durch mich.
74 *Vattimo*, Nietzsche, 56.
75 Dazu s. *Hübner*, „Vom Ereignis" und vom Ereignis Gott. Ein theologischer Beitrag zu Martin Heideggers „Beiträgen zur Philosophie".

8. Also sprach Zarathustra

76 *Heidegger*, Wer ist Nietzsches Zarathustra?, 97.
77 Ebd. 97.
78 *Heidegger*, Nietzsche. Inzwischen sind die genannten Vorlesungen auch in der 2. Abteilung Nietzsche-Gesamtausgabe publiziert, und zwar unter Zurücknahme der in der Monographie vorgenommenen Überarbeitung.
79 *Sit venia verbo!*
80 Anführungszeichen bei Nietzsche!
81 Kursive durch mich.
82 Auf die schwierige Frage nach einem eventuellen Antisemitismus bei Nietzsche und nach ihm als entschiedenem Gegner des Antisemitismus gehe ich hier nicht ein.

9. Der Nihilismus

83 Leider finden sich nicht alle von uns herangezogenen Texte in dem von *Heinz Friedrich* herausgegebenen dtv-Band Friedrich Nietzsche. Weisheit für Übermorgen.
84 *Ross*, Der ängstliche Adler, 695 f.: „Indem er so lebt, ... wächst in ihm der Wahn. Er erschauert manchmal davor, manchmal läßt er sich wollüstig in ihn hineinsenken, aber so gut wie nie rühren ihn nun noch Zweifel an. Zwar ist in den Briefen noch von ‚Depressionen' und von Melancholie-Anfällen die Rede, aber sie betreffen nicht mehr seine Größe, seine Einmaligkeit, seine Jahrtausend-Wirkung, sondern nur noch die Weite des Weges zu diesem Ziel, die augenblickliche Aussichtslosigkeit, das Versagen der Zeitgenossen, ihn als den Verkünder und Verkörperer des Kommenden zu erkennen."
85 Daß Luther sie in Worms nicht gesprochen hat, konnte ihm damals noch nicht bekannt sein.
86 Kursive durch mich.
87 Einige dieser Vorlesungen hat er zwar ausgearbeitet, sie aber wegen der Kriegsumstände nicht gehalten, so die für das WS 1941/42 geplante Vorlesung; die Vorlesung im Wintersemester 1944/45 wurde mitten im Semester abgebrochen. Beide Vorlesungen in GA 50: 1. Nietzsches Metaphysik; 2. Einleitung in die Philosophie. Denken und Dichten, Hg. P. Jaeger, Frankfurt a. M. 1990.
88 Ich werde mich in einer späteren Publikation zu dieser Problematik äußern. Zu ihr s. u. a. *Müller-Lauter*, Über den Nihilismus und die Unmöglichkeit seiner Überwindung.
89 Ekel bei Nietzsche im Druck hervorgehoben, nicht aber Falschheit und Verlogenheit.
90 Verwiesen sei an dieser Stelle auf einen fragmentarischen Entwurf zum „Ersten Buch" (des Willens zur Macht) in den *Nachgelassenen Fragmenten* (12,339 ff.), vor allem auf seine Unterscheidung von aktivem und passivem Nihilismus (12,350 f.). Darauf kann ich hier nicht näher eingehen.
91 Die Adjektive „negativ" und „positiv" sind nicht die *Terminologie* Nietzsches. Dennoch habe ich sie hier gebraucht, weil sie in der heutigen *Umgangssprache* Nietzsches Nihilismus-Konzeption gut verstehen lassen.
92 Kursive durch mich.
93 Zu Röm 8 s. *Hübner*, Biblische Theologie des Neuen Testaments, Band 2, 296–306.

94 *Hans-Joachim Kraus*, Psalmen, 2. Halbband (Biblischer Kommentar. Altes Testament XV/2), Neukirchen 1961, 627.
95 Die Bedeutung des hebräischen *qohälät* ist umstritten, wahrscheinlich kommt die Übersetzung „Prediger" der vom biblischen Verfasser intendierten Bedeutung recht nahe.
96 Auf exegetische Detailfragen wie z. B. nach der Möglichkeit, Pred 1,2 nicht dem Dichter der Buches, sondern einem späteren Herausgeber zuzuschreiben, gehe ich hier nicht ein. Denn für die spätere Wirkung des Buches, auch für die Deutungen seines nihilistischen Charakters, spielt gerade dieser Vers eine besondere Rolle.
97 *Aare Lauha*, Kohelet (Biblischer Kommentar. Altes Testament XIX), Neukirchen 1978, 18.
98 In der amerikanischen und englischen Forschung wird zuweilen versucht, dieses lutherische und weithin inzwischen auch katholische Verständnis der paulinischen Theologie aus dem Galaterbrief und dem Römerbrief herauszudeuten. Das geht nicht ohne arge Verzerrung paulinischer Aussagen. Ich kann hier nicht auf diese Frage eingehen und verweise deshalb auch meine Aufsätze *Hübner*, Pauli theologiae proprium, in: *ders.*, Biblische Theologie als Hermeneutik, 27–68, und *ders.*, Was heißt bei Paulus „Werke des Gesetzes"?, ebd. 166–174.
99 S. dazu *Hans Hübner*, Gottes Ich und Israel. Zum Schriftgebrauch des Paulus in Röm 9–11 (FRLANT 136), Göttingen 1984; die Argumentation in dieser Monographie in geraffter Darbietung in *ders.*, Biblische Theologie des Neuen Testaments, Band 2, 306–323.
100 Kursive durch mich.

Literaturverzeichnis (in Auswahl)

Dem Charakter einer Vorlesung für Hörer aller Fakultäten entsprechend nenne ich nur Literatur, soweit sie für interessierte Nichtspezialisten weiterführend sein könnte. Wer sich wissenschaftlich mit Nietzsche auseinandersetzt, weiß, wo ausführlichere bibliographische Angaben zu finden sind.

Ich habe im laufenden Text die jeweiligen Stellen nach der Studienausgabe von Colli und Montinari in Klammern mit Band und Seite genannt. Briefe sind nicht verifiziert, zuweilen aber Hinweis auf ihren Abdruck in leicht zugänglicher Literatur genannt.

1. Werke

Friedrich Nietzsche, Werke, 3 Bände (Ullstein Buch 2907), Nachdruck der 6. Auflage 1969, München 1976
– –, Sämtliche Werke. Studienausgabe in 15 Bänden, Herausgegeben von Giorgio Colli und Mazzino Montinari (dtv-Ausgabe), München 1980 ff.
– –, Jugendschriften in fünf Bänden. Herausgegeben von Hans Joachim Mette (dtv-Ausgabe), München 1994 ff.
– –, Sämtliche Briefe. Kritische Studienausgabe in 8 Bänden (dtv-Ausgabe), München 1994
– –, Weisheit für Übermorgen. Unterstreichungen aus dem Nachlaß (1869–1889) von Heinz Friedrich, München 1999

2. Literatur

Lou Andreas-Salomé; Nietzsche in seinen Werken, Wien 1894; 2. Aufl. Dresden 1924; Neuausgabe Frankfurt 1983 (erste Darstellung der

Literaturverzeichnis

Philosophie Nietzsches auf hohem Niveau; für den philosophisch Interessierten von großem Wert)

Manfred Balkenohl, Der Antitheismus Nietzsches. Fragen und Suchen nach Gott. Eine sozialanthropologische Untersuchung (Abhandlungen zur Sozialethik 12), München 1976

Ernst Benz, Nietzsches Ideen zur Geschichte des Christentums und der Kirche (Beihefte der Zeitschrift für Religions- und Geistesgeschichte 3), Leiden 1956

Eugen Biser, Gottsucher oder Antichrist? Nietzsches provokative Kritik des Christentums, Salzburg 1982

Albrecht Dihle, Die Vorstellung vom Willen in der Antike, Göttingen 1985, 28 (amerikanisches Original: The Theory of Will in Classical Antiquity, Berkeley/California 1982)

Eugen Fink, Nietzsches Philosophie (Urban Taschenbücher 45), 4. Aufl. Stuttgart u.a. 1979

Margot Fleischer, Der „Sinn der Erde" und die Entzauberung des Übermenschen. Eine Auseinandersetzung mit Nietzsche, Darmstadt 1993

– –, Art. Friedrich Nietzsche, Theologische Realenzyklopädie Band 24, Berlin u.a. 1994, 506–524

Elisabeth Förster-Nietzsche, Das Leben Friedrich Nietzsches, 3. Bde., Leipzig 1895; 2. Aufl. 1904

Ivo Frenzel, Friedrich Nietzsche (rororo-Bildmonographien 115), 1. Aufl. 1966

Hans-Helmuth Gander (Hg.), „Verwechselt mich vor allem nicht!" Heidegger und Nietzsche, Band 3 der Martin-Heidegger-Gesellschaft, Frankfurt a.M. 1994

Martin Heidegger, Nietzsche, 2 Bände, Pfullingen 3. Aufl. 1961

– –, Wer ist Nietzsches Zarathustra?, in: *ders.*, Vorträge und Aufsätze, Pfullingen 6. Aufl. 1990, 97–122

Hans Hübner, Biblische Theologie des Neuen Testaments, Band 2: Die Theologie des Paulus und ihre neutestamentliche Wirkungsgeschichte, Göttingen 1997

– –, Was ist existentiale Interpretation?, in: *ders.*, Biblische Theologie als Hermeneutik. Gesammelte Aufsätze, hg. von Antje und Michael Labahn, Göttingen 1995, 229–251

– –, „Vom Ereignis" und vom Ereignis Gott. Ein theologischer Beitrag zu Martin Heideggers „Beiträgen zur Philosophie", in: Paola-Ludovica Coriando (Hg.), „Herkunft ist aber stets Zukunft", Martin-Heidegger-Gesellschaft – Schriftenreihe Band 5, Frankfurt a.M. 1998, 135–158

– –, Die paulinische Rechtfertigungstheologie als ökumenisch-hermeneutisches Problem, in: Thomas Söding (Hg.), Worum geht es in der Rechtfertigungslehre? Das biblische Fundament der „Gemeinsamen Erklärung" von katholischer Kirche und Lutherischem Weltbund (Quaestiones disputatae 180), Freiburg/Basel/Wien 1999, 76–105

Carl Paul Janz, Nietzsche. Biographie, München-Wien 1978–79

Karl Jaspers, Nietzsche. Einführung in das Verständnis seines Philosophierens, Berlin 3. Aufl. 1950

– –, Nietzsche und das Christentum, München 1985

Immanuel Kant, Kritik der reinen Vernunft 1 (Theorie-Werkausgabe Suhrkamp, Band 3), Wiesbaden 1956

Peter Koester, Der sterbliche Gott. Nietzsches Entwurf übermenschlicher Größe (Monographien zur philosophischen Forschung 103), Meisenheim am Glan 1972

Werner Kümmel, Römer 7 und das Bild des Menschen im Neuen Testament (ThB 53), München 1974 (Erstveröffentlichung 1929)

Karl Löwith, Kierkegaard und Nietzsche oder die philosophische und theologische Überwindung des Nihilismus, Frankfurt a.M. 1933; jetzt in: *ders.*, Sämtliche Werke, Band 6, Stuttgart 1987

Wolfgang Müller-Lauter, Nietzsche. Seine Philosophie der Gegensätze und die Gegensätze seiner Philosophie, Berlin 1971

– –, Über den Nihilismus und die Unmöglichkeit seiner Überwindung, in: Gander (Hg.), „Verwechselt mich vor allem nicht!", 43–71

Ernst Nolte, Nietzsche und der Nietzscheanismus. Mit einem Nachwort: Nietzsche in der deutschen Gegenwart, München 2000

Georg Picht, Nietzsche, Stuttgart 1988

Werner Ross, Der ängstliche Adler. Friedrich Nietzsches Leben (dtv 30736), München 4. Aufl. 1999

Karl Schlechta, Nietzsche-Chronik. Daten zu Leben und Werk, München-Wien 1975

Arthur Schopenhauer, Die Welt als Wille und Vorstellung, 2 Bände (A. Schopenhauer, Sämtliche Werke, Band 1 und 2), Darmstadt 1968

Gianni Vattimo, Jenseits vom Subjekt. Nietzsche, Heidegger und die Hermeneutik, Graz-Wien 1986 (ital. Original: Al di là soggeto. Nietzsche, Heidegger e l'ermeneutica, Milano 1981)

– –, Friedrich Nietzsche (Sammlung Metzler 268), Stuttgart/Weimar 1992

Erst nach Abschluß des Buches erschienen und deshalb nicht mehr eingesehen:

Rüdiger Safranski, Nietzsche. Biographie seines Denkens, München/Wien 2000

Register

Register Bibelstellen

Altes Testament

1 Sam 10	82, 83	Jes 40,4	236
1 Sam 10,5 f.	79	Jes 40,13	74
1 Sam 10,9–12	79	Jes 55,8 f.	145, 146
Ps 51,14	77	Ez 36 und 37	79
Ps 90	263	Ez 36,26 f.	76, 77
Ps 90,5	263	Ez 37,3 ff.	78
Pred 1,2	264	Am 5,14	77
Weish 3	265	Dan 12	265

Neues Testament

Mt 6,22 f.	174	Röm 1,16	260
Mt 21,7	213	Röm 1,16 f.	108
Mt 23	168	Röm 1,18–3,9	266
Mt 27,14	88	Röm 3,10–20	266
Mk	197	Röm 3,21–5,11	80
Lk 13,7	181	Röm 5,12	265
Joh	216 f.	Röm 5,12–7,25	80
Joh 2,4	231	Röm 7	76, 81, 154, 170
Joh 3,21	112	Röm 7,7	267
Joh 4,24	225	Röm 7,14–25	153
Joh 5,24	110	Röm 8	81
Joh 8,32	112	Röm 8,1–16	76
Joh 9,39–41	168, 249	Röm 8,14	82, 258
Joh 14,6	112	Röm 10,3	168
Joh 18,37	112	Röm 9–11	268

Röm 11,32 267
1 Kor 2,6–16 74
1 Kor 6,20 269
1 Kor 9,16 2
1 Kor 14 82
2 Kor 5,17 113, 260

Gal 6,15 113, 260
Eph 2,6 223
Eph 5,8–15 249
Kol 3,1 223
Kol 3,9 f. 113
Apk 3,20 240

Personenregister

Anselm von Canterbury 277
Augustinus 21
Ludwig van Beethoven 13
Otto von Bismarck 31
Martin Buber 152
Rudolf Bultmann 20, 71, 107, 108, 110, 217
Jakob Burckhardt 27
George Gordon Byron, Lord 33, 36
Gaius Iulius Caesar 32
Miguel de Cervantes Saavedra 195
Giorgio Colli 43, 109, 230
C. E. B. Cranfield 154
Charles Darwin 122, 129
Paul Deussen 37
Albrecht Dihle 75, 76
Wilhelm Dilthey 91, 110
Meister Eckart 61
Ralph Waldo Emerson 36
Euripides 62
Ludwig Feuerbach 72
Elisabeth Förster-Nietzsche 3, 43, 182, 230
Ivo Frenzel 15, 25, 32, 42
Friedrich Wilhlem IV. 30
Sigmund Freud 159
J. C. Fuhlrott 121

Hans-Georg Gadamer 110
Peter Gast 15, 27, 28, 31, 32, 152, 189, 230
Carl von Gersdorff 28
Johann Wolfgang von Goethe 153, 210
Ernst Haeckel 63
Eduard von Hartmann 113
Georg Wilhelm Friedrich Hegel 113
Martin Heidegger 9, 60, 107, 110, 140, 191, 192, 198, 211, 238–240, 251
Adolf Hitler 3, 87, 182, 250
Friedrich Hölderlin 34
Hans Hübner 278–281
Curt Paul Janz 25, 41
Jesus von Nazareth 160, 163, 174, 175, 197, 216, 218, 269
Johannes, Evangelist 216
Immanuel Kant 50–53, 65–68, 93, 94, 116, 119, 140, 143, 229
Ernst Käsemann 153
Gottfried Keller 85
Sören Kierkegaard 113, 175
Heinrich Köselitz s. Peter Gast
Hans-Joachim Kraus 281
Timo Laato 154

Aare Lauha 264
Martin Luther 33, 162, 232
Malwida von Meysenbug 28, 34, 152, 237
Karl Marx 159, 241
Milosevic 250
Mazzino Montinari 43, 230
Wolfgang Müller-Lauter 280
Napoleon 31
Nicolaus Cusanus 44
Carl Ludwig Nietzsche 3, 4, 30, 31, 35, 36
Franziska Nietzsche 40
Ernst Nolte 25
Rudolf Otto 116
Franz Overbeck 27, 31, 44, 189
Blaise Pascal 72
Paulus, Apostel 159–163, 169, 176, 197, 216, 254, 265–268
Niklaus Peter 276
Platon 65, 66, 126, 172
Pompeius 32
Paul Rée 28
Friedrich Wilhelm Ritschl 40, 85
Erwin Rohde 27, 41, 152

Werner Ross 25, 31, 37, 85, 231
Rüdiger Safranski 26
Lou von Salomé 28, 173, 182
Friedrich von Schiller 13, 61
Arthur Schopenhauer 41, 42, 49–53, 62–69, 75, 84, 116, 139, 171, 177, 229, 260
Albert Schweitzer 160
Shakespeare 36, 46, 94
Percy Bysshe Shelley 36
Sokrates 39, 62–68, 71
Josef Stalin 87, 250
Karl Steffensen 39
David Friedrich Strauß 85
Martin Teske 272
Thomas von Aquin 157
Gianni Vattimo 18, 25
Dietrich Volkmann 36, 37
Vorsokratiker 119
Cosima Wagner 27, 28, 34
Richard Wagner 27, 28, 34, 39–42, 48, 65, 84, 143, 177
Ulrich von Wilamowitz-Moellendorf 3, 42

Sachregister (in Auswahl)

aeterna veritas 121, 125, 148
Agnostizismus 133, 134
Antitheismus 235, 255, 260
Anthropomorphismus 128, 129
Aphorismus 114
Ariadne 236
erlittener Atheismus 2, 4, 8, 10, 226, 235, 238, 269, 271

Apollo 11–15, 47, 48, 56–58, 195
Auge 174–176, 199
Begegnung 175
Begriff 70, 71, 104, 112, 118, 127–129, 148, 149, 272
das (radikal) Böse 150, 154, 169–173
Chemie 118–120

décadence 260, 272
Denken 238
Ding an sich 51, 52, 68, 69, 119, 139–143, 172
Dionysos 11–15, 39, 47, 48, 53–58, 66, 69, 73–75, 86, 91, 177, 195, 235–238
Dysangelium 233
Ekstase 79, 80
Empfindung 118, 120
Entfremdung 241
Sich-Entwerten der Werte/ Umwertung der Werte 187, 199, 216, 233, 237, 247, 248, 253, 256, 270
Erde 193–195, 245, 257
Ereignis 109, 186–188, 207, 237, 241, 248, 249, 253
Erkenntnistheorie 92, 116, 123, 130
Erkenntnisvermögen 145–147, 173
Erscheinung 51, 64, 68, 139–142, 172
Existenz, Existenzfrage(n), Dasein, existentielles Denken 4, 22, 24, 60, 139–142,157, 183, 185, 198–210, 216, 222, 229, 251
Existentialphilosophie 113
Eschatologie 19, 118, 183, 209, 216
Europa 187, 188, 237, 241, 245–258
Fleisch (*sarx*) 154, 257
Freiheit 19–21, 80, 81, 117, 252, 253
Gefühl 163, 164
Geist/Geist Gottes (*pneuma* [*theou*]) 76–81, 225, 257
Gerechtigkeit 103, 111, 112

Geschichtlichkeit 91, 106, 110, 111, 146–148, 198
Gesetz des Mose 161, 162, 266, 267
Gottesbeweis 157
Gut und Böse 173, 181, 220
Hermeneutik 16–23, 72–74, 110, 111, 116, 130, 141, 144, 147, 157, 165, 174, 175, 184, 198, 231, 234, 272
Arten der Historie: monumentalisch, antiquarisch, kritisch 96–100
Illusion 143
Ich/Du 59, 150–157, 170
Illusion 220
Interpretation 48, 105, 115, 130, 141, 238, 250
existentiale Interpretation 105
Kausalität 57
Kraft (*dynamis*) 109, 111
Kunst 47, 55, 64, 104, 131, 138–144, 166–169, 244, 245
Leben 13, 18, 56, 78, 83–97, 101, 104–112, 149, 183, 245, 253, 254, 259–265
Leib, Geschlechtlichkeit 257
Leibfeindlichkeit 257, 269
Leiden 55, 56, 271
Licht/Finsternis 252
Liebe 227
Logik 66, 67, 70
höherer Mensch 210–216, 222–227, 231
theoretischer Mensch 63
pessimistisches Menschenbild 97, 165, 181
Metapher 128
Metaphysik 47, 49, 56, 69, 116, 131–138, 144, 150, 151, 156, 169, 171, 187, 203

Mitleid 187, 221, 227
Moral 4, 116, 123, 124, 138, 139, 142, 149–151, 159, 165, 173, 176, 177, 241–244, 250, 253–267
Musik 54, 59–70, 73, 75, 79, 144, 177, 246
Mystik 61
Naturwissenschaft 118–124, 129, 130, 186, 244
Nichts, Nihilismus 7, 185, 188, 203, 204, 229–273
Nichten (im Sinne Heideggers) 9, 238, 251
Objektivität 20, 102, 103, 110, 173
Offenbarung 163, 164
Ontologie 66, 70, 92, 130, 146, 207
Perspektivität 21, 95, 105, 106, 182
philosophia aeterna 122
historisches Phänomen, Erkenntnisphänomen 92, 93, 106–108
metaphysische Philosophie 119, 123
historische Philosophie 119, 122, 124, 125, 146, 154, 155
Positivismus 17, 130, 131, 137, 144
principium individuationis 12, 53
Raum 57, 129
Rausch 46, 67
Rechtfertigung 80, 81, 166, 167, 266
Repräsentation, Vergegenwärtigung 109
Sein 59, 69, 89, 92, 107, 205–209, 229

Sein-auf… 77
Selbstverständnis 20, 124, 126, 200
Selbstzerteilung 151–156
Sinnlosigkeit 229, 242, 243
Sprache 61, 129, 148, 170
Stimmung 172
Subjekt-Objekt-Spaltung 107, 140
Subjektivität 59
Sünde(n) (*hamartia*) 80, 81, 150, 154, 156, 171, 196, 265, 255, 257
Traum 46, 48, 56, 131, 134
Tugend 150, 156, 171
Überhistorisches 90, 91, 104
Übermensch 193–199, 204, 209, 210, 223–229, 272
Überzeit 212
Unhistorisches 89, 104, 106
Vernunft 52, 76, 183
Vision(en) 163, 176
Voluntarismus 77, 82, 93
Vorstellung 51–53, 66, 120, 139, 143, 173
Wahrheit 20, 49, 58, 81, 103, 105, 110–128, 134, 148, 173, 181, 201, 202, 233, 234, 243, 249, 258, 268
andere Welt 195
irdische Welt 145
jenseitige Welt 151
metaphysische Welt 133, 136, 137, 145–151, 171
tatsächliche Welt 149
zweite reale Welt 133
Werden 142
ewige Wiederkehr/ Wiederkunft des Gleichen 191, 196, 197, 204–209, 229

Wille 52–56, 62–70, 75–78, 82, 83, 93, 139, 142, 173, 218, 219, 232, 243, 260
Wille zur Macht 177, 247, 248, 269, 270
Wissenschaft 63, 94, 128–131, 135, 140–143, 243

Zeit/Vergangenheit, Gegenwart, Zukunft 57, 88, 198–217, 246, 247, 252

Hans Hübner
An Philemon. An die Kolosser. An die Epheser

„Mithilfe seiner tiefschürfenden hermeneutischen Erwägungen vermag [Hübner] die Botschaft der von ihm ausgelegten Texte so aufzuschließen, daß sie unmittelbar in heutiges Fragen und Denken hineinspricht. ... [Hübner] legt somit einen ausgesprochenen theologischen Kommentar vor, der sich bewußt als 'evangelisch' begreift – nicht nur im Sinn konfessioneller Zugehörigkeit, sondern vor allem auf Grund des Verständnisses, von der Botschaft des Evangeliums zutiefst berührt und angeredet zu sein. Indem er einen flüssigen, dialogischen Stil schreibt, der sein eigenes inneres Engagement nicht verbirgt, nimmt [Hübner] den Leser in die Denkbewegungen hinein, die der Ausleger vollzieht. Dabei bietet er ihm alle erwünschte Auskunft, deren es bedarf, um eine eigene Antwort auf die Herausforderungen geben zu können, die von den ntl. Texten ausgeht."
Eduard Lohse in *Theologische Rundschau*, 64. Jg. (1999), S. 108–110

1997. XII, 277 Seiten (Handbuch zum Neuen Testament 12). Broschur und Leinen.

Mohr Siebeck

Vernunft, Kontingenz und Gott
Konstellationen eines offenen Problems
Herausgegeben von
Ingolf U. Dalferth und Philipp Stoellger

Kontingenz irritiert die Vernunft. Versucht die Vernunft die Kontingenz zu reduzieren, gerät sie an ihre Grenzen. Gott hingegen ist Kontingenz weniger fremd, denn sie gründet in ihm, so wie er sich in Schöpfung und Inkarnation auf sie eingelassen hat. Durchdenkt man das Verhältnis von Gott und Kontingenz, entdeckt auch die Vernunft ihre Kontingenz. Diese dreigliedrige Konstellation beginnt mit der Schöpfung, verdichtet sich im Kreuz und führt in die Arbeit an der Neukonstellation von Kontingenz, Gott und Vernunft. An exemplarischen Positionen der Neuzeit gehen die Autoren dieser offenen Problemgeschichte nach, indem sie in kritischer Auseinandersetzung mit der Vor- und Nachgeschichte von Leibniz religionsphilosophische und theologische Perspektiven zur zeitgenössischen Neukonstellation erarbeiten.

2000. X, 422 Seiten (Religion in Philosophy and Theology 1). Fadengeheftete Broschur.

Mohr Siebeck